跨越与辉煌

河南省通信业改革发展三十年

本书编纂委员会　编

人民邮电出版社
北京

图书在版编目（CIP）数据

跨越与辉煌 : 河南省通信业改革发展三十年 / 《跨越与辉煌——河南省通信业改革发展三十年》编纂委员会编. -- 北京 : 人民邮电出版社, 2010.12
ISBN 978-7-115-24013-2

Ⅰ. ①跨… Ⅱ. ①跨… Ⅲ. ①电信－邮电企业－经济发展－概况－河南省 Ⅳ. ①F632.761

中国版本图书馆CIP数据核字(2010)第201853号

内 容 提 要

本书记载了河南省通信业从1978年到2008年改革开放30年的发展历程，系统、客观、真实地描述了河南省通信业在体制改革、网络建设、业务发展、行业管理等方面的巨大变化。全书内容以条目为主要信息载体，分电信篇、邮政篇两个篇章展开，附录还收录了人物访谈、统计资料等重要资料。

跨越与辉煌——河南省通信业改革发展三十年

◆ 编　　本书编纂委员会
责任编辑　王建军　青晓琴

◆ 人民邮电出版社出版发行　北京市崇文区夕照寺街14号
邮编　100061　电子函件　315@ptpress.com.cn
网址　http://www.ptpress.com.cn
北京华联印刷有限公司印刷

◆ 开本：787×1092　1/16
印张：23.5　　2010年12月第1版
字数：384千字　　2010年12月北京第1次印刷

ISBN 978-7-115-24013-2

定价：168.00元

读者服务热线：(010)67119329　印装质量热线：(010)67129223
反盗版热线：(010)67171154

《跨越与辉煌——河南省通信业改革发展三十年》编纂委员会

序

1978年召开的党的十一届三中全会，开启了我国改革开放历史新时期。30年来，在党中央、国务院的正确领导下，河南省委、省政府高举中国特色社会主义伟大旗帜，以邓小平理论和“三个代表”重要思想为指导，深入贯彻落实科学发展观，不断深化改革、扩大开放，河南省经济社会持续快速发展，中原大地发生了翻天覆地的历史巨变。

在改革开放的伟大进程中，河南通信业解放思想、开拓创新，在国家的统一部署下，坚持改革开放，先后完成了邮电分营、政企分开、电信重组、邮政金融改革等一系列重大改革，打破行业垄断，引入竞争，通信市场焕发出勃勃生机；大胆引进外资和设备，紧跟世界通信技术发展步伐，加快基础网络建设，建成了覆盖全省、联通全国、通达世界、具有世界先进水平的通信网络。30年来，全省通信业正确处理改革、发展、稳定的关系，以改革促发展，以发展促稳定，以稳定保改革，实现了跨越式发展，取得了辉煌的成就，由改革开放之初制约国民经济的“瓶颈”发展为国民经济的基础性、先导性产业。

2003年初，我到省政府工作后一直分管通信工作，亲身经历了近年来通信业的改革历程，亲眼目睹了通信业广大干部、职工服从改革、支持改革，谋求发展的大局意识和奉献精神，亲身体验了改革开放给通信业带来的巨大变化。在全省纪念改革开放30周年之际，河南省通信管理局组织编写的《跨越与辉煌——河南省通信业改革发展三十年》一书，全面系统、客观真实地描述了改革开放30年来河南通信业体制改革、网络建设、业务发展、行业管理的发展变化，再现了改革发展的风雨历程，展示了通信业的沧桑巨变。

该书既是一部内容丰富的河南通信业改革发展史，其编撰和出版更是一项服务当代、有益后世的文化工程。纵观河南通信业30年改革发展历程，其改革力度之大、发展之快有目共睹。回顾发展历程，展示巨大成就，总结成功经验，不仅有利于进一步深化对改革开放重要意义的认识，进一步增强发展中国特色社会主义的信心和决心，也有利于社会各行各业借鉴通信业改革发展的成功经验，推动全省上下进一步解放思想，深化改革，扩大开放，加速河南现代化建设，实现中原崛起、河南振兴。

我相信，该书会使曾经参与通信业30年改革发展历程的建设者感到自豪，会使享受到通信业改革发展成果的受益者感到欣慰，更会使正在致力于通信业加快发展、促进工业化与信息化融合的奋斗者受到鼓舞和启迪。

河南省人民政府副省长　史济春

前言

改革开放30年来，河南省通信业的体制、机构、人员发生了很大变化。为了能够记载和传承历史，河南省通信管理局组织编写了《跨越与辉煌——河南省通信业改革发展三十年》。本书编纂以科学发展观为指导，全面、系统、实事求是地记载了河南省通信业1978年—2008年改革开放30年的发展历程，回顾和总结取得的成就和经验，使本书成为一部全面反映河南通信业30年发展状况的史料性图书。

本书分电信篇、邮政篇和附录3部分。电信篇分为体制改革、政策扶持、网络建设、业务发展、电信服务、行业管理、文化建设7章；邮政篇分为邮政改革、邮政发展、邮政管理3章；附录部分收录了河南省通信业近30年来历任领导名录、大事记、人物回忆与访谈，以及重要的统计资料等。

本书采用篇、章、节、目的结构形式，以条目为主要信息载体，采用朴实通俗的文体文风。为增强可读性和实用性，相关内容增设了图片和图表。

本书是在河南省各通信企业提供资料的基础上编纂而成的。其中，原河南省邮电管理局、原中国电信集团河南省电信公司、原中国网络通信集团公司河南省通信公司、原中国联合网络通信有限公司河南分公司的资料均由中国联合网络通信集团公司河南分公司提供。各通信企业提供的资料均经提供单位领导审定，在此一并表示感谢。

本书中有关数据如有差异，以《河南统计年报》和《河南省统计年鉴》为准。

《跨越与辉煌——河南省通信业改革发展三十年》编纂委员会

目录

电 信 篇

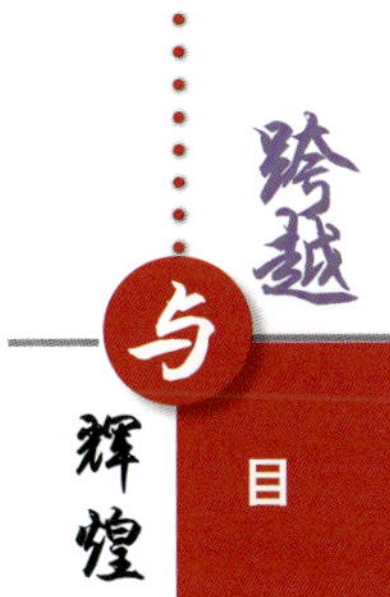
跨越
与
辉煌

跨越
与
辉煌

跨越
与
辉煌

跨越
与
辉煌

邮　政　篇

跨越
与
辉煌

附　　录

跨越
与
辉煌

TELECOMMUNICATION

电信篇

综　　述

1978 年党的十一届三中全会开启了我国改革开放历史新时期，从此，河南通信业进入了发展的历史新阶段。

改革开放之初，河南省的电话普及率仅为 0.06 部 / 百人，设备陈旧、技术落后，通信能力严重不足，制约着国民经济的发展，也不能满足人民群众日益增长的通信需求。

随着改革开放的不断深入，河南邮电通信业依靠国家政策支持起步，在建立社会主义市场经济的进程中不断加快发展，网络规模日益扩大，通信能力快速增长，服务水平逐步提升，行业管理不断加强，走出了一条“在发展中改革，在改革中发展”的路子，成为全省国民经济基础性、战略性、先导性产业。2008 年，河南省电话用户突破 5 000 万户，通信业务收入完成 337.7 亿元，分别是改革开放之初的 300 倍和 500 倍，实现了历史性跨越。在自身发展的同时，河南邮电通信业在服务全省经济社会发展中发挥了举足轻重的作用，为中原崛起作出了重要贡献。

一、基本历程

改革开放30年，河南邮电通信业的发展经历了以下6个阶段。

（一）改革开放初期，按照国家优先发展通信的战略方针，河南邮电积极解放思想，勇于探索，实现起步发展

“六五”时期（1981年—1985年），河南邮电部门按照全国邮电工作会议确立的“以通信建设为中心”的邮电发展方针和一系列改变邮电落后面貌的政策措施，解放思想，真正把工作重心转移到加快通信建设上来。

“六五”期间，河南省邮电固定资产投资是“六五”以前30年投资总额的124%，国家投资建设的京汉广中同轴电缆工程穿越河南境内，省内先后开通了18个集群电路。地市到县大部分开通了12路载波，本地电话网初具规模。长途电话从人工接续的单一方式向半自动、自动接续方式逐步转变。郑州通信枢纽中心建成，河南成为全国重要的通信枢纽之一。郑州市电信局安装了国产JT801长途自动交换设备，11个地市安装了长途半自动对端设备，建成了省内长途自动、半自动电话网，可与全国16个大中城市之间进行长途自动和半自动呼叫。县以上的公众电报全部使用了电传电路。在传输手段上，由单一的高杆明线向有线、无线、地下电缆相结合的方式发展，传输容量逐步扩展。截止到1985年底，全省市、农话交换机总容量达到26.80万门。5年间，市话交换机容量增加4.31万门，比1980年增长56.37%；市内电话增加2.39万部，比1980年增长50.61%；长途电路增加608条，比1980年增长85.67%；全省自动电话容量由1980年的4.24万门增加到8.56万门。具有世界先进水平的郑州市万门程控电话引进技术项目动工兴建。到1985年，邮电业务总量和业务收入双双突破亿元大关。“六五”时期的电信服务主要是通过加快通信网络建设，满足社会的基本通信需求。

（二）“七五”期间（1986年—1990年），在中央关于邮电建设发展方针的指导下，河南邮电采取多种方式加快发展

“七五”时期，中央提出了“统筹规划，条块结合，分层负责，联合建设”的邮电建设方针，河南省结合实际提出了“统筹规划、超前发展、分工负

责、各方支持”的建设方针。河南邮电认真贯彻上述两个“十六字方针”，在各级政府和社会各界的支持下，一手抓建设，一手抓发展，邮电发展迈出了新步伐。

“七五”期间，河南省邮电完成固定资产投资5.54亿元。1987年，全省首次引进开通了万门程控电话。郑州开通256路程控自动转报系统，全省所有地、市、县和部分邮电支局（所）的电报业务全部进入自动转报系统，结束了100年来电报逐级转接的历史。1988年，郑州在全省首先实现了程控长途自动交换。到1990年底，省内17个地市和83个县开通市内自动电话，10个地市开通了无线寻呼并实现全省联网；新建4条省内微波干线，承担着全省通信和北京至华南、华东、西南的电视、广播、图文传真等十多种业务，全省形成了贯穿东西、南北的“米”字状微波通信大网络。全省电话用户达到43.94万户，电话普及率达到0.53部/百人。1990年，全省邮电业务总量完成2.57亿元，5年间年均递增20.31%。“七五”期间的电信服务，主要是通过狠抓电话故障全过程管理，解决装修机难问题；通过设置查询管理系统、综合营账系统等，解决查询难、缴费难的问题。

“七五”与“六五”相比，固定资产投资增长166%，局用交换机容量增长51.67%，“七五”末的邮电业务总量比“六五”末增长37.14%。

（三）“八五”期间（1991年—1995年），在邓小平同志南巡谈话精神指导下，河南邮电坚持“高起点，新技术，大容量”的原则，实现了跨越发展

“八五”时期，河南邮电按照“上能力、上水平、上效益”的工作思路，紧紧围绕“发展、改革、服务、管理、效益”的主线，采取多方筹资、负债经营的发展方式，坚持高科技、高起点、大跨度、超常规的发展战略，以市场为导向，着力提高通信能力，为全省的改革开放和经济建设提供高效的通信服务。

“八五”期间，河南省邮电完成固定资产投资76.60亿元。到1995年底，全省建成了17个本地电话网，局用交换机容量达到235.8万门。分组交换、数字数据通信（DDN）、帧中继等数据网络相继开工建设。郑州市电信局率先在全省开通了900 MHz模拟移动电话和全自动无线寻呼系统，实现了省内和全国漫游。在技术装备水平上，自动化、数字化比重迅速提高，程控交换、光纤传输、数字微波、移动通信、数据通信等先进技术得到了广泛应用，通信网实现了由人工向自动的转变、模拟技术向数字技术的过渡，形成了一个具有相当规模、采用高新技术、能为社会提供广泛服务的公用通信网。5 年间，长途业务电路迅速达到 2.73 万路，比“七五”末增长 554.57%。到 1995 年，全省邮电业务总量完成 30.26 亿元，年均增长 43.80%。全省市话交换机容量达到196 万门，农话交换机容量达到40 万门，全省市话用户达到 114.80 万户，移动电话用户达到 12.06 万户，电话普及率达到 2.11 部 / 百人；无线寻呼用户达到 53.64 万户。各种电信新业务如电子信箱、分组交换、数字数据通信、可视图文等在省内部分城市开始使用。“八五”期间，随着通信网络的不断优化、市话户线工程的逐步实施，装电话难等服务热点问题得到了缓解；电话装机、修机的时限明显缩短；缴费、查询和营业服务工作有了明显改善；邮电企业文明服务、优质服务的风气逐步形成。

“八五”与“七五”相比，固定资产投资增长 1 280%，局用交换机容量增长 484%，“八五”末的电信业务总量比“七五”末增长 898%。

（四）“九五”期间（1996 年—2000 年），按照国家电信体制改革的要求，河南通信业进行了一系列电信体制改革，打破垄断，引入竞争，促进了全行业的高速发展

“九五”期间，国家进行了一系列电信体制改革。1997 年，中国联合通信有限公司河南分公司成立；1998 年，河南邮电进行邮电分营；1999 年，河南移动通信有限责任公司成立；2000 年，河南省电信公司成立。通过改革，打破了电信垄断的局面，形成了多家运营商市场化竞争的新格局。以国家电信体制改革为契机，河南通信业以加快通信发展为中心，坚持建设与优化同步，提高全网综合通信能力，坚持以市场为导向，以“两个转变”促发展，全省通信业呈现出一派生机勃勃的景象。

“九五”期间，河南省通信业固定资产投资总额达到 260.70 亿元。建成了 18 个市的高速同步数字传输网（SDH）；移动电话网进行了大规模的网络建设优化，建成开通了 GSM 数字移动电话网；开通了省会到各市的电视电话会议网；公用分组交换、数字数据通信（DDN）、帧中继等数据网络相继建成；中国公用计算机互联网河南省网建成开通。投资规模空前加大，促进了通信能力的大幅提升。“九五”时期是河南通信能力提高最快、采用通信手段最新和先进通信技术最多的时期。随着先进技术的广泛应用，步进制、纵横制等模拟通信手段和寻呼、载波、电报业务等逐步退出历史舞台。到 2000 年，全省电信业务总量完成 77.51 亿元，固定电话用户达到

912 万户，移动电话用户达到 313 万户，电话普及率达到 12.95 部 / 百人，互联网用户达到 66.19 万户。“九五”时期也是全省通信业社会效益最为显著的时期。1998 年底，河南率先在全国基本实现全省行政村村村通电话；1999 年 9 月，河南率先在全国实现省、市、县、乡 4 级政府上网；1998 年和 1999 年连续两年发展固定电话用户、城市住宅电话用户等 5 项主要指标名列全国第一，被国内同行业誉为“河南现象”。在电信服务方面，组织开展“树邮电新风，创优质服务”等活动，努力解决服务工作中的热点、难点问题。同时，通过开展职业道德教育、纠正行业不正之风、制定相关服务标准和服务规范、积极开展新业务等活动，促进了服务水平的不断提高。

“九五”与“八五”相比，固定资产投资增长 240%，局用交换机容量增长 307%，“九五”末的电信业务总量比“八五”末增长 201%。

（五）“十五”期间（2001 年—2005 年），按照国家新一轮电信体制改革的要求，河南通信业打破了固话垄断的局面，初步建立了多元化的市场竞争格局，全省通信业实现了裂变式发展

“十五”期间，国家进行了新一轮电信重组。到 2002 年底，河南省基础电信领域形成了河南通信、河南移动、河南联通、河南电信、河南卫通和河南铁通 6 家公司多元化市场竞争的格局，河南通信业进入了新的发展时期。以这次重组为契机，全省通信业进一步发展，继续保持着良好的上升势头。

“十五”期间，河南省通信业固定资产投资 403 亿元。到 2005 年底，全省局用交换机总容量达 2 348 万门，移动电话交换机容量达 2 089 万户，长途光缆总长度达 3.31 万千米。全省建成了覆盖 18 个市的宽带 IP 城域网；本地和长途传输网络进一步完善，形成了较为完整的环状网；移动通信网不断扩容优化；移动彩铃、彩信、智能网等多个增值业务平台陆续建成；全省电子政务网建设完成。2003 年，河南电信公司率先在全省开始下一代网络（NGN）的建设。到 2005 年底，全省电信业务总量完成 524.69 亿元，固定电话用户达到 1 863 万户，移动电话用户达到 1 815 万户，电话普及率达到 37.66 部 / 百人，互联网用户达到 275 万户。“十五”期间是全省移动业务发展最快的时期，2005 年底移动用户数较 2001 年初增长了 3 倍多，移动业务量迅速扩大，移动业务对固话的替代趋势明显。2001 年，河南移动公司开通移动梦网业务；2002 年，河南联通公司 CDMA 网络商用。随着移动数据业务的迅猛发展，彩信、手机上网、手机报、手机电视等业务不断推出，丰富多彩的增值业务极大地改变了人们的生活方式。2003年3月，全省电话用户突破2 000万户；2004年12月，全省电话用户突破3 000万户。随着电信市场竞争走向深入，电信运营企业更加重视电信服务，通过更新服务理念、完善服务流程、创新服务举措等方式，为客户提供了更多更好的服务，电信服务水平得到了质的提升。

2001年3月，河南省通信管理局成立，履行全省通信行业管理职能。河南省通信管理局成立后，不断加强行业管理，致力于营造公平公正、有效有序的市场环境，有力地促进了河南通信业的繁荣与发展。

“十五”与“九五”相比，固定资产投资增长54.58%，局用交换机容量增长142%，“十五”末的电信业务总量比“九五”末增长577%。

（六）“十一五”期间，在国家进一步深化电信体制改革的要求下，河南通信业建立了市场竞争新格局，迈向第三代移动通信（3G）和全业务竞争的新时代

2008年，中国电信收购中国联通CDMA网，中国联通与中国网通合并，中国卫通的基础电信业务并入中国电信，中国铁通并入中国移动，组建成3家全业务经营的电信运营企业，进一步优化了市场格局，为发展第三代移动通信创造了条件。同时，全省通信业按照党的十六大提出的“以工业化带动信息化、以信息化促进工业化”的要求，面向信息化加快产业转型，由过去提供单一的语音通信服务逐渐向提供综合信息服务转变，为全省信息化建设和“中原崛起”战略作出积极贡献。

2006年—2008年，河南省固定资产投资完成316亿元。到2008年底，全省局用交换机总容量达2 364万门，移动电话交换机容量达6 300万户，长途光缆总长度达3.57万千米。覆盖全省城乡、联通世界的公众互联网络基本建成；全省18个市进行了下一代网络（NGN）改造；3G网络开始大规模建设。2008年，全省电信业务总量完成1 077亿元，固定电话用户达到1 562万户，移动电话用户达到3 501万户，电话普及率达到51部/百人，互联网用户达到494万户。“十一五”前期，随着竞争格局全面建立，电信运营企业积极倡导主动服务理念，开展丰富多彩的主题服务活动，进一步走向市场，贴近客户，以服务拓展市场，总经理热线、客户经理制等服务举措不断推出，客户自助服务系统、网上营业厅等新式服务窗口普遍建立，电信服务水平显著提高。

二、巨大成就

河南通信业改革发展 30 年的巨大成就主要表现在以下 5 个方面。

1．通信业规模效益实现历史性跨越。1978 年全省邮电业务收入仅为 7 000 多万元，2008 年电信业务收入完成 337.7 亿元，是改革开放之初的近 500 倍；全省固定电话用户数从 4 万户发展到 1 500 万户；移动电话用户从无到有，发展到 3 500 万户；互联网用户从无到有，发展到 494 万户，均实现了历史性跨越，为促进全省国民经济快速发展作出了积极贡献。

2．加快了由计划经济到市场经济的转型。30 年来，国家多次对电信体制进行改革，使电信业成为改革力度最大的行业之一。通过改革实现了打破垄断、引入竞争的目的，实现了市场资源的不断优化。2008 年底，三家基础电信运营公司与千余家增值电信服务企业共同形成和谐有序的竞争环境，通信业从政企不分、垄断经营的计划经济体制，过渡到有效竞争的市场经济体制。

3．通信服务水平普遍提升，综合价格水平明显下降。从最初的主要为党政军服务，普及到为普通大众服务，为经济社会服务。2008 年底，河南省电话普及率为 51 部 / 百人，互联网用户近 500 万户，通信的全面普及改变了人们的生活方式和工作方式。与 2000 年相比，至 2008 年全省电信业务总量增长 13.9 倍，电信业务综合价格水平累计下降 68.65%，用户用相对少的通信支出享受了更多的通信服务，得到了更多的实惠。

4．通信网实现全面覆盖，技术层次显著提高。从人工到自动，从模拟到数字，通信网的技术层次不断提高，逐渐向集语音、数据、图像、视频等多业务融合的多媒体通信网络演进，形成了覆盖全省的传输、交换、宽带、移动、多媒体等网络，能较好地满足全省社会大众的通信需求。

5．通信业务种类更加丰富，服务质量明显提升。1978 年，全省通信业只能提供普通的固定电话语音业务。2008 年，已经能够提供包括固定电话、移动电话、IP 电话、卫星电话、互联网在内的语音、数据和多媒体业务，彩信、手机报等新业务新应用在河南发展迅速。通过多年努力，全省通信服务能力、服务水平、服务质量得到明显提升。

三、主要特征

河南通信业改革发展 30 年呈现出鲜明的 6 个特征。

1. 紧紧依靠国家政策支持。河南通信业的快速发展，离不开党和政府的正确领导，离不开国家政策的有力支持。在各个历史时期，党和国家关于通信发展的政策方针，始终指导和激励着河南通信业的持续、健康发展。

2. 改革与发展协调推进。30年来，河南通信业始终将发展作为第一要务，实现了超常规、跨越式发展。同时，认真贯彻落实国家关于深化电信体制改革的安排部署，正确把握改革与发展的关系，坚持改革发展协调推进，实现了从垄断到竞争、从单一经营到市场主体多元化的转变，以改革促进发展，以发展保证改革顺利进行，焕发出勃勃生机。

3. 速度与质量并重。"八五"以后，全省邮电通信发展的速度明显加快，每隔几年就上一个大台阶。从1992年到1996年，全省电信业务收入连续5年保持了50%以上的增长，走在了全国通信行业的前列。同时，加快转变发展方式，推动产业结构优化升级，从过去单纯的投资拉动型发展转变成由市场推动、消费拉动型，质量不断优化，结构不断完善。

4. 市场化与行业监管相结合。与建立社会主义市场经济体制相伴随，电信体制改革后产生的多元化主体，坚持以市场为导向加快发展。河南省通信管理局成立后，不断加强行业管理，规范电信市场竞争秩序，为行业的健康发展创造了良好环境。另外，市场化并未弱化电信业普遍服务的义务，村村通电话工程、战备应急通信等服务始终一以贯之，并在行业监管下不断加强。

5. 自主创新与引进吸收相统一。河南通信业面对改革开放初期通信能力不足、技术落后的局面，大胆负债经营，引进国外先进技术设备。国产设备随着技术水平的逐步提升，得以在全网广泛应用。具有自主知识产权的HJD—04程控电话交换机作为国产"争气机"，一度从河南电信市场走向全国。随着电信体制改革不断深化，河南电信业坚持自主创新，建设了符合河南省情的农村党员远程教育、技防体系、欢乐新农村等一大批信息化应用项目，并加大业务、技术、管理、服务等创新力度，面向信息化加快转型，大力推进信息化与工业化融合。

6. 始终坚持以人为本。一方面，在通信发展的过程中，坚持依靠广大干部职工，培养了大批专业技术人才，网络、市场、管理等专业队伍建设不断加强。另一方面，把维护广大用户的利益作为出发点和落脚点，不断增强服务意识，创新服务品牌，提高服务能力，切实解决广大电信用户最关心、最直接、最现实的问题，使通信业改革发展的成果惠及广大人民群众。

综上所述，河南省通信业改革发展30年的历史，是在改革开放的大潮中，坚持党和政府的领导，坚持“人民邮电为人民”的服务宗旨，依靠社会支持和全体通信人的努力拼搏，不断加快发展，取得了辉煌成就，实现了伟大跨越的历史。回顾历史，倍感光荣；展望未来，任重道远。在新的形势面前，河南通信业仍然面临着行业转型升级、发展方式转变、信息化和工业化融合等重任。站在新的历史起点上，河南通信业将进一步适应时代发展的要求，不断加快改革发展，推动全省信息化建设，为实现中原崛起作出新的更大贡献。

TELECOMMUNICATION

第一章

体制改革

概述

河南通信业30年的体制变革，经历了由集中统一的邮电管理体制到打破垄断、引入竞争，实现了从政企合一到政企分开，从独家垄断到市场主体多元化的转变，走出了一条“以改革促进发展，以发展深化改革”的路子。

1979年，根据邮电部的统一部署，河南省革命委员会邮电管理局更名为河南省邮电管理局，恢复了邮电部与河南省政府双重领导、以邮电部为主的管理体制。

1993年之后，按照国家统一部署，河南通信业加快了体制改革步伐，通过市场放开、联通成立、寻呼分离、邮电分营、移动剥离、政企分开等一系列改革，极大地解放了通信生产力。这一时期，全省通信业的管理体制、运营机制、市场格局发生了质的变化。

2001年3月，河南省通信管理局成立。2003年，中国电信进行南北拆分，河南电信市场形成河南网通、河南移动、河南联通、河南铁通、河南电信、河南卫通六家基础电信运营公司共同竞争的格局。

2008年，新时期电信体制改革启动，中国网通和中国联通合并，中国电信收购中国联通CDMA网，中国卫通并入中国电信。这一系列电信体制改革，标志着河南通信业3G和全业务竞争时代的到来。

第一节　政企合一的邮电管理体制

从新中国成立初期到改革开放前，在计划经济体制下，邮政和电信在管理体制上长期统一管理，统称“邮电”，实行以地方为主与邮电部双重领导的管理体制。改革开放后改变为以邮电部为主与地方政府双重领导的管理体制。2000 年电信业政企分开前，河南省邮电管理局既担负着发展通信事业，又担负着行业管理的双重职能。

河南省邮电管理局管理体制

1979 年 7 月，国家对邮电管理体制进行了调整，各省（区、市）邮电管理局实行邮电部和地方双重领导、以邮电部为主的体制。1980 年，河南省革命委员会邮电管理局改称为河南省邮电管理局。同年，河南省革命委员会批转省邮电管理局《关于对全省邮电部门实行统一管理的报告》，省邮电管理局直接管理各地、市、县邮电局。根据体制调整要求，地、市、县邮电局实行省邮电管理局和地、市、县政府双重领导的体制。县以下分支机构，由县邮电局直接管理；各级邮电局的人、财、物归邮电部门管理。

▲1995 年的河南省邮电管理局局址

长期以来，河南省各级邮电局在体制上分中央国营和地方国营农村电话两部分。中央国营的各项计划单列，不纳入地方管理体系；地方国营农村电话各项计划纳入省国民经济计划，由省邮电管理局成立河南省农村电话局统一归口管理。全省形成中央企业和地方国营共存的管理体制。实施统一管理后，全省邮电企业扭转了长期亏损的被动局面。

河南省邮电管理局机构设置

1980 年，河南省邮电管理局机构设置有办公室、邮政处、电信处、计划统计处、财务会计处、物资供应处、技术工业处、基础建设处、干部处、保卫处、人事教育处、机关党委和机关工会。

直属单位有河南省农村电话局、河南省机要通信局、河南省长途电信线务总站、河南省微波总站、河南省邮电工程公司、河南省邮电器材公司、河南省邮电科学研究所、河南省邮电学校、河南省邮电技工学校、河南省邮电设计处、河南省邮票公司、河南省通信电缆厂、河南省邮电印刷厂、河南省邮政机械厂。

地区邮电机构为省局派出单位。县（市）邮电局一般不设职能机构，实行局、生产班组（支局、所）两级管理。

经过机构的多次调整，1996 年 6 月河南省邮电管理局机构设置如下。

行政机构：办公室、政策法规处、通信政务处（对外称通信行业管理处）、邮政运营部、电信经营服务部、电信运行维护部、财务处、人事处、劳动工资处、计划建设处、科学技术处、教育处、审计处、监察室、保卫处、宣传处、离退休人员管理处、机关事务管理处、多种经营办公室。

党群机构：纪律检查组（与监察室合署办公）、省邮电工会、直属机关党委、通信学会。

挂靠机构：电信网管中心、电信维护中心、计算机中心、资金调度中心、养老保障金办公室、邮电通信职业技能鉴定所、引进办公室、工程质量监督站、通信工程办公室。

附属机构：河南省数据通信局、河南省移动通信局、河南省电话号码簿公司、河南省邮电档案馆、邮电报社（人民邮电报记者站）、河南省通信产品质量监督检验站。

1998 年邮电分营后，河南省邮电管理局机构编制委员会对机构和人员进行了调整，并对直属单位进行了调整和划分。

河南省邮电管理局内部机构设置：办公室、市场管理处、综合规划处、市场经营部、运行维护部、计划建设部、财务部、人力资源部、法律事务和公共关系部、审计室、监察室、离退休人员管理部、行政保卫处、科技

发展和互联互通推进部等 14 个机构；附属机构设多种经营办公室、职业技能鉴定中心、通信工程办公室、文史档案馆、电信网络管理中心、河南通信报社、人民邮电报社河南记者站、社会保险办公室、通信产品质量检验站、资金调度中心、信息中心、科技情报中心、邮电实业公司等 14 个机构；另设通信学会、邮电体协、邮电企协等社团组织。

直属单位：河南省农村电话局、河南省长途电信线路局、河南省微波通信局、河南省移动通信局、河南省多媒体信息局、河南省通信工程局、河南省党政专用局、河南省电信设计规划院、河南省电信器材公司、河南省邮电学校（河南省电信培训中心）。

河南省邮电管理局机关党委、纪委、工会组织按有关规定设置。

河南省农村电话管理体制

农村电话指改革开放初期至2000年期间接入县农村电话平台及县以下（乡镇、村）农村固定电话网络的用户。1979 年，河南省革命委员会下达［豫革］5 号文件，进一步明确农村电话由省统一归口管理，纳入省计划，并提出了对农村电话的资费标准进行统一和调整。

1979 年 8 月，根据国务院 165 号文件和省革委 145 号文件精神，河南农村电话由各地方分散管理改为全省统一管理。农话财务收支计划纳入地方财政，实行独立核算，以话养话。当年，成立了河南省农村电话局，既作为省政府管理全省农话的机构，又是省邮电管理局的职能部门，由省邮电管理局代管。省农村电话局对各地、市邮电局的农话科进行业务领导；各地、市局农话科对所属县局农话股进行业务领导。从此，河南省农村电话在“调整、整顿、改革、提高”中，将工作重心转移到以通信建设为中心的轨道上来。

▲20 世纪 90 年代的河南农村电话资费改革会议现场

1980 年 6 月，河南省人民政府批复省邮电管理局《关于农村电话管理体制问题的报告》，同意农村电话由省邮电管理局统一管理，实行企业化经营，按规定上缴利润，安排投资，除特大自然灾害外，财政不予补贴。公社以上的农村电话收归省农村电话局统一经营管理。

“八五”期间，全省农话的管理工作始终保持了稳定性和连续性，积极推行了一级管一级的体制，全面实行了经营责任制。

2000 年 6 月，河南省人民政府批复同意省邮电管理局调整农村电话管理体制，撤销河南省农村电话局，将地方国营的全省农话固定资产、人员及经营业务和债权债务整体划转河南省邮电管理局。

第二节　打破垄断　政企分开

党的十四届三中全会确立了我国社会主义市场经济体制的基本框架。河南通信业以此为契机，在国家的统一部署下，放开增值业务市场，拉开了以市场化为特征的体制改革的序幕，其显著特点是打破垄断、引入竞争、政企分开。

河南通信业市场化改革以解放生产力为核心，以建立适应市场经济的市场监管和现代企业制度为目标，加快通信发展，改善通信服务，优化资源配置，使河南通信业在市场竞争中不断壮大。

中国联合通信有限公司河南分公司成立

1994 年 7 月 19 日，机械电子工业部、电力工业部、铁道部、国家经贸委等部门共同出资组建中国联合通信有限公司，这是我国首度在基础电信业务领域引入竞争。

城市早报
河南日报经济生活版
0371-5923000
5923111
热线电话由郑州市电信局提供
联通终于来啦
（详见A1版）
▼最抢手的四类人才（B3版）
▼卫生纸卫生吗（D版）
▼把丈夫和爱再还给姐姐（C4版）
▼再婚后，“比较”好不好（F1版）

▲ 中国联通有限公司河南分公司成立。图为当天的媒体报道

中国联合通信有限公司河南分公司成立于 1997 年 5 月 23 日，负责中国

联通在河南的业务发展，是经营电信业务和增值业务的国有股份制企业，主要经营130GSM数字移动电话、193长途电话、165国际互联网、IP电话及寻呼业务等基础电信业务和各类电信增值业务，下辖17个市级分公司。

中国联合通信有限公司河南分公司的成立标志着河南通信业由垄断走向竞争的开始。

河南省邮政电信局成立

1998年3月，河南省邮电管理局在省工商行政管理局以“河南省邮政电信局”的名称办理企业法人登记。12月，按照国务院关于邮电分营的统一部署，河南省邮电管理局加挂河南省邮政电信局的牌子，为邮电分营做好机构分设的准备。

邮电分营

邮电分营是邮电管理体制的根本变革，即把原来的邮政、电信合一的管理体制，通过机构和职能的划分，转变为各自独立经营管理的实体。分营的目的是理顺生产关系，解放生产力，促进邮政、电信事业的更快发展。

新中国成立以来，除1969年—1973年的短期分营外，邮政、电信两大专业一直实行统一管理。1998年4月，信息产业部在全国部署邮电分营工作。

河南省邮电管理局于1998年6月—7月在部分基层企业进行试点。在分营方案中，省邮电管理局对机构设置、日程安排、业务、人员、财务、资产、工资基金、养老保险金、多种经营企业、档案划分、工会组织分设等有关问题作了具体安排。方案规定：河南省邮电管理局暂不变动；撤销各地市邮电局、各县（市）邮电局，组建各地市邮政局、电信局和各县（市）邮政局、电信局；分营后的各级邮政局、电信局本着“精简、效能、统一”的原则，设置中层管理机构。

1998年8月，信息产业部批准河南省邮电管理局的分营方案。9月，分营工作全面展开。在分营实施过程中，邮电各级党、政、工、团组织利用召开动员会、座谈会，开展形势教育、走访、谈心等多种形式，做好职工的思想工作。全省5万多名邮电干部职工，在分营中正确处理国家、集体、个人的利益关系，顾大局，识大体，保持了企业的稳定和分营工作的顺利进行。10月底，全省基本完成了现业局邮电分营。省邮电管理局直属机构的分营工作同步进行：原独立经营邮政业务的省机要通信局、省储汇发行局、邮票公司等单位，直接划归邮政；兼有邮政、电信业务的省邮电规划设计院等单位分设机构，实行分营。

河南国信寻呼有限责任公司成立

▲ 河南国信寻呼有限责任公司成立

1998年，信息产业部下发了中国电信无线寻呼改制、人员剥离、财务工作、业务剥离等4个实施意见，全面部署了无线寻呼的剥离工作，将邮电系统经营的无线寻呼业务剥离出来，组建中国电信无线寻呼公司，并在各省（区、市）设立了子公司。1999年2月，根据国务院批准的中国电信重组方案，分别组建固定、移动、寻呼、卫星等电信企业集团，实行独立经营、相互竞争。1999年6月，河南邮电剥离无线寻呼业务，成立河南国信寻呼有限责任公司，整建制划转至中国联合通信有限公司河南分公司，使国信寻呼成为联通的控股子公司，独立经营，与河南联通寻呼公司互不隶属。调整后的国信寻呼继续使用“河南国信寻呼有限责任公司”的名称和126、127、128、129等码号资源。

2000年5月，河南国信寻呼与河南联通进行全面融合，注销国信寻呼公司，组建河南联通寻呼事业部。融合后，采用中国联通的企业标识，寻呼业务品牌采用“联通国信寻呼”称谓。

河南省移动通信有限责任公司成立

河南省移动通信有限责任公司的前身是河南省移动通信局。河南省移动通信局成立于1994年10月，受河南省邮电管理局电信处领导，负责全省移动通信的规划、建设、运行维护、网络组织、业务开发、经营发展、

▲ 河南省移动通信有限责任公司成立

宣传咨询等管理工作。

1997年4月，河南省移动通信局改组为省邮电管理局的直属单位，隶属省邮电管理局领导。

1999年6月15日，根据信息产业部的要求，河南省邮电管理局印发《关于组建河南省移动通信公司实施方案的通知》，在省邮电管理局的机构设置、管理体制暂不变动的情况下，组建了河南省移动通信公司。河南省邮电管理局与河南省移动通信公司分离时的业务收入划分比例，按全省1998年度电信企业会计决算，固定通信和移动通信收入比例确定，移动为35.17%，固定为64.83%；资产比例按全省1999年3月31日会计决算中生产固定资产原值（不含房屋建筑物）加在建工程（不含房屋建筑物）移动通信和固定通信资产比例划分。其中，电信其他设备按固定通信、移动通信业务收入比例划分，移动为20.02%，固定为79.98%；人员比例按信息产业部核定的比例划分，移动为22%，固定为78%，原省移动通信局人员整建制划归省移动通信公司，离退休人员原则上按22%的比例分离到省移动通信公司。

1999年8月16日，河南省移动通信有限责任公司成立，归属中国移动通信集团公司管理。

中国电信集团河南省电信公司成立

2000年3月23日，根据信息产业部关于邮电管理局实施政企分开的通知要求，将省邮电管理局所承担的经营固定电信网络与行业管理职能分离。省邮电管理局仍为正局级建制，继续实行以中央为主的部、省双重

▲ 中国电信集团河南省电信公司挂牌

领导体制。省邮电管理局主要履行行业管理职能。

河南省邮电管理局政企分开后机构设置为办公室（政策法规处）、市场监管处、综合管理处。河南省邮政电信局更名为中国电信集团河南省电信公司，作为中国电信集团公司的全资子公司，经营全省固定电信业务。该方案获信息产业部批准后实施。2000 年 7 月 20 日，中国电信集团河南省电信公司成立。8 月，河南省电信公司组建各市分公司，名称为河南省电信公司 ×× 市分公司；县（市）级电信运营机构继续保留“电信局”的称谓。

河南省电信公司的成立，标志着河南省邮电管理局的企业经营职能全部被分离了出去，重新组建的河南省邮电管理局保留履行政府行业管理职能，政企分开的任务基本完成。

河南电信实业有限公司成立

2000 年 4 月，中国电信集团公司开始部署深化改革、实施主辅分离、推进多元化经营工作。11 月 1 日，中国电信集团公司批复了河南电信组建实业公司的方案。12 月 17 日，河南电信开元实业有限公司登记成立。2001 年 1 月 19 日，河南电信开元实业有限公司更名为河南电信实业有限公司。

组建电信实业公司是为了精干主业，强化实业，把主业和实业都推向市场，自主经营，使之按各自的发展规律进行经营管理，从而增强国有企业的生机与活力，提高市场竞争能力和经济效益。按照《公司法》，由中国电信集团公司和河南省电信公司共同出资设立河南电信实业有限公司，其中中国电信集团公司拥有 10% 的股权，河南省电信公司拥有 90% 的股权。

河南电信实业有限公司所属的企业如下：

1．河南省电信公司所属的附属企业、单位，即河南省通信工程局、河南省电信规划设计院、河南省通信电缆厂、河南省邮电学校、河南省电信器材公司、河南省通信建设监理有限公司以及河南省电信公司机关后勤部门。

2．按照分离企业办社会职能的精神，从各级电信企业中分离出来的后勤服务和辅助部门。

3．各级电信企业兴办的、经过规范后的多种经营企业。

4．从通信运营核心企业中分离出来的承担代营、代维、代销业务的单位。

河南省通信管理局成立

2001年3月6日，河南省通信管理局挂牌成立，标志着河南通信业的改革与发展进入了一个新的历史阶段，对于推动全省的通信事业发展具有十分重要的意义。

▲ 时任河南省委副书记范钦臣（右）、副省长张洪华（左）为省通信管理局成立揭牌

河南省通信管理局是在政企分开后的省邮电管理局基础上组建成立的电信管理机构，依照国家法律法规对全省的电信业实施监督管理。其主要职责如下。

1．贯彻执行国家关于电信行业管理的方针政策和法律、法规，对河南省公用电信网、专用电信网实行统筹规划与行业管理。

2．负责受理、核发省内电信业务经营许可证和电信设备进网管理，会同河南省价格管理部门和质量技术监督部门监督、管理河南省的电信服务价格与服务质量。

3．保证河南省公用电信网的互联互通和公平接入，协调河南省电信企业之间的经济与业务关系。

4．根据信息产业部授权，负责对河南省电信网码号及其他公共电信资源实行分配与管理。

5．组织协调河南省的通信与信息安全、党政专用通信和应急通信工作。

6．承办信息产业部交办的其他工作。

河南省通信管理局实行信息产业部与河南省人民政府双重领导、以信息产业部为主的管理体制，行政经费由中央财政列支。

吉通网络通信股份有限公司河南省分公司成立

1999年底，吉通网络通信股份有限公司河南省分公司成立。吉通网络通信股份有限公司通过中国金桥信息网（CHINAGBN）向社会提供多种基础电信服务和增值电信服务。

吉通公司的网络为全国骨干网、省级网、市级城域网的3层网络结构，采用DWDM、SDH、ATM、IP等技术，全程全网统一管理，具有开放式网络架构。吉通公司河南分公司下设郑州、洛阳分公司，其主营有IP电话业务、167拨号上网和网络呼电话卡等业务。

吉通网络通信股份有限公司河南省分公司于2003年6月并入中国网络通信集团河南省通信公司。

中国网络通信有限公司河南分公司成立

中国网络通信有限公司河南分公司是中国网络通信有限公司在河南的分支机构，2000年6月开始筹建，7月13日注册成立，所属机构设网络建设部、网络运维部、语音业务部、数据业务部、公共事务部、财务部及互联互通部等部门。

中国网通建设与运营的宽带高速互联网（CNCnet）是在我国率先运用IP/DWDM技术建设的大型高速宽带网络，项目一期工程建成骨干网8 490千米，沿京广和陇海铁路在河南境内9个地市设立业务机房和中继机房。郑州是骨干网的一个重要节点，总投资额1亿多元，于2000年10月28日开通。12月30日，中国网通同步网一期工程郑州同步设备安装完成。

2000年4月1日，中国网通的IP电话17930在郑州开通。10月5日，与中国电信集团郑州分公司的互联电路开通。10月28日，郑州骨干网机房的投入运行，中国网通的171上网卡业务在郑州开通。2001年7月10日，全省开通17930、17931业务。9月29日，全省1003接入号开通。12月26日，郑州171、17930 No.7信令网开通。

中国网络通信有限公司河南分公司于2003年12月并入中国网络通信集团河南省通信公司。

铁道通信信息有限责任公司河南分公司成立

铁道通信信息有限责任公司河南分公司成立于2001年2月28日。

铁道通信信息有限责任公司拥有一定规模的固定通信网络，可为社会提供本地固定电话、国内国际长途电话、IP电话、数据传送、互联网、

▲ 铁道通信信息有限责任公司河南分公司成立揭牌仪式

视讯业务等除公众移动业务以外的各项基础和增值电信业务服务。河南铁通的成立，为河南电信市场注入了新的活力。

2004年1月20日，经国务院批准，铁通公司由铁道部整建制移交给国资委管理，更名为中国铁通集团有限公司。铁通河南分公司也正式更名为中国铁通集团有限公司河南分公司。

中国卫星通信集团公司河南分公司成立

2001年12月19日，中国卫星通信集团公司成立。2003年2月，中国卫星通信集团公司印发《关于成立天津等省级分公司的通知》，设立天津、河南等16个省级分公司，授权各省（区、市）分公司在本地开办集团公司有权经营的各类电信业务。

▲ 中国卫星通信集团公司河南分公司成立

中国卫星通信集团公司河南分公司于2003年3月开始筹建，4月23日正式成立。省公司共设3个部门，下辖郑州、开封、洛阳、安阳、新乡、平顶山、漯河、驻马店、南阳、信阳等10个市级分公司和3个办事处。

河南卫通主要经营IP电话业务、卫星移动通信业务、卫星国际专线业务、互联网数据传送业务、卫星转发器出租出售业务、3.5G无线接入业务、VAST小型地球站业务、用户驻地网业务、呼叫中心业务、信息服务业务、互联网接入服务业务等。

河南卫通拥有卫星通信技术优势，是肩负抗震救灾、应急通信、企业专用导航定位等卫星服务义务的通信运营企业之一。

第三节　南北拆分 电信重组

2002 年，按照国务院电信体制改革的要求，对中国电信进行南北拆分，北方 10 省电信公司与中国网络通信有限公司、吉通通信有限公司重组为中国网络通信集团公司，其余 21 省继续保留“中国电信集团公司”的名称。中国网络通信集团公司河南省通信公司和中国电信集团河南省电信分公司作为这次改革的成果，相继成立。重组后的河南通信市场形成了新的竞争格局。

中国网络通信集团公司河南省通信公司成立

2001 年 12 月，国务院批准了电信体制改革方案，对电信企业进行重组。2002 年 5 月，新的中国电信和中国网通挂牌。原中国电信划分为南、北两个部分，华北地区（北京、天津、河北、山西、内蒙古）、东北地区（辽宁、吉林、黑龙江）和河南、山东等 10 个省（区、市）的电信公司与中国网络通信有限公司、吉通通信有限责任公司重组为中国网络通信集团公司；其余 21 个省（区、市）保留“中国电信集团公司”名称，继续拥有“中国电信”的商誉和无形资产。重组后的两大集团公司仍拥有中国电信已有的业务经营范围，允许两大集团公司各自在对方区域内建设本地电话网和经营本地固定电话等业务，双方相互提供平等接入等互惠服务。南北两部分按光纤数和信道容量分别拥有中国电信全国干线传输网 70% 和 30% 的产权，以及所属辖区内的全部本地电话网。

2002 年 9 月 23 日，中国电信集团河南省分公司更名为中国网络通信集团河南省通信公司，10 月 17 日揭牌。

根据中国网络通信集团公司的有关部署，中国网络通信集团河南省通信公司分别于 2003 年 6 月和 12 月完成对吉通网络通信股份有限公司河南省分公司、中国网络通信有限公司河南分公司的融合。2004 年 11 月，作为中国网通上市的一部分，中国网通（集团）有限公司河南省分公司以红筹股形式分别在纽约和中国香港成功上市。2004 年 12 月 1 日，中国网通集团河南省通信公司更名为“中国网通（集团）有限公司河南省分公司”。

中国电信集团公司河南省电信分公司成立

根据《国务院关于印发电信体制改革方案的通知》精神和业务发展需要，新成立的中国电信集团公司相继在北方 10 省成立分公司。2002 年 10 月 22 日，中国电信集团公司河南省电信分公司成立，2003 年 5 月 16 日挂牌，全省 18 个市分公司同时成立，至 2003 年底在全省各县设立分公司。

▲ 中国电信集团公司河南省电信分公司挂牌成立

根据中国电信南北拆分的产权分配原则，河南电信拥有超过 4 000 Gbit/s 带宽的骨干网，60 Gbit/s 国际出口带宽，基础网络资源实力雄厚，在电信网络的宽带化、综合化、数字化、个性化方面具有后发优势。

多元化市场竞争格局形成

随着中国电信集团公司河南省分公司成立，河南省的电信市场形成了六家基础电信运营公司竞争格局：中国网络通信集团有限公司河南省分公司、河南移动通信有限责任公司、中国联合通信有限公司河南分公司、中国电信集团公司河南省电信分公司、中国铁通集团有限公司河南分公司、中国卫星通信集团公司河南分公司等基础电信运营企业。

到 2008 年，河南省通信管理局颁发增值电信业务经营许可证 237 个，对 760 家跨省经营单位分支机构核发了备案通知书，千余家增值电信业务经营单位获准在河南省经营增值电信业务。

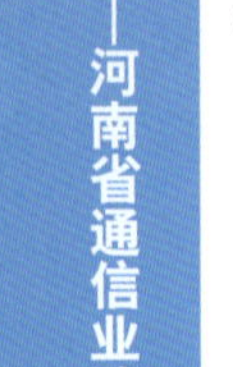

第四节　新时期电信体制改革

随着全球范围内移动通信迅速发展，电信市场竞争日益加剧，行业发展面临着新的机遇和挑战。我国电信业在市场竞争和资源配置方面出现了一些新情况、新问题，特别是移动业务快速增长与固话业务增长缓慢、经济效益低下的矛盾日益突出，企业发展差距逐步扩大，竞争格局失衡。

为形成相对均衡的电信竞争格局，促进行业协调健康发展，国家以发展第三代移动通信（3G）为契机，进行新一轮电信重组，河南通信业进入了全业务经营和全面竞争的新时代。

中国联合网络通信有限公司河南省分公司成立

2008 年 10 月 15 日，中国网通公司与中国联通公司合并，中国联合网络通信有限公司成立。2008 年 10 月 30 日，中国网通（集团）有限公司河南分公司与中国联通河南分公司重组合并为中国联合网络通信有限公司河南省分公司。

▲ 中国联合网络通信有限公司河南省分公司筹备组成立

河南联通公司共设置 51 个部门（中心），下辖 18 个市级分公司、113 个县级分公司、2 032 个支局所、3 500 个自办营业网点，拥有正式员工 2.1 万人。

联通 CDMA 网、中国卫通并入中国电信

2008 年 5 月 24 日，根据工业和信息化部、国家发展和改革委员会、

▲ 河南电信与河南联通 CDMA 网络交易执行协议签订仪式

财政部《关于深化电信体制改革的通告》和中国电信集团公司统一安排，河南电信公司进行了联通 CDMA 网收购工作。2008 年 6 月 19 日，河南电信、河南联通双方成立 CDMA 业务运营联合工作组，保证交易期间 CDMA 业务的正常经营。8 月 8 日，双方出台了《河南省 CDMA 网交易推进工作备忘录》，具体规定了双方省市层面 CDMA 网交易推进工作的组织保证、工作机制、工作原则、问题解决方式等内容。8 月 15 日，双方签订了《业务具体执行协议》和《资产具体执行协议》，规定了业务、资产双方交割的内容和具体交接时间列表。9 月 28 日，完成 CDMA 网人员交接工作；同日 17 时，河南电信客服热线 10000 号开始承载 CDMA 网话务。10 月 1 日零时，河南电信 10000 号正式全面承接 CDMA 网用户服务。10 月 13 日，双方共同下发《关于河南联通、河南电信 CDMA 资产交接的相关要求》，开始进行资产实物交接工作。至 2008 年底，网络资产、营业厅、人员等的划转工作基本到位。同时，按照三部委通告要求，河南卫通公司的基础电信业务（除卫星转发器出租、出售业务外）并入河南电信公司。

第五节　转换机制

1982 年，河南邮电通信业认真贯彻中央关于“调整、改革、整顿、提高”的方针，按照邮电部的要求，采取“重点整顿、普遍进行、分类指导、分级负责”的方法，对所属企业进行整顿和改革。1984 年后，河南邮电进行了多项制度改革：一是改革计划管理体制，将过去计划由省邮电管理局直管到县，改为省邮电管理局管地市局，地市局（管理处）管县（市）

局的两级管理；二是实行经济核算制，改收支差额为利润管理，建立以通信总量为中心的经济核算体系；三是实行固定资产拨改贷、投资包干责任制和招投标办法；四是开始局长负责制试点，为企业管理制度改革积累经验；五是改革市、县邮电机构，赋予地市局经营和管理的双重职能；六是给基层企业松绑放权；七是改革干部人事、劳动用工制度，对干部实行任期制，对录用工人实行合同制；八是放宽政策，打破“独家经营”的框框，用各种集资方式，加快邮电通信建设步伐。到1985年，全省135个邮电企业全部整顿达标，企业活力明显增强。

进入20世纪90年代，为适应建立现代企业制度以及现代通信网建设的需求，河南邮电部门在管理和经营方面不断改革，以加强和改进企业管理，增强全网调控能力和企业活力。河南通信业为适应现代化通信发展的要求，改变传统经营模式，实行专业化经营；以提高通信运行效能为中心，改进管理方式和手段，实行科学化管理；充分利用国际国内两个市场，实现上市融资，引进了国外先进的管理经验，建立了与国际接轨的现代企业制度。

实行经济核算制

1983年之前，河南邮电的财务统一实行收支差额管理。为推动企业由生产型向生产经营型转变，1983年河南省邮电管理局在辉县等地开始试行经济核算制，并于1984年在全省试行。1985年，河南省邮电管理局印发《河南省邮电通信企业经济核算制实施办法》和《河南省邮电企业利润分配办法》，全面开始实行经济核算制，改收支差额为利润管理，建立以通信总量为中心的经济核算指标体系，将利润指标下达到地市邮电局，建立健全成本核算制度，核算企业利益，如实反映企业相对独立的经营成果。至此，河南邮电通信企业结束了不能自计盈亏的历史。

“八五”、“九五”期间，河南邮电在继续深化经济核算制的同时，大力推行用工、人事和分配体制改革，加快“两个根本性转变”，逐步建立起适应市场经济的经营管理机制。

实行局长负责制

1983年，河南邮电贯彻《中共中央关于经济体制改革的决定》，开始

在全省邮电企业进行改革，建立健全党委集体领导同职工民主管理、局长行政负责相结合的领导体制。

1985 年，河南邮电开始在 5 个地市邮电局和 2 个县邮电局试点局长负责制，局长在任期内实行目标责任制。1986 年扩大到全省 56 个单位。1987 年扩大到 127 个单位，各地市邮电局及省邮电直属单位全部实行，其中郑州、开封、安阳、焦作、平顶山、濮阳、周口、许昌、驻马店、信阳等 10 个地市在全辖区内实行局长负责制。

实行经营承包责任制

1987 年，河南省邮电管理局对各通信企业在经济核算制基础上，实行承包经营责任制，财务管理实行“利润定额上交、超利润基数分成”办法，按照通信质量、数量、业务收入、经济效益及安全生产等指标，与各地市邮电局等单位签订经营承包责任制责任书。省邮电管理局定期检查考核，根据指标完成情况，年终落实财务分配，进行奖励或处罚。各企业根据内部不同部门的性质、任务分别采取了不同的承包模式，层层加以落实。对有业务收入的部门，一般都采取了包业务收入、包业务总量、包通信质量和超收入分成的经营承包办法。对没有收入的部门，一般都采取了包工作量、包通信量、包费用支出的工作量与工资、奖金挂钩和节支分成的作业性承包办法。这些承包办法使责、权、利进一步结合，促进了企业经营机制的不断改善，给企业带来了新的活力，企业投入产出观念明显增强，经济效益明显改善。1989 年，河南农村邮电支局扭转了长期大面积亏损的局面。之后，省邮电管理局结合实际不断对经营责任制进行修改完善，逐步增加了服务质量满意度、通信质量、安全生产等新的指标，促使企业提高通信服务质量，在满足社会需求、提高社会效益的同时，努力提高邮电企业自身经济效益。

▲20 世纪 80 年代，河南邮电实行经营承包责任书签订现场

实行工效挂钩

1986年，根据邮电部的统一部署，河南邮电企业工资总额包干办法原则上实行“增人不增工资总额，减人不减工资总额”。1988年起，实行了工资总额与业务总量挂钩，彻底改变了用行政办法、靠国家指令性计划确定工资总额的传统模式，把工资的增长同企业经济效益紧密联系起来，有效地调动了企业和职工积极性，促进了邮电事业的发展。

推行全面质量管理

自1980年起，河南邮电开始推行全面质量管理，首先在开封市邮电局试点。1983年3月，河南省邮电管理局成立了全面质量管理领导小组。

“七五”期间，河南邮电贯彻落实国务院《关于加强工业企业管理若干问题的决定》，结合实际情况，制定了“抓管理、上等级、全面提高企业整体素质”的规划及企业升级的具体标准，逐步建立起以技术标准为主体，包括工作标准、管理标准和服务标准在内的企业标准化体系，使管理工作较好地适应了通信建设和业务发展的需要。推行和完善全面质量管理，建立质量保证体系，紧密结合邮电通信全程全网、联合作业的特点，坚持开展质量活动，取得了明显成效。“七五”期间，全省有578个QC小组获得国家、部、省优秀或先进QC小组称号。

改革劳动用工制度

河南邮电通信业通过深化劳动用工制度改革，建立与社会主义市场经济和现代企业制度相适应的员工能进能出的用工机制，充分调动员工劳动积极性，建立和谐稳定的劳动关系，规范劳动合同制度，优化劳动组织，提高劳动效率，促进了企业经营机制的转换和市场竞争能力的提高。

1984年，河南省邮电部门开始劳动合同制试点工作。1986年起，在城镇新招工人中普遍实行劳动合同制，废除“子女接班”，坚持“面向社会、公开招收、全面考核、择优录用”的原则进行招收录用，使企业能够根据

▲ 签订集体劳动合同

生产需要，有计划地接受各类毕业生。1992 年 5 月 6 日，焦作市邮电局作为首个全员劳动合同制度的企业，党、政、工会领导率先签订了为期 3 年的劳动合同，850 名职工也签订了劳动合同。1994 年，全省邮电企业全面实行劳动合同制的单位数已达 149 个，占邮电企业总数的 99.30%，签订劳动合同的职工达 52 161 人，占邮电职工总数的 98%。执行邮电部人员零增长的政策，切实进行人员分类管理，合理分流，严格控制人员调入，有效地遏制了人员过快增长势头，劳动生产率得到了大幅度的提高。

河南联通公司在劳动用工制度上按照岗位设置体系，实行全员竞争上岗制度，建立员工上岗、待岗、转岗和下岗相衔接的动态人力资源管理体系。对于经考核确实不能履行岗位职责和不适应岗位工作的，及时进行岗位调整。同时，加大培训和岗位交流力度，以形成动态的人力资源管理模式，逐步建立职工能进能出的良性循环机制。为了加强劳动合同管理，建立和完善劳动合同制度，切实维护企业与员工的合法权益，根据《劳动法》有关规定，制定了《劳动合同管理暂行办法》，修订《劳动合同书》，与在册的劳动合同制职工重新签订劳动合同。

河南移动公司在劳动制度上积极推进劳动用工标准化管理，通过优化职位体系，明确岗位类别、用工形式、用工来源，全面推进身份管理向岗位管理的转变，实现劳动用工管理规范化、制度化、标准化。公司重视员工劳动合同管理工作，依法保障员工和公司的合法权益。以岗位管理为基础，深入推进职位、绩效、薪酬、能力四位一体的人力资源管理体系，强化公司人才竞争优势，构建公司和谐的用工氛围。持续提高用工配置效率，以经营战略和计划为主要依据，以提高公司总体人力资源配置效率为核心，确立"效率标准"为基础的人力资源配置方法，建立科学的用工数量标准体系。不断完善人力资源配置效率指标信息收集系统，加强对岗位编制合理变化的预测、管理与控制，提高人力资源配置的管理水平。

河南电信公司在劳动用工上根据"控制总量、调整结构、提升能力、提高活力"的人力资源转型工作目标，结合相关岗位考试成绩，建立健全

转型业务机构，把选拔出的转型业务骨干充实到相关岗位。完备劳动合同管理，企业的用工形式规范为劳动合同制和劳务派遣制两种形式，并对两种形式用工的招聘、录用、入职、离职等流程作了明确规定，签订《劳动合同》等。规范各类人工成本费用管理，严格按照人工成本管理办法和相关会计制度，分解制定人工成本预算，并根据各项费用的配比按实际进度正常使用。

河南铁通公司在劳动用工制度上实施竞争上岗和减员分流工作，制订了内部退养管理办法、员工自谋职业管理办法，以及机构定编管理办法、员工竞争上岗指导意见等制度。2007 年，重点对劳务工的管理工作进行规范，落实劳务用工报批制度，按照定编分层管理模式，从总量上控制劳务工使用数量。2008 年，按照劳务用工分层管理要求，指导地市分公司对符合条件的劳务工与有资质的正规劳务派遣公司签订劳动合同，办理社会保险并进行属地化管理。

改革人事制度

河南邮电在干部人事制度改革方面着眼于企业发展的需要，不断健全完善干部培养、选拔、任用、考核、监督等各个环节相配套的有效机制和科学方法，努力实现干部培养选拔工作的科学化、民主化和制度化，形成知人善任、广纳群贤、人尽其才、能上能下、充满活力的用人机制。

1992 年 3 月，鹤壁市邮电局率先公开招聘机关办事员和服务人员。该局对机关 26 个科室核定岗位，实行公平竞争上岗。6 月，焦作市邮电局中层干部全部实行竞聘，有 36 名上岗，6 名落聘。1992 年 6 月 8 日，河南省邮电管理局出台干部制度改革意见，根据"革命化、年轻化、知识化、专业化"的要求加强领导班子建设。加强机关干部管理，新进机关人员要进行必要的考试或考核，按照公开、平等、竞争、择优的原则选拔干部；各级干部实行能上能下，积极推行聘任制度。

河南联通公司在人事制度上加强对干部的考核，对考核不称职的，责令其辞职或降职使用，真正实现干部"能上能下"。同时，拓宽干部选用渠道，把组织考核、群众推荐和公开招聘相结合，实现竞争上岗，创造有利于发挥人才价值的良好氛围。按照企业发展的要求，结合员工的职业生涯设计，制定合理的教育培训计划，保证公司战略目标与核心员工职业生涯同步发展，使企业发展战略和个人发展目标有机统一，员工个人价值观与企业理念有机融合。

河南移动公司在人事制度上创新干部管理模式，逐步形成了“公开选拔、多维考核、有效激励、持续优化”的闭环式干部管理模式。从2000年开始，依据公平、公正、公开和双向选择、择优录用的原则推行全员竞聘上岗制度，规范员工升降流动的制度体系。为加强职位体系管理，规范员工升降流动机制，制定了职位管理办法，对员工的上岗、聘期、升职、降职、离职、淘汰、待岗等做出了具体规定，初步形成了以每三年全员竞聘制、职位空缺竞聘制、职位聘期制、动态待岗制等为主要内容的升降流动制度体系，公司用人机制不断规范，促进了资源的优化配置。

▲2008年3月，中国移动河南分公司进行职位竞聘

河南电信公司建立了绩效考核、竞争上岗、交流和培训等一系列干部管理制度，把干部的选拔任用同经营业绩和绩效考核挂钩，对各市分公司班子明确了经营业绩考核办法，对任期内主要经营指标实行连续累积考核，并在此基础上细化制定了年度、月度绩效考核办法。以竞争上岗为重点，结合民主推荐和组织考察，改进干部的选拔任用方式，并严格执行任前公示和聘任制度。

河南铁通公司在干部人事制度上实行封存干部档案，打破了干部身份的界限，实行了“能者上、庸者下、平者让”的干部考核任用机制，大胆选拔任用年富力强、德才兼备的年轻干部，增强了干部队伍的活力和创造力。

改革分配制度

河南邮电通信业在分配制度上本着公平公正和效率优先的原则，建立岗位工资和绩效工资相结合的分配制度，根据岗位评价结果确定岗位等级和级别，以岗定薪，岗变薪变，使员工收入与企业效益、工作业绩、本地劳动力市场价格接轨的分配机制。

1994年，河南邮电企业全面展开内部分配制度改革，80%以上的企业实行了全额或部分工资浮动、计件工资等形式的内部分配制度。

河南联通公司提出“职工的工资、奖金要与本地区、本部门的业务发展、业务收入等效益指标挂钩，业务收入等经济指标下滑的单位或部门，工资、奖金要相应予以调整”。在分配制度改革上，大胆实施了薪酬制度改革，完善薪酬体系，建立与之相配套的绩效考核、效能监察制度，重点进行了绩效工资的改革，绩效工资严格与员工工作业绩、企业效益挂钩。通过严格绩效考核，拉开分配差距，实现收入的能增能减，充分发挥分配上的激励作用。

河南移动公司确立了以岗位为基础，综合考虑责任、技能等因素的岗位工资制，实施以岗定薪、易岗易薪和效益工资与工作业绩挂钩的薪酬分配制度。从 2002 年开始，按照集团公司的整体部署，有计划、分步骤地实施了以“职位明确化、基薪市场化、奖金绩效化”为原则的薪酬制度改革，围绕市场人才价格体系与公司的发展战略，以市场化为导向，以岗位和业绩表现为基础，依据岗位价值评估、市场薪酬数据，逐步建立起一个能够运用人才价格体系定位和薪酬市场数据来调节的薪酬管理制度。在绩效管理上，从 2002 年起开始推行以平衡计分卡理论为基础的绩效管理体系，逐步完善了以绩效指标体系、绩效评估流程和专业化考核为主体的绩效管理体系，并依托信息系统开发技术，创建了基于企业办公网的绩效管理系统，将其逐步应用到各项管理工作中，使公司战略得到了有效的分解和落实。

河南电信公司在薪酬分配管理上以岗位为平台，以增强企业综合竞争力为中心，以劳动力市场价格为依据，多种薪酬分配形式相结合，建立起与现代企业制度相适应的科学激励机制，确立了多项薪酬分配原则：一是体现企业的人才价值取向，向高级管理、高级营销、高级技术人才倾斜的原则；二是体现劳动力价格市场化的原则；三是与企业效益、所在岗位和绩效考核挂钩，收入能增能减的原则；四是效率优先、兼顾公平的原则，在按劳分配的基础上，合理拉开收入分配差距。

河南铁通公司自成立至 2006 年，工资分配一直沿用铁道部的岗位技能工资制。2003 年—2004 年，实行了地市分公司工资总额基数和工资总额与经营效益挂钩、铁道通信服务与工资总额挂钩考核办法，使工效挂钩工资的管理更具有长期激励作用。2005 年—2006 年，全面推进工资制度改革，岗位工资执行岗位等级工资标准，绩效工资实行以平衡计分卡、员工绩效考核卡为工具的绩效薪点工资，改革后员工工资收入与本单位整体经营效益和安全生产挂钩，与个人的岗位、技能水平、工作业绩挂钩。

通信企业上市

1999年8月，根据国家电信体制改革的要求，河南移动从河南省邮电管理局剥离并开始独立运营。同年10月28日，河南移动被红筹股中国移动（香港）有限公司收购，成为其全资子公司并在中国香港和纽约挂牌上市，正式更名为河南移动通信有限责任公司。

2000年12月，国家对外经济贸易合作部批准中国联通有限公司（上市公司）设立分公司。2001年4月23日，中国联通有限公司河南分公司（上市公司）注册成立，并积极在工程建设、网络运行、业务经营及运营管理等各方面全力为公司上市做充分准备。中国联通按照国务院批准的“整体上市，分步实施”方针，2002年6月，联通红筹公司在中国香港、纽约两地成功上市，筹集资金56.50亿美元。2006年10月，联通A股公司在上海成功上市，筹集资金115亿元。河南联通作为中国联通整体上市的省级分公司，成为河南省唯一一家同时在境内外上市的公司。

2004年11月16日、17日，中国网通在纽约、中国香港两地分别挂牌，上市资产为北京、天津、山东、河北、河南、辽宁6个北方省市和上海、广东两地的通信网络，以及网通国际和亚洲网通，共计筹资11.4亿美元。河南网通公司成为中国网通上市公司的省级分公司。

建立现代企业制度

随着改革开放的不断深入，河南省电信运营企业按照“产权清晰、权责明确、政企分开、管理科学”的现代企业制度的基本要求，依照有关政策制度，不断完善管理办法，提高执行能力，从规范财务管理、资产经营管理、队伍管理、薪酬管理、监督管理等方面入手，逐步建立起较为规范的现代企业制度。

2000年，政企分开后成立的中国电信集团河南省电信公司按照公司化运营的模式，不断深化现代企业制度建设。2004年11月，中国网通（集团）有限公司河南省分公司在纽约、中国香港上市，企业按照上市公司要求，进一步深入推进机制体制改革，推行内控体系建设，全面预算管理、全面收入管理、全面成本管理、全面风险和内控管理、总会计师管理等长效机制基本建立，以“经营性现金流”为核心的资金管理体系、以税息折旧及摊销前利润（EBITDA）为核心资源调配体系、以经济增加值（EVA）为核心的价值管理体系初步形成，企业资源计划（ERP）系统等管理系统建设完成并投入使用，企业管理能力和水平进一步提高，形成了一套规范化、系统化、科学化的现代企业管理体系。

2000年初，借助上市东风，河南移动公司实施改制，建立了公司治理架构，完善了公司治理机制，提出了“以改革促管理、以管理促服务、以服务促发展、以发展促效益”的战略方针，加快向现代企业制度建设迈进的步伐。以企业三项制度改革为先导，深化改革、加强管理，打造了一套具有鲜明河南特色的岗位竞聘制度、绩效考核制度、薪酬制度，并先后出台了财务管理制度、物流管理规范、决策审批制度等200多项基础管理制度，逐步健全内控管理体系、风险管理体系等现代企业管理机制，推行与国际接轨的经营业绩闭环式考核办法，并结合实际不断加以简化，全面、系统、科学地评定经营者业绩，企业管理逐步走向了制度化、规范化，使公司在市场竞争程度加剧的情况下，能够保持良好的发展态势。

河南电信公司以提高全员劳动生产率和市场竞争力为目标，靠科学技术求进步，以创新变革求发展，不断解放思想、大胆探索，全面推动企业经营机制的转换，努力实施集团公司发展战略，初步建立起与社会主义市场经济体制相适应、与国际惯例相衔接的新体制和新的运行机制。2008年8月，注册了中国电信股份有限公司河南分公司，完成了企业法人营业执照中的经营范围调整和工商变更登记手续，按照国家宏观经济政策，确定科学合理的发展目标，逐步建立和完善现代企业制度。

河南铁通公司按照现代企业制度的要求，切实加强企业管理。一是规范财务管理，认真贯彻落实财务管理和会计核算相关要求，提高财会信息质量，严格落实财务管理制度；二是规范资产经营管理，以系统管理为指导，以区域经营部为基础，深入落实资产经营责任制；三是规范队伍管理，规范薪酬管理，落实薪酬管理规定。四是规范监督管理，建立健全监督制衡机制，将监督纳入公司运营的各个环节，形成计划、执行和监督相互分离、相互制约的运行机制。

TELECOMMUNICATION

第二章

政策扶持

概述

改革开放初期，全国电话用户只有574万户，仅和中国香港地区相当。邮电通信基础设施落后，设备陈旧老化，自动化程度不高，传输容量小，机线不配套；打电话难，装电话难，通信能力严重不足，成为国民经济发展和对外开放的“瓶颈”。

改革开放以后，邓小平同志就邮电通信的发展多次作出重要指示。1980年3月，邓小平同志在听取我国经济发展规划时指出，把交通和通信放在重要位置，关系到整个经济的发展。1984年2月，邓小平同志再次强调，要先把交通、通信搞起来，这是经济发展的起点。优先发展邮电通信，成为邓小平理论的重要组成部分。此后，党中央、国务院在国民经济发展规划中，把通信放在了优先发展的重要位置，并将通信与交通作为国民经济发展的基础设施优先安排。先后出台了两个“六条指示”，制定了“十六字方针”、“四个一起上”、“三个依靠”等一系列扶持政策。党中央、国务院关于优先发展通信事业的战略构想，形成了“社会要发展，通信必先行”的社会共识，促进了邮电通信事业的建设与发展。

河南省委、省政府结合实际相继制定出台了多项扶持政策，各级地方政府积极采取措施，大力扶持，为通信业的发展创造了良好环境。河南邮电部门抓住机遇，乘势而上，加快发展，在短时间内甩掉了落后的帽子，建成了具有国际先进水平的通信网络，实现了历史性的跨越。

第一节　国家政策

1980年，全国邮电通信投资累计仅有60亿元，建设资金短缺，基础设施薄弱，通信能力严重不足制约着经济社会的发展。为此，国家出台了一系列扶持邮电通信发展的政策，使邮电通信逐步改变了落后面貌，行业实力逐步增强，走上了依靠市场、自我积累、自我发展的新路子。

两个“六条指示”

1984年10月12日、13日，国务院常务会议和中央书记处会议先后听取了邮电部和邮电部党组的汇报，分别对邮电工作作出了“六条指示”。

一、国务院六条指示

1. 我国邮电通信事业严重落后，供需矛盾十分突出。在这种情况下，目前各地发展邮电的积极性很高，应予鼓励和支持。

2. 到2000年邮电通信能力翻三番，资金不足是个大问题。除采取各种渠道集资外，国家可适当增加一些投资。鉴于邮电是微利企业，而且还有不少政策性亏损，国家对邮电的投资在拨改贷后可以延长还清本息的年限。一些政策性的通信建设投资，可免予偿还。

3. 同意“七五”期间国家在财政上继续实行对邮电部门的优惠政策。

4. 调整邮电资费势在必行。

5. 在管理体制上，邮电通信业务仍由邮电部直接管理。

6. 抓紧人才培养。

二、中央书记处六条指示

1．邮电通信事业有了很大发展，邮电部工作取得了一定成绩，但是，邮电通信事业的现状仍然远远不能适应新形势的需要，仍然是制约国民经济迅速发展、影响对外开放的一个重要因素，因此，必须加速发展邮电通信事业，以适应经济建设的要求，适应新技术革命和信息发展的需要。

2．邮电通信是国民经济的基础设施和社会发展的必要条件，在当今信息社会中起着极其重要的作用。必须十分重视邮电通信的建设，把它放在同能源、交通一样重要的地位，优先发展。发展邮电通信主要靠政策，进一步调动各方面的积极性，国家、地方、集体、个人一起上。要积极利用自筹、集资和引进外资等形式筹措建设资金。要充分利用中央和国务院所赋予的权限，加快发展步伐。

3．发展邮电通信事业要多种手段和多种技术并进。要根据我国目前的发展水平，以实际应用为主，同时积极采用新技术。

4．发展邮电通信要有重点、分层次、分步骤进行，不要片面追求全国平衡、同步推进。

5．提高职工素质，加强经营管理，改善服务质量。

6．加快各级领导班子建设。

除了以上两个“六条指示”外，中央书记处还明确指出，邮电部门可以采取各种形式积极引进外资、技术和设备，但邮电通信各种业务的管理权，必须由我国邮电部门掌握；邮电部的附属企业可以放开。

两个“六条指示”明确了邮电通信在国民经济和社会生活中的重要地位和作用，提出了优先发展邮电通信的方针、政策和措施，调动了全国广大邮电职工和社会各方面的积极性，促进了国家公用通信网的快速建设与发展。

三个依靠

1984年11月，国务院副总理李鹏在全国邮电工作会议上指出，发展邮电通信业要坚持“三个依靠”：一靠政策，二靠科技进步，三靠各方面的支持。

国务院“十六字方针”

1988年，在全国邮电工作会议上，国务院领导明确提出“统筹规划、条块结合、分层负责、联合建设”的十六字方针，使其成为了整个邮电通信发展的重要政策。各级地方政府明确了责任，把通信发展纳入当地经济和社会发展的总体规划，在政策上和财力物力上给予了大力支持，加快了各地通信建设步伐。

1990年，国务院54号文件重申“统筹规划、条块结合、分层负责、联合建设”的十六字方针，是国家确定的通信建设方针。

1991年，七届全国人大四次会议通过的《中华人民共和国国民经济和社会发展十年规划和第八个五年计划纲要》中进一步指出，交通、邮电的建设，都要贯彻“统筹规划、条块结合、分层负责、联合建设”的方针。“十六字方针”扩展为整个交通、通信等基础行业的发展方针。

“十六字方针”的提出是我国加快邮电通信建设的一项重大举措，适合我国邮电通信发展的实际，有利于调动各方面的积极性，促进通信网的统一规划和协调发展。

市话初装费

电话网建设需要大量资金，单纯依靠国家投资和邮电部门较低的月租费、通话费很难满足建设需要。党的十一届三中全会以后，邮电部门解放思想，参照国外通行的做法，拟定了向用户收取市话初装费的办法。

1979年，邮电部正式向国务院请示，建议适当增收用户安装费用，用于市内电话建设。同年6月28日，国务院批转了邮电部的请示。此后，各地邮电部门制定了收取市话初装费的办法和标准，把收取的市话初装费作为国家建设市话的补充

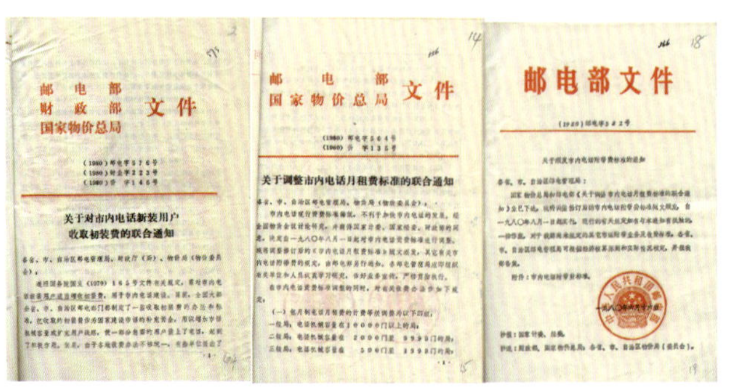

邮电部 财政部 国家物价总局 文件

关于对市内电话新装用户收取初装费的联合通知

邮电部 国家物价总局 文件

关于调整市内电话月租费标准的联合通知

邮电部文件

▲ 收取市话初装费的相关文件

资金，增加市话投入，尽快缓解市话建设资金短缺的矛盾。

1980年6月20日，经国家计委、国家经委同意，由邮电部、财政部、国家物价总局联合下发通知，对收取市话初装费的标准和办法等作了明确的规定，全国统一了收取标准。

1990年8月30日，经国务院批准，国家物价总局、邮电部联合发出《关于改变市内电话资费管理办法的通知》，指出“市话初装费收取标准，原则上按收回其建设成本确定，即每放一个电话号，应能收回一门电话所需成本。建设成本的计算包括：（1）机房的建设费用；（2）管道的建设费用；（3）线路的建设费用；（4）机械设备的投资费用等。”《通知》根据当时全国市话建设的平均成本，提出了市话初装费的指导价格。各地可以结合实际投资费用的情况，有增有减地作适当调整。

增收市话初装费政策对邮电通信的发展起到了至关重要的作用，特别是“七五”和“八五”期间，在国家进行投资体制改革、国家预算资金逐年减少的情况下，全国大约1/3的电话建设资金来源于初装费，使初装费成为支撑我国通信网持续高速发展的一个重要资金来源。

三个“倒一九”

三个“倒一九”政策，即邮电部门所得税上交10%，非贸易外汇收入上交10%，预算内拨改贷资金偿还10%本息。

1982年2月，国务院领导同志在听取邮电部工作汇报后提出邮电部门所得税上交10%的政策和非贸易外汇收入上交10%的政策，此后该政策于1982年国发40号文件和1984年10月12日的国务院常务会议纪要中进一步作了明确。

1986年2月5日，邮电部向国务院请示，提出了预算内拨改贷资金偿还10%本息的政策，并经国务院领导同志批准同意在全国开始实行。

三个“倒一九”的优惠政策实施为我国通信建设积累资金、加快建设起到了积极作用。

减免关税

1986年4月，经国务院同意，国家经委、海关总署、财政部联合发文，国家对邮电通信技术设备进口实行减免关税政策；对邮电通信的技术改造项目实行海关半税政策。同时，国家对使用外国政府贷款、世界银行和亚洲开发银行贷款购买的通信设备实行全免关税政策。

加速折旧政策

1993 年 7 月，财政部制定电信设备加速折旧政策。电信设备加速折旧政策，提高了电信设备的综合折旧率，特别是对程控电话交换机采取双倍余额法，5 年内将其折旧提完，以鼓励电信部门更新改造，加快发展。

联合投资、有偿使用、按资分利、照章纳税原则

1994 年 8 月，邮电部提出“联合投资、有偿使用、按资分利、照章纳税”的原则。邮电部门进一步加强与地方政府、社会各方面的广泛合作，逐步形成了依靠政策筹资与依靠市场融资并存、以自筹为主、联合建设的通信投资新格局。

第二节　地方政策

根据国家加快邮电通信业发展的方针，河南省委、省政府及地方各级政府出台了一系列的扶持政策。河南邮电抓住机遇，充分依靠各级政府和社会各方的支持，积极筹措资金，以通信建设为中心，依靠科技进步，实现了“高起点、新技术、大规模、超常规”的跨越式发展，较好地满足了河南经济和社会对通信的需求，为河南经济社会发展作出了贡献。

河南省邮电附加费政策

1987 年 11 月，河南省政府制定了邮电通信建设的优先发展政策，鼓励地方部门和群众集资，并可利用侨资、外资来安排邮电建设，明确指出：国家投资着重建设重大骨干工程和基础设施，省内投资着重建设省内重点工程和基础设施，一般性工程项目的建设主要依靠地方政府和群众集资兴办，省政府给予必要的资助；市内电话按月租费标准收取 20% 的附加费，属地方财政预算外收入，全部用于市话建设。

河南省邮电通信管理办法

1990 年 6 月 19 日，河南省人民政府颁布了《河南省邮电通信管理办法》（省长令 18 号），将河南省邮电通信管理纳入法制建设轨道，依法发展邮电事业，保障邮电通信生产正常进行，维护邮电部门的合法权益，促进邮电部门不断提高管理水平和服务质量。

《河南省邮电通信管理办法》从法律上明确了邮电部门的地位和作用，规定了通信设施的建设规划和安全保护规范，制定了邮电通信服务、社会保障和社会监督的条款。

《河南省邮电通信管理办法》是河南省人民政府颁布的第一个关于邮电通信管理的地方性规章。《办法》的贯彻和实施，在全省形成了关心通信事业、爱护通信设施、依法管理通信的舆论和氛围，给邮电部门的服务工作提出了更高的要求，为邮电通信事业发展创造了良好的外部环境。

河南省人民政府专题研究邮电发展

1990 年 12 月 5 日，李长春代省长主持召开省政府常务会议，专题研究河南省邮电通信发展并作出 6 条指示。

1．即将召开的全省邮电工作会议，是河南省落实“八五”计划的一个专业会，一定要开好。邮电是基础设施，要改善投资环境，必须优先发展邮电。河南通信建设要坚持统筹规划，优先发展，分工负责，各方支持，调动各方面的积极性，加快邮电发展。

2. 各级政府要加强对邮电工作的领导，明确任务，帮助解决存在的问题。

3. “八五”期间邮电发展目标要适当调整。12个省辖市要通国际直拨，争取5个地区所在地也通国际直拨。一些涉外宾馆的客房和有出口自营权的企业，都要开通国际直拨。

4. 在邮电建设上，按照1979年国务院165号文件精神，市话建设地市以上的地方政府负责土建、管线，邮电部门负责设备。邮电部门资金来源从折旧和利润中划出一部分、初装费收取一部分，邮电部门要把这个资金运筹好，以业养业，滚动循环，逐步走上良性循环轨道。

5. 市话初装费标准制定在物价总局和邮电部文件的上下限上范围内，作为市话设备投资的主要来源，可以预收。

6. 在建设问题上，省里先划个大的界限，地方可以出台一些积极扶持建设发展的政策。

会议明确了“八五”期间河南省邮电建设的主要目标，确定了全省邮电通信建设要遵循“统筹规划，超前发展，分工负责，各方支持”的建设发展方针。

河南省邮电通信建设“十六字方针”

1990年12月12日—14日，河南省政府召开全省邮电工作会议。代省长李长春、邮电部部长杨泰芳、省委副书记吴基传、省政府副省长刘源出席会议。会议提出了河南省“统筹规划、超前发展、分工负责、各方支持”的邮电通信建设十六字方针。

“统筹规划”，就是各级政府要把邮电通信作为重要基础设施纳入地方经济发展规划之中，合理布局，突出重点，协调发展。河南省邮电通信建设的规划是以省会郑州为中心，以地市城市为骨干，带动县城通信发展，逐步建成一个基本适应全省经济发展战略布局的综合通信网。各地市要根据全省通信发展规划，结合本地实际，研究制定本地区的通信发展规划，使之与全省通信发展规划相衔接。

“超前发展”，就是省政府从全省经济发展战略出发，对通信建设提出的一个重要指导思想。当前河南通信能力紧张，邮电设施落后，是社会总供给与总需求不平衡的一个突出方面，要实现国民经济的稳步增长，在经济工作中就要注意调整产业结构，把能源、交通、邮电作为重要的基础产业，予以超前发展，使邮电通信的发展速度超过国民经济的发展速度，缓和供需矛盾，缩小同兄弟省通信发展水平的差距，以满足国民经济发展和全方位对外开放的通信需要。

“分工负责”，就是条块结合，携手共建邮电通信事业，明确各级政府和邮电部门在通信建设中所承担的任务及责任，保证通信建设项目和资金的落实。

“各方支持”，就是打破条块分割、行业分割界限，动员社会力量，调动各方参与通信建设的积极性，共同支持邮电通信事业的发展。

河南郵電報

HENANYOUDIANBAO

省府召开邮电工作会议，省直相关厅局委领导、各地市专员市长会聚一堂

共商振兴河南邮电大计

统筹规划 超前发展 分工负责 各方支持

▲《河南邮电报》的报道

邮电部部长杨泰芳在讲话中强调，要从战略高度认识邮电通信的地位和作用。发展邮电通信紧紧依靠各级政府的领导，靠政策、靠社会各方的支持，是我国邮电事业在发展历程中得出的一条最基础、最成功的经验。在国家暂时不可能大量增加投资，邮电企业自我发展能力不足，而社会对通信的需求又十分迫切的情况下，可行的路子就是依靠政策支持。他要求邮电部门要增强责任感和紧迫感，积极主动地做好工作，为振兴河南服务。

刘源副省长代表河南省政府作了主题讲话。讲话指出，河南省委、省政府确定在实施国民经济发展第二步战略目标的十年中，邮电通信是战略重点之一。要借助中央、地方、企业、个人以及省外、国外等各方面的力量，利用财政、信贷等各种投资形式，加快邮电通信发展步伐，建成以郑州为中心、大中城市为骨干、连通全国和世界的现代化邮电通信网络，为推进河南全省全方位对外开放创造良好环境。

河南省政府关于加快发展邮电通信的两个《通知》

1992 年初，河南省政府办公厅印发《关于加强我省农村电话建设和管理的通知》，对全省乡镇集体电话即行政村电话和乡镇集体电话交换点的建设、规划、经营管理、财务核算、资金筹措等问题作出明确规定。同年1月16日，省政府办公厅印发《关于加快发展我省邮电通信事业的通知》，再一次对邮电建设资金筹措作了明确分工："省会到市地和市地之间的邮电通信干线，由省政府和省邮电部门负责筹资；市地到县（市）和县（市）之间的邮电通信干线，以及市地、县（市）所在地的市内电话，由当地政府和邮电部门负责筹资；县（市）到乡镇农村电话的线路，由县（市）政府和县（市）邮电局负责筹资；乡镇以下的农村电话通信，由乡镇政府负责筹资。"文件还规定："凡经各级政府和有关部门批准实行的邮电通信建设方面的各种优惠政策所收取的资金，以及各级政府安排的专项投资，应设立专户，在各级财政部门监督下，全部用于邮电通信建设；国家和地方新建或扩建经济开发区、旅游区、城市居民小区邮电通信设施所需资金，由建设单位纳入工程总投资中统筹解决，建成后由邮电部门负责经营管理。"

颁布《河南省通信管理条例》

根据电信市场放开的形势，河南省八届人民代表大会常务委员会第十三次会议于1995年4月17日审议通过了河南省第一部通信管理地方性法规——《河南省通信管理条例》。《条例》共七章六十四条，包括总则、规划与建设、行业管理、安全与保障、服务与监督、法律责任、附则等部分。《条例》明确了河南邮电通信在全省国民经济和社会生活中的重要地位和作用，提出了建设、发展邮电通信的政策和措施，规范了河南通信市场的管理和秩序，制定了邮电通信服务、社会保障和社会监督的条款，它为实现河南邮电事业跨越式发展，起到了积极的保障和促进作用。

1998年5月22日，河南省九届人民代表大会常务委员会第三次会议根据《中华人民共和国行政处罚法》有关规定，对《条例》进行了第一次修正。2002年7月27日，河南省九届人民代表大会常务委员会第二十九次会议根据我国加入世界贸易组织、全面清理法律法规的有关要求，对《条例》进行了第二次修正。

随着我国社会主义市场经济体制的逐步建立，通信行业进行了一系列改革，整个行业的内外部环境都发生了深刻变化。《条例》不再适应河南省通信行业改革发展的形势。2004年11月26日，河南省十届人民代表大会常务委员会第十二次会议根据《中华人民共和国行政许可法》等法律、行政法规的规定，废止《河南省通信管理条例》。

河南省降低、取消市话初装费

1997 年 6 月，根据国家计委、财政部、邮电部的有关文件精神，结合河南省通信发展及市场变化的实际情况，河南省物价局、河南省邮电管理局联合发出通知，决定自 1997 年 6 月 15 日起降低市内电话初装费标准。

降低后的市话初装费标准是：郑州市工商企业每部电话初装费为 3 800 元，行政事业单位、个人住宅电话初装费为 2 200 元。其余地、市工商企业电话 3 600 元，行政事业单位、个人住宅电话 2 200 元。县城（含县级市）工商企业电话 3 000 元，行政事业单位、个人住宅电话 2 000 元。各地可根据本地经济发展和用户承受能力的实际情况，在以上初装费标准的基础上，上下浮动 10%。具体标准由各地、市确定。

2001 年 6 月 19 日，《省财政厅、省通信管理局关于取消市话初装费和邮电附加费等政府性基金项目的通知》印发。根据财政部、信息产业部要求，省通信管理局联合省财政厅下发《省财政厅、省通信管理局关于取消市话初装费和邮电附加费等政府性基金项目的通知》，河南省自 2001 年 7 月 1 日零时起，取消了市话初装费（包括中继线初装费等）、移动电话入网费等专项用于邮电通信事业建设的政府性基金。

河南省电信资费结构性调整

2001 年 1 月 20 日，经河南省人民政府同意，河南省电信资费进行了结构性调整，主要内容：一是改革了国内长途电话、国际长途电话和中国港澳台地区电话计费单元，降低了国内长途电话、国际长途和中国港澳台地区电话资费，降低了出租电路资费，降低了因特网业务资费；二是改革了固定电话本地基本月租费的计费办法，调整了固定电话本地网营业区内通话费，改革计费单元，调整了本地网营业区内通话费标准；三是取消了电信业务附加费及代维费；四是开放了寻呼机服务费、IP 电话业务资费、服务器托管业务、其他增值业务资费；五是试行光纤、管道和其他网络元素等出租业务，试行资费按有关规定执行。

TELECOMMUNICATION

第三章

网络建设

概述

改革开放改变了过去单纯依靠国家投资通信建设的局面。河南通信业依靠国家和地方政策支持，拓宽融资渠道，通过银行贷款、用户集资、预收装机费等一系列措施，掀起了建设电信网络的高潮。同时，河南省邮电通信业认真贯彻公用通信网“统一性、完整性、先进性”的原则，依靠科技进步，坚持高起点，广泛采用世界最先进的通信技术，大胆利用外资，负债经营，引进国外先进技术设备，充分利用国家光缆干线途经河南的机遇，加快二级干线、本地网、农村通信网建设，跨越了国外电信业传统的发展阶段，程控交换、光纤传输、数据通信、移动通信等先进技术得到广泛应用。特别是多家运营商竞争格局形成后，建设投入进一步递增，网络规模进一步扩大，网络结构进一步优化。

到2008年底，河南省固定局用电话交换机容量达到2 364万门；长途电话交换机容量105万路端；移动电话交换机容量达到6 300万户；光缆线路达35万千米；互联网接入端口509万个。覆盖全省、容量巨大的通信网络为各项业务的开展提供了有力的支撑保障。

第一节　传输网建设

改革开放后，面对通信资源紧张的局面，河南省邮电通信业陆续投资建设了 5 条省内微波通信干线，与国家一级长途通信干线联通，全省形成了“米”字状长途通信网，初步缓解了通信资源紧张的状况。20 世纪 90 年代后期，引进吸收国外先进的光纤通信技术，建设了覆盖全省、遍布城乡的光缆通信网，为全省各地提供了高速大容量传输通路。传输手段从载波、微波发展到 SDH、DWDM 等，技术水平全面提升，为通信业务的发展奠定了坚实的基础。

郑焦微波干线

1985 年，河南邮电建设郑州—焦作微波电路，这是河南邮电自己建设的第一条省内微波电路。该工程总投资 108 万元，4 月 11 日设计，10 月份装机，12 月 23 日完工，12 月 28 日通过验收并投产使用。郑焦微波干线工程不仅将焦作纳入全国长途自动电话网，促进了豫西北地区的经济发展，也为省内微波通信建设提供了宝贵的经验。

省内 5 条微波干线

1985 年—1992 年，河南省陆续建成开通了郑州—濮阳、郑州—安阳—鹤壁、郑州—平顶山—南阳、郑州—漯河—周口 4 条微波干线电路。这 4 条电路总投资 2 100 多万元，全长 965 千米，共建成省内微波站 13 个：郑州、新乡、安阳、濮阳、滑县、淇县、汤阴、东岭、鹤壁、平顶山、许昌、漯河、周口。连同此前开通的郑焦微波干线，5 条微波干线电路的开通，有效缓解了省内长途通信资源紧张的状况。

京汉广微波干线改造工程

京汉广微波干线始建于1970年。改革开放后，原有的干线容量不能满足通信发展的需求。1990年，邮电部引进美国COLLOIS公司的全固态化微波设备，对原京汉广微波干线进行改造。改造后，可传送4 800路干线电话、2 400路省内电话、1套彩色电视节目，干线电话传输容量扩增至以前的2.5倍。该工程途经河南省12个微波站，1992年5月工程完工，1993年5月通过验收。

全省形成“米”字状长途通信网

1992年，国家一级通信干线京汉广、郑西、郑徐3条中同轴电缆干线和京汉广微波干线从河南省经过，可为河南省提供长途通信电路5 160条。同年，河南省内5条微波干线全部建设完工，增强了全省长途通信能力。与1985年相比，省会郑州到各地市的长途通信直达电路由平均20.8条增加到71.6条，到县直达电路由平均5条增加到8.2条。至此，省内微波长途通信电路与4条国家一级长途通信干线联通，形成了地下电缆与空中微波相结合的“米”字状长途通信网，增强了长途通信能力。

全省数字微波电路建设

1993年—1995年，河南省微波通信局先后完成信阳、漯河、开封、驻马店、濮阳5个地区24个站的省内数字微波电路建设，加上大量农话数字微波电路的建成，全省的微波通信网络日趋完善。1994年，将省内原有的模拟微波电路改造为PDH数字电路，极大地提高了通信容量和传输质量。20世纪90年代末期，SDH数字

▲ 郑州邙山151微波站

微波逐渐替代了原有的 PDH 传输模式，担负起国家一干、省内二干及部分本地网微波电路的通信任务。始建于 1996 年和 1998 年的京汉广、京沪汉两条大容量 SDH 数字微波一级干线均从河南省经过，主要承担一些跨省图像和语音业务的传输。1997 年，建设了郑州—焦作 SDH 数字微波电路，满足了两地间的传输需求。

京汉广 1800 路中同轴电缆载波工程

▲1800 路中同轴传输机房

该工程是“六五”期间国家重点建设项目，于 1976 年 12 月开工，1985 年 2 月完工。工程纵贯我国南北，北起北京长话大楼，南至广州国际通信站，全程敷设 8 管中同轴电缆，全长 2 702 千米。在河南省内分两段建设，其中北段北起安阳地区安阳县永和公社，经郑州郊外站（米村）到郑州市，全长 270 千米，建设 52 个无人站，22 巡处房，总投资 3 196 万元。南段从米村—许昌—驻马店—信阳至平靖关，全长 372 千米，建设 65 个无人站，25 处巡房，总投资 4 585 万元。1990 年，邮电部对该工程进行投资扩容，郑州—北京增加 2 个 1800 路长途通信电路，郑州—广州开满 2 个 1800 路长途通信电路，河南省长途电路增加 1 620 条。

郑西 1800 路中同轴电缆载波工程

该工程于 1984 年 10 月全线开工，1985 年底完工，是国家经由河南省建设的又一大通路电缆载波工程，总投资 5 700 多万元。工程从郑州郊外站经洛阳、三门峡、渭南到西安，全程敷设 4 管中同轴电缆 510 千米，敷设区间对称 12 路下线分支电缆 312 千米，建有人站洛阳、三门峡、渭南 3 个，建无人站巡房近百个。这项工程不仅加快了从首都北京到西北地区的通信，而且与京汉广干线电缆相通，把华北、中南、西南地区连接起来，

成为全国地下电缆通信网的重要组成部分。工程完工后，郑州到西安的电路由原来的36条增加到240条，到洛阳的电路由69条增加到120条，到三门峡的电路由27条增加到120条，沿途各市、县分支下线由24条增加到48条，为全省的经济振兴、豫西地区的开发提供了高效的信息传递网络。

郑徐1800路中同轴电缆载波工程

该工程于1987年10月全线开工，1990年6月完工。工程从郑州经开封分路站到商丘分路站，共敷设4管中同轴电缆224千米，敷设巡房电缆7千米，总投资2 541万元。工程由邮电部设计院完成设计，邮电部工程建设四公司承担干线电缆线路及载波、电力设备的安装调测，省长途线务总站负责巡房、段房建设及工程跟工任务，工程沿线郑州、开封、商丘市邮电局负责市内电信管道的建设。工程完工后，提供终端电路780条，转接电路1 380条，为郑州至豫东地区提供600余条电路。

▲1993年3月28日，我国最长的光缆——京汉广光缆穿越郑州黄河大桥

京汉广一级架空光缆干线

该工程是“八五”期间国家重点建设项目，途经8省、22个地市，全长3 074千米，采用12芯单模光纤光缆，是我国第一条自行研制、生产、建设全部国产化的一级光缆干线。河南段全长650千米，途经7个地市，总投资6 980万元，于1992年10月开工建设，1993年6月建成开通。初期建设使用1 310 奈米波长，开通140 Mbit/s 光纤数字传输系统。该光缆干线为河南沿线地区提供电路15 600条。

京九广一级地埋光缆干线

该工程是“九五”期间国家重点建设项目，纵贯我国南北6省，北起北京，经九江，南至广州，全长3 621千米，全程敷设48芯光缆，开通2.5 Gbit/s SDH传输系统。河南段全长829千米，途经7个地市16个县，于1995年12月开工建设，1997年4月建成开通。该光缆干线有效解决了河南沿线地区的通信问题。

徐郑西一级地埋光缆干线

郑西干线工程是“八五”期间国家和邮电部重点建设项目，全长558千米，全程敷设24芯直埋光缆。河南段全长396千米，总投资6 484万元，1993年11月建成开通。郑西光缆的开通为沿途地区提供电路5 760条，缓解了河南省西向出口电路紧张局面。

▲1994年郑徐光缆工程开工

郑徐干线工程是“八五”期间邮电部重点建设项目，全长470千米，经13个局站，全程敷设30芯直埋光缆，总投资9 154万元。河南段全长386千米，经10个局站，于1994年3月开工建设，1995年完工验收。郑徐光缆的开通为河南提供了19 020条长途电路。它的建成进一步沟通西北、西南地区和华东、华北地区的通信，满足郑州至徐州沿线一、二级干线的传输要求。

京汉广一级地埋光缆干线

该工程是“八五”期间国家重点建设项目，途经6省市，全长2 854千米，全程埋设36芯直埋光缆。河南段全长671千米，于1994年11月开工建设，1995年6月建成开通。京汉广直埋光缆和先前建成的架空光缆，

有力保障了沿线省市的长途通信需求。

郑济一级地埋光缆干线

该工程是“九五”期间邮电部重点建设项目，于 1997 年 1 月 5 日正式开工。河南段全长 239 千米，总投资 4 987 万元，全程敷设 36 芯单模光纤光缆。工程完工后，把京汉广、京济宁、京九广 3 条国家通信干线连接在一起，有效增强了国家骨干通信网的安全性和可靠性，缓解了河南到华东通信线路紧张的局面。

西合一级地埋光缆干线

该工程是“九五”期间邮电部重点建设项目，于 1998 年 3 月 25 日开工建设，1999 年底建成开通。该工程西起西安，东至合肥，途经河南省 10 个县（市）。线路全长 1 096 千米，其中河南段全长 662 千米。

呼北一级地埋光缆干线

该工程是“九五”期间邮电部重点建设项目，于 1998 年 3 月 25 日开工建设，1999 年底建成开通。该工程由呼和浩特至北海，纵贯 6 省区，途经河南 13 个县（市）。路线全长 3 825 千米，其中河南段全长 614 千米。

“三纵三横”在河南交汇贯通

1998 年，京汉广、郑西、郑徐、京九广、呼北、西合等 6 条国家一级光缆干线工程陆续建设完工，“三纵三横”光缆干线在河南交汇贯通，省内一级光缆干线总长度达到 4 366 千米。依

▲ 军民共建地埋光缆干线工程

托这些光缆干线，陆续开通了京汉广SDH（1～4期）、京汉广DWDM（1期）、济郑SDH、徐郑西SDH（1期、2期）、呼北SDH、西合SDH、京九广SDH（1期、2期）等一级干线传输系统，为河南省提供了充足的省际长途传输资源。

商丘—永城光缆线路

1992年10月，河南邮电投资180多万元，建设商丘—夏邑—永城架空光缆线路，这是河南省独自出资建设的第一条光缆线路。该工程利用明线杆路架设，采用4芯单模光纤光缆，总长107千米，光缆、光端机、光中继器等全部采用国产设备。1993年6月工程完工，有效缓解了豫东地区长话通信资源紧张的状况。

省内二级光缆干线建设

1992年，河南省陆续完成了焦作—洛阳、洛阳—平顶山、信阳—潢川、新乡—濮阳等二级光缆干线建设，总长1 400千米。1992年—1997年，完成4 379千米的二级光缆干线建设。1997年，省内二级干线总长度达到6 200千米。1998年，投资8 500万元，完成783千米的二级光缆干线建设，覆盖郑州、开封、新乡、焦作、安阳、濮阳、漯河、商丘、周口等地。省内二级光缆干线的建设，为全省各地提供了高速直达的长途传输通道，传输容量的不断扩展，为数据、移动等专业网络的建设提供了条件。

全省形成6个二级干线环路

▲ 架空光缆施工

河南省内二级光缆干线历经10余年的建设，到2008年，共形成6个完整的环路：

“环一”贯通郑州—洛阳—焦作—新乡—郑州4地市形成闭合回路，总长约444千米，全程埋设48芯光缆。

“环二”贯通郑州—新

乡—鹤壁—安阳—濮阳—开封—郑州6市形成闭合回路，总长约615千米，除开封—长垣至濮阳为52芯光缆外，其余线路均为48芯光缆。

“环三”贯通郑州—许昌—漯河—平顶山—洛阳—郑州5市形成闭合回路，总长约618千米，其中洛阳—平顶山光缆线路埋设为52芯光缆，平顶山—漯河埋设为36芯光缆，其余线路均埋设48芯光缆。

“环四”贯通漯河—驻马店—信阳—南阳—平顶山—漯河5个市形成闭合回路，总长约624千米，除南阳—信阳埋设52芯光缆外，其余线路均埋设48芯光缆。

“环五”贯通郑州—开封—商丘—周口—漯河—许昌—郑州6市形成闭合回路，总长约675千米，除周口—漯河埋设44芯光缆外，其余线路均埋设48芯光缆。

“环六”为洛阳—三门峡环路，总长约141千米，埋设48芯光缆。根据三门峡的特殊地理位置，利用一干、二干两条不同路由的光缆线路，组成两点环，确保了长途电路的安全可靠运行。

省内二级干线SDH传输网工程

该工程于1994年立项，1996年底投入试运行，1997年7月通过终验。工程采用朗讯公司的SDH传输设备和DXC数字交叉设备，构建4个2.5 Gbit/s的自愈环和3条线性拓扑结构的复合网络，覆盖河南省18个地市局在内的39个局站，开通1 100个2 Mbit/s系统，为省内各地市间提供长途电路12.4万条，缓解了各地市至省会郑州通信资源紧张的状况，也标志着河南省以SDH数字传输体系为主的省内二级干线传输网层面形成。1997年，河南邮电新建郑州—开封—商丘、郑州—新乡、郑州—漯河、漯河—平顶山—南阳、洛阳—三门峡共5段线性2.5 Gbit/s的SDH传输系统，对网络结构进行了优化调整，提高了网络的灵活性和安全性。

省内SDH传输网的发展

“九五”期间，河南省内传输网由PDH向SDH加速演进，SDH技术在长途传输、本地中继传输等方面得到广泛应用。

2000年，省内干线传输网首次引入大容量DWDM波分系统，采用加

拿大北电公司的DWDM和SDH设备，建设了覆盖全省的10 Gbit/s波分系统平台和大容量SDH传输系统，极大地提高了传输能力，满足了宽带IP网高速率传输的需求。“十五”期间，随着宽带数据通信业务的发展，DWDM技术逐步在长途、本地传输网中得到应用。大容量波分系统平台和SDH传输系统的建设，有效支撑了各业务网的发展。

2007年，随着DWDM系统容量的快速增加以及ASON技术的不断成熟，在省内长途传输网层面引入ASON组网技术，即在具有Mesh网络结构的SDH系统组网中逐步推广ASON技术应用。加快推进省内长途传输网向大容量、智能化、多业务承载能力、可运营的智能光网络方向演进。

本地传输网建设

1994年，河南省县（市）以上传输全部实现数字化。1995年，农村光缆通信发展到10 000皮长千米，微波通信达到300对端，全省1 217个乡镇中继传输实现数字化。1996年，传输网覆盖全省90%的乡镇，各地市县形成庞大的光缆本地网。1997年，全省开展本地网传输工程，扩大覆盖面，提高承载能力。1998年，农村电话新建杆路3.51万杆千米，架设20对以上电缆4.30万皮长千米，新架光缆2 000千米。1999年，本地网光缆长度达到3万多千米。2003年，全省实施本地网市—县光缆线路工程、市区城域光缆网扩容工程。

2004年，全省投资4.08亿元，重点建设本地网县—乡光缆工程，共敷设12～96芯GYTS光缆1.28万皮长千米，解决全省县—乡光缆普遍存在的光缆芯数少、光缆老化、网络结构不合理等问题。2008年，全省本地网光缆线路达到28.90万千米，覆盖全省城市街道、小区以及约95%的农村乡镇。

郑州卫星通信地球站工程

▲ 郑州卫星通信地球站

该工程是邮电部“九五”期间重点工程，是全国卫星通信网的一个组成部分，于1996年3月立项，1997年3月完成主体工程，8月入网成功，10月开通业务，12

月 29 日通过验收。郑州卫星通信地球站是河南省首家国内卫星通信地球站，为全省提供到哈尔滨、昆明、乌鲁木齐等 8 个边远省会城市的通信直达电路，使全省形成了地下、地面、空中立体交叉的通信网。

河南移动传输网建设

2000 年，河南移动公司开始建设本公司的传输网络。到 2008 年，河南移动省内一干光缆长度达到 1 281 千米，二干光缆长度达到 3 476 千米，本地网光缆长度超过 12 万千米。

▲ 移动通信二干光缆建设

中国移动省际传输网经过河南的有 3 条：北京—武汉—广州，济南—郑州—西安，北京—合肥—深圳，在河南有郑州、开封两个落地点。共建设 32×2.5 Gbit/s 波分系统 1 套，40×10 Gbit/s 波分系统 8 套，80×10 Gbit/s 波分系统 1 套，满足了出省业务电路的需求。

河南电信传输网建设

2002 年中国电信南北分拆后，河南电信自建了新乡—焦作—济源—洛阳、商丘—周口—漯河和安阳—濮阳 3 条省内二级光缆干线。

2003 年，利用中国电信 DWDM 西北环和蒙晋豫区域环，逐步建设了省内西南环、西北环、东北环和东南环 4 个省干 DWDM 传输环，利用省干 DWDM 系统建设了 6 个 SDH 传输环。

2008 年，河南电信省内长途光缆长度达到 4 006 千米，本地网骨干光缆 5 561 千米，本地管道 1 814 千米。长途传输网拥有波分传输系统 7 个，SDH 传输系统 12 个，可提供 10 Gbit/s 电路 1 200 条，2.5 Gbit/s 电路 544 条。

河南铁通传输网建设

2004 年，河南铁通投资建成了郑州、三门峡、漯河、信阳、平顶山、

南阳、洛阳等 7 个地市的城域传输环，新建网元 60 个，其中郑州骨干传输环带宽为 10 Gbit/s，其余地市骨干传输环带宽为 2.5 Gbit/s，接入层传输环带宽均为 622 Mbit/s。2005 年投资建成了其余 11 个地市的城域传输环。

第二节　交换网建设

改革开放初期，河南省城乡局用交换机容量仅为 21.2 万门，且大部分为步进制、纵横制，设备陈旧，技术落后，难以满足社会日益增长的通信需求。改革开放后，河南省通信业加快交换网络建设步伐。1995 年，经过数次大规模的程控引进工程，全省建成了 18 个本地电话交换网。此后，经过多次扩容升级，全省交换容量大大扩展，基本满足了电信业务的发展需要和人民群众的通信需求。2004 年起，河南通信业对原有的交换网络进行智能化改造，建设了全省 NGN 交换网，为用户提供更加丰富多彩的智能化特色业务，促进交换网向下一代网络平稳演进。

市话交换网建设

▲20 世纪 70 年代的纵横制交换机机房

市内电话指改革开放初期至 2000 年期间接入县城及县以上城市交换网的固定电话。2000 年市话、农话合一，统称为本地固定电话。

1978 年，河南省市话自动交换机仅 5.78 万门。1978 年后，邮电部门依靠政策支持，积极筹措资金，加快市话建设步伐。1982 年，市内电话作为通信的薄弱环节，进行优先安排，着力提高市话实装率，满足社会各界需求。1987 年，郑州率先在全省引进万门程控电话，拉开了全省程控电话建设发展的帷幕。1988 年，全省 17 个地市全部实现市内电话自动化，83 个县开通市内自动电话。

1989 年—1994 年，全省先后进行了两次大规模的程控电话引进工程。1991 年，全省新增市话交换机容量 16.12 万门，总容量达到 35.35 万门。1992 年，新开通驻马店、商丘、漯河、信阳、鹤壁和部分县局的程控电话，总容量达到 47 万门。1993 年，市话交换机总容量达到 71.84 万门，其中程控电话容量达到 47.2 万门，占市话总容量的 65.7%。1993 年 8 月，鹤壁市万门程控电话建成，至此，全省 17 个地市城市全部开通程控电话。1993 年 10 月 30 日，台前县在全省甩掉了最后一个市话“摇把子”，全省实现市话自动化。

1994 年 7 月，全省市话交换机总容量首次突破 100 万门，达到 100.76 万门。1994 年底，市话交换机容量达到 134 万门，其中程控占 95% 以上。全省所有县（市）局全部进入国内长途网。

1995 年，全省 17 个地市和 99 个县开通程控电话，市话交换机总容量达到 184 万门，程控化比例为 98.9%。9 月 16 日，内乡县 2 000 门纵横制市话交换设备被淘汰，全省县以上城市全部实现交换程控化。

全省首次引进万门程控电话

1987 年 7 月，郑州市电信局引进比利时贝尔公司 1240 型万门程控电话交换机，开通了政一街万门程控市话局，这是全省第一个程控市话局，标志着全省市话进入程控时代。

▲ 郑州市政一街分局首次开通万门程控，时任河南省邮电管理局局长杨贤足拨通第一个电话

全省首个县级万门程控交换局

1996 年 2 月 10 日，河南灵宝万门程控电话开通投入运营，这是全省第一个县级程控市话分局。万门程控电话投入运营后，灵宝交换机总容量达到 32 000 门，缓解了当地用户装机难的问题。

全省大规模程控引进工程

1989年，河南省邮电管理局首次利用加拿大政府混合贷款，引进加拿大北方电讯公司DMS—10、DMS—100、DMS—200型程控数字交换机12.42万门和程控数字长途自动交换机5 600端，总投资3 064万美元，使洛阳、新乡、安阳、濮阳、开封、三门峡、焦作、平顶山、南阳9个城市实现了市内电话程控化和长途电话自动化。

▲20世纪90年代河南电信市话机房工作人员测试设备

1992年，河南省邮电管理局利用融资租赁方式引进德国西门子公司生产的EWSD数字程控交换设备，总投资1.34亿元，总容量10.70万门，分别安装在郑州、洛阳、商丘、安阳、焦作、信阳、驻马店、漯河、南阳9地市。

1992年11月，河南省邮电管理局与加拿大北方电讯公司再次签订了程控交换设备引进合同，合同总金额2 587万美元，其中利用加拿大政府贷款2 350万美元，引进程控市话电话交换机21.10万门、中继4.87万线（其中长途4 800线）。1993年5月设备到货安装，1994年底工程完工。这次工程用于洛阳、开封、焦作等7个城市的市话扩容。

1993年，开封、商丘、郑州、洛阳、新乡等地市邮电局利用贷款、租赁及自筹资金等形式，引进加拿大、德国数字程控交换机等通信设备达数亿元。同年8月，利用加拿大政府贴息贷款4 400万美元，第三期引进加拿大程控交换设备。

1995年2月，河南省邮电管理局与中国银行河南省分行签订利用西班牙贷款引进程控电话的转贷协议，贷款总额为2 530万美元，引进程控交换设备13.90万门，长途自动交换设备2.70万路端，分别安装在郑州、洛阳等9个地市邮电局。

国产HJD04交换机在国内首次应用

1991年，由解放军信息工程学院与中国邮电工业总公司联合研制的

我国第一台拥有完全自主知识产权的大型数字程控交换机——HJD04诞生。它的研制成功，打破了西方国家关于“中国自己造不出大容量程控交换机”的预言，是我国电话交换技术上的一个重大突破，标志着欧美“七国八制”长期垄断中国程控交换机市场格局的终结。

▲ 巨龙 HJD04 程控电话设备

1991 年 12 月，HJD04 交换机在洛阳通过部级鉴定后，首批 3 000 门程控交换机在河南武陟县开通实验局。1992 年 1 月 4 日，实验局割接开通，这是 HJD04 交换机在国内的首次应用。HJD04 交换机诞生后，体现出开通时间短、采购和维护费用低、运行质量稳定等优势，在河南交换网上得到广泛应用。到 1993 年 9 月，HJD04 在全省交换网上开通了 28 个局、13 万线。随着国产 HJD04 机的广泛应用，逐步将进口交换机价格从每线 400 美元降到 200 元人民币，不仅打破了垄断，降低了通信建设成本，而且为国产自主设备立足我国通信行业作出了里程碑式的贡献。

农村电话交换网建设

农村电话指改革开放初期至 2000 年期间接入县及县以下（乡镇、村）交换网的固定电话。2000 年，市话、农话合一，统称为本地固定电话。

▲20 世纪 80 年代南阳淅川县寺湾乡农村电话（摇把子）交换点

1978 年，河南农村电话大多是“摇把子”磁石电话机，全省的农村电话机加起来不到万户，发展极为落后。1979 年，河南省农村电话局成立。1980 年 6 月，河南省邮电管理局规定，公社以上的农村电话，收归省农村电话局统一经营管理，当年农村电话用户为 8.16 万户。随后，依靠政府和社会的广泛支持，农村电话网建设得到快速发展。1985 年，全省农话交换机容量达到 13.99 万门，1989 年达到 15.6 万门。1991 年，42 个乡镇新增自动容量 1.1 万门，农话交换机容量达到 22 万门，有 35 个乡镇自动电话进入全国电话网。1992 年，全省新增自动容量 2.16 万门。

1992 年，河南省政府印发《关于加强我省农村电话建设和管理的通知》，确定了“条块结合，以块为主”的农话建设发展方针。1993 年—1995 年，省以工代赈办对农话通信给予了积极的扶持政策，促进了全省贫困地区的通信建设和发展。1994 年，全省农话交换机总容量达到 32 万门，其中自动交换用户占 80%，600 多个乡镇进入国内通信大网。1995 年，农话交换机总容量达到 40 万门，全省农村电话实现自动化，开通电话的乡镇达到 2 042 个，进入全国长途网的乡镇 1 931 个。1996 年，新增农话交换容量 25 万门。1997 年，河南省邮电管理局投资 3.11 亿元对 32 个县农村电话网进行改造优化，新增交换容量 35.06 万门。

全省建成 18 个本地电话交换网

本地电话交换网简称本地网，是指同一个长途编号范围内有若干个端局和汇接局及局间中继、用户线与用户终端等组成的电话网。一个本地网属于长途电话网的一个长途编号区，仅有一个长途区号。

▲20 世纪 90 年代郑州市电信局市话交换设备集中监控中心

河南省本地电话交换网始建于 1991 年。1994 年 6 月，焦作本地网率先建成开通。10 月，许昌本地网建成开通。1995 年 1 月，开封、洛阳、新乡本地网建成开通。1997 年，潢川本地网建成开通。至此，全省本地网建设工程圆满结束。

随着 18 个本地电话交换网的建成，C4 交换中心取消，各本地网内长途区号统一，全省电话号码全部升至 7 位。在本地网内，形成了交换网点—端局—汇接局的三层网络结构，本地电话只在本地网内进行交换，长途电话由端局或汇接局转长途局进行长途转接。本地电话网的形成，打破了原有的市话、农话的界限，网络组织更灵活，更能合理地规划和组织网络资源，有利于一个行政区域内经济社会发展对通信的需求。

本地电话网的建设与发展

1999年11月，河南省邮电管理局与交通银行郑州分行签订协议，贷款10.3亿元用于全省本地电话网扩容工程，新建交换设备64万门、电缆线路1.25万千米。1999年底，全省局用交换机总容量达到935.7万门。2000年5月，局用交换机总容量突破1 000万门，达到1 051万门，实装率达到72%，标志着全省固定电话网络规模实现了历史性跨越。2000年之后，本地交换网多次扩容升级。到2008年，交换机总容量达到2 429万门，是1978年的116倍。

长途电话交换网建设

长途电话网是指若干具有不同长途编号的长途交换机及中继线、终端等组成的电话网，在每一个长途编号区设置一个长途电话交换中心，承载各本地网之间的长途电话业务。

▲20世纪80年代郑州的长途交换机房

河南省长途电话网始建于“六五”时期。1978年，开通了全省第一条长途半自动电路。1980年，全省长途业务电路有942条。1981年，郑州电信局编码纵横制长途交换机投入运行。1985年，京汉广中同轴工程建设完工，河南省开通了18个超群电路。“六五”时期，长途电话逐渐从人工接续的单一方式向人工、半自动和自动接续的方式转变，安装了长途半自动对端设备，建立了省内长途自动、半自动电路网，可以使全省12个地市和全国16个大中城市之间进行长途自动和半自动呼叫。1987年，郑州800路长途程控交换系统联网运行。

1988年，随着省内二级干线和配套设备的逐步建设和完善，郑州开通了国际及港澳长途电路，全省长途电话实现自动化、数字化、程控化。1989年，全省长途业务电路为3 630条。1990年，全省开通使用的微波电路有509路，长途自动交换容量为3 619路端，全省17个地市全部开通自动、半自动长途电话，长途自动电话可对185个国家和地区、全国1 170个市县直拨。

1991年，全省新增长途业务电路1 200条，长途业务电路达到5 303条，长途自动交换机容量达到5 800路端。33个县（市）开通了长途直拨。1992年，新增长途业务电路1 500条，开通长途自动交换容量8 100路端。1993年，新增长途自动交换容量9 000路端，新增长途业务电路4 894条。7月，郑州长话交换设备全部程控化。全省114个县（市）邮电局中，有74个进入全国自动长途网，有19个进入省内长途自动网。郑州、开封、安阳、漯河、鹤壁5市的下辖县全部进入全国长途网。

1994年，全省所有县（市）局全部进入全国网和省内网，长途自动交换容量达到4万路端，长途业务电路达到2.57万条。1995年，全省长途业务电路达到3.02万条，长途自动交换机容量达到8.75万路端，长途数字终端复用设备容量44.03万路。1996年，全省新增长途自动交换容量6.4万路端，长途业务电路2.04万条。

1996年，依托省内二级光缆SDH传输网，全省长途电话交换网构成一个层面，18个长途交换局构成全省长途电话交换网，郑州两个长途局负责转接全省大部分省际话务。1997年，全省长途业务电路达到6.90万条，1998年达到7.38万条。1999年，长途交换机容量达到18万路端，长途业务电路达到10万条。2000年，长途交换机容量达到23.92万路端，实占15.54万路端。2008年，全省长途交换机容量达到105万路端。

郑州长途电信枢纽楼工程

该工程于1973年12月12日动工，1978年2月20日竣工。主楼建筑面积8 350平方米，楼内设有电力室、载波室、自动长话机房、人工长话机房、传真室、数据机房、微波机房等。1978年6月开始设备安装调试，1981年4月20日开通长话电路和微波通信。郑州长途电信大楼的建成，使河南成为全国重要的通信枢纽之一。

▲1982年建成的郑州电信大楼

郑州长途电信枢纽扩建工程

该工程是"八五"期间邮电部和河南省重点建设项目，于1990年10月动工，1995年10月竣工验收。该工程总投资7 117万元，土建1.53万平方米，总面积2.23万平方米。该楼集长途通信、本地电话、数据通信、移动通信、寻呼通信和电信营业为一体，是河南省最大的通信调度中心，也是全国重要的电信中转业务中心。郑州长途电信枢纽楼的建成，大大增强了河南省的通信能力。

▲1993年建成的郑州长途通信枢纽楼

郑州第二长途电信枢纽工程

该工程是国家重点工程，1996年6月由邮电部批准立项，1998年12月奠基开工，2004年工程竣工并通过验收。该工程总投资5.3亿元，建筑面积8.5万平方米，由部、省、市三级联合投资兴建，安装有信令网、同步网、电信管理网等相关设备，具备提供长途、市话、数据、移动等多种通信业务的能力，为全省"东引西进"战略提供有力的通信保障。

▲2004年10月建成的郑州第二长途通信枢纽中心

河南联通长途电话交换网建设

1999年—2000年，河南联通建成1个长途交换局，通达12个地市；建成了

▲ 现代交换机房

由光缆铺架为主体的长途电话网络（接入号 193），是全省第二长途公众网。193 长途网初期主要提供基于公众交换通信网的国内及国际话音、传真服务，同时向各企事业单位提供国内、国际长途电路出租业务。

下一代网络建设

下一代网络（NGN）是传统电话交换网和 IP/ATM 传送网相融合的产物，以软交换为核心，在全开放的宽频网络平台上提供语音、数据、多媒体等多种综合业务。

2006 年，河南网通开始建设 NGN，在洛阳、焦作（含济源）、濮阳、周口、开封、信阳和许昌 7 个本地网进行软交换智能化改造，通过在 PSTN 中引入用户数据库（SDC），实现用户数据的查询，为用户提供多样化的增值业务。2007 年，郑州、新乡、南阳等 10 个本地网也采用软交换技术进行了网络扩容改造。2008 年，在全省固网建成了基于软交换技术的 NGN 网。全省共划分为 5 个大区，分别是郑州大区、洛阳大区（洛阳、焦作、濮阳、三门峡）、新乡大区（新乡、安阳、鹤壁、商丘）、南阳大区（南阳、平顶山、驻马店）和漯河大区（漯河、许昌、开封、周口、信阳）。每个大区设有一对软交换核心设备 SS、SG 和 SDC，每个本地网设有一对 TG 设备（郑州两对），TG 总容量达到 41 348 个 2M，全省共设置 5 对 SS、SG、SDC，36 对 TG，一个综合业务平台，满足 2 300 万 PSTN 用户和 166 万软交换用户的接入，可以向全省用户提供丰富多彩的网络智能化特色业务，包括固网悦铃、广域虚拟网（混合 VPN）、一号通、号码携带（NP）、宽带智能（WebCall、Web 会议、Web800）等。

2003 年 6 月，河南电信采用中兴通讯公司的设备建设 NGN 交换网，以郑州为核心节点，在全省建设中继网关，形成了覆盖全省的二层网络结构。DC1 级设置两台异地放置的 DC1 长途交换机，负责省际长途和省内长途话务交换，总装机容量约为 30 万路端。DC2 级包括 1 台 DC1—TG 长途骨干软交换机，与 16 个地市（郑州除外）的 DC2 交换机一起形成省内软交换网络，全省 TG 的 E1 总数为 1 344 个。同时，17 个地市设置 DC2/GW/LS/SSP 长途关口市话合一交换机。DC2 级主要负责本地网长途话务交换和与其他运营商互联互通话务交换，同时作为各地市本地网市话端局，通过远端模块和接入网的方式接入本地固定电话用户，总交换容量达 108 万门。

2004 年，河南铁通采用中兴设备建设 NGN 软交换平台 1 套，硬件处理能力达 5 万用户，信令网关 1 套，中继媒体网关 4 套。2008 年，NGN 总容量为 1.3 万门。

第三节　数据和互联网建设

20 世纪 90 年代以来，河南省通信业紧跟数据和互联网通信技术快速发展的步伐，贴近用户通信需求，建设了分组交换、数字数据通信和帧中继 /ATM 等数据网，为广大用户提供全方位、高速率的实时数据通信服务。加快公用计算机互联网、多媒体通信网和移动互联网的建设，打造河南信息高速公路。

分组交换网建设

分组交换网是一种采用分组存储转发交换方式的数据通信网，以 CCITT X.25 协议为基础，提供实时通信能力，可以满足不同速率、不同型号终端与计算机、计算机与计算机间以及局域网间的通信，实现数据库资源共享。

1991 年，国家公用分组交换网（ChinaPAC）建成，在河南省会郑州设置 24 个端口。1992 年 12 月，河南邮电投资 389 万元，使用国产 NP—168 和 SPAD 设备建设省内分组交换网。在郑州、洛阳、新乡和漯河设置 4 个省内汇接节点，每个节点负责一个服务区，组成网状网连接。各地市均设本地汇接节点，与邻近的省内汇接节点连接。采用NP328设备作为接入节点，与本地汇接节点相连，所有用户均从NP328连接入网。

该工程于1993年2月完成全网调测并进入试运行。1993年5月，全省17个地市全部入网。1995年，全省投资1.2亿元对系统进行改造扩容，净增170个节点和8 000个端口。1997年，总端口数达到1.8万个。1999年，总端口达到1.98万个，网络覆盖全省所有市话端局、县级城市和个别经济发达的乡镇。

河南省公用分组交换网的建设，为全省政府机关、企事业单位等提供了计算机联网和数据通信能力，为用户数据的传输提供了很好的安全保障。

数字数据网（DDN）建设

数字数据网（DDN）是利用数字传输通道和数字交叉复用设备组成的数据通信网，为用户提供各种速率的高质量数字专用电路，满足用户多媒体通信和组建中高速计算机通信网的需求。

1994年4月，河南邮电投资4 997万元，采用澳大利亚JNA公司的AS200设备建设全省数字数据网。在郑州长途枢纽楼设置省网汇接节点，与国家骨干网相连，负责全省与国家骨干网连接的出口电路。各地市均设本地汇接节点，与省网汇接节点连接，并与其邻近的地市相连。本地网节点中，市话端局至少设置两条出局中继，与地市汇接节点相连。

该工程于1995年12月通过初验，1996年12月通过终验，网络覆盖全省各地市县邮电局，共建设节点168个，总端口数4 190个。1997年，总端口数达到1.07万个。1998年，根据业务发展需要进行了二期扩容，新增洛阳、漯河、新乡3个省网汇接点及17个本地节点，新增600个E1端口。1999年，总端口数达到1.4万个。2000年，采用加拿大新桥公司的3600和36170设备建设了省宽带综合接入数据网，在ATM平台上统一提供ATM/FR、DDN和IP承载等业务。2001年，进行了DDN网乡镇延伸项目建设，满足省内集团客户省、市、县、乡4级联网的需求。2003年，全省节点总数达到1 400多个，覆盖省内1 000多个乡镇，扩展了DDN业务的覆盖范围。

河南省DDN的建设，满足了日益增长的数据通信业务需求，为金融、证券等部门提供了优质灵活、高速稳定的传输通道。

帧中继 /ATM 网建设

异步传输模式（ATM）网是一种采用面向连接的 ATM 信元中继技术的数据通信网，它传送的数据分组大小固定，具有高速数据传输率，支持多种类型通信。帧中继（FR）是一种面向分组的数据通信方式，利用虚拟电路建立设备间的双向连接。ATM 与帧中继同样具有低时延、高带宽利用率等优点，主要用于局域网和广域网互联。

1998 年 3 月，河南邮电投资 9 777 万元，建设全省宽带业务 ATM 数据网工程。该工程采用美国思科公司的 BPX 8600 核心汇聚设备和 AXIS 8220/MGX 8850 接入设备，覆盖全省 18 个地市，以郑州、洛阳、开封、漯河、新乡为核心节点，其他 13 个地市采用反向复用接入邻近的核心节点，共建业务节点 22 个，中继端口 370 个，各种类型的用户端口 864 个。

该工程于 1998 年 12 月建设完工。2000 年，根据业务发展需要进行了二期扩容，新增 21 个节点。2003 年，全网节点总数达到 43 个，总端口数达到 2 534 个，可以提供 FR、ATM 交换、IP 业务承载、VPN 以及 xDSL 汇聚等业务。

帧中继 /ATM 网在全省的主要应用有局域网互联、高质量的电视会议、远程教学、远程医疗以及视频点播等，为全省用户提供了从低速率到高速率的全方位数据通信服务。

河南省公用计算机互联网工程

中国公用计算机互联网（ChinaNet、163 网）是国际计算机互联网（Internet）的中国联网系统，于 1994 年开始建设，1996 年建成全国骨干网。

1996 年 8 月，河南省公用计算机互联网工程郑州节点建成，为用户提供互联网接入服务，结束了郑州用户只能通过北京节点访问国际互联网的历史。1997 年底，河南省网建成开通，在全省 18 个地市配置美国思科公司的路由器和交换机，在郑州和洛阳节点配置用户认证服务器，在郑州等地配置 WWW 服务器、信息制作系统及邮件服务器，在各地配置 3Com 公司的拨号服务器，提供 810 个拨号用户端口接入。1999 年，对系统进行扩容，新增拨号服务器端口 4 740 个，总端口数达到 6 018 个。

河南省公众多媒体通信网工程

中国公众多媒体通信网（ChinaINFO、169 网）是在公众电信网的基础上，以中文信息资源为核心组建的提供多媒体通信服务的公众通信网。

1998 年 3 月，河南省公众多媒体通信网工程立项，1999 年 9 月建设完工并投入使用。该工程总投资 1 522 万元，在郑州和洛阳节点配置认证服务器，在郑州、洛阳等节点配置 8 台邮件服务器，各地市节点均配置 3Com 公司的拨号服务器和 WWW 服务器，在没有配置信息制作系统的地市配置一套信息制作系统，全省共提供 6 690 个拨号用户端口，20 个 ISDN 的 PRI 接口，21 个 DDN 信道化的 E1 接口，19 个帧中继的信道化 E1 接口。

河南省公众多媒体网的融合

2000 年，根据业务发展需要对 163、169 两个网络进行了整合，建成了省内统一的公众多媒体通信网（163/169 网），网络流量由 ATM 网承载。到 2002 年，河南省 163/169 网覆盖全省 18 个地市的所有县、乡节点，所有电话通达地区均可开展 163/169 业务，全省拨号端口达到 15 万线。

163/169 网基于电话网网络资源，具有覆盖范围广、接入方便、用户投资小等优点，在互联网建设初期，为不具备宽带接入条件的用户提供了很好的上网选择。

宽带 IP 网建设

IP（网络互联协议）网是一种采用无连接、端到端的 TCP/IP 的数据通信网。它具有统一的寻址体系和开放的网络结构，架构简单，扩展性强，适用范围广泛，在数据业务中占据核心地位。

2000 年，河南开始建设全省宽带 IP 骨干网和城域网，采用美国思科公司的路由器和交换机、SUN 公司的服务器，在郑州和洛阳分别部署 2 台高端路由器作为省出口，在 18 个地市设置本地核心路由器，与郑州、洛阳的省出口路由器实现双上联；在市区端局部署以太网交换机，负责接入层的汇聚，提供 ADSL、VDSL、FTTX+LAN 等多种接入手段。2001 年 3 月工程完工，初步确立了宽带 IP 网的基础架构。到 2001 年底，河南省互联网 IP 路由器专线端口达到近 15 万个，IP 拨号服务器端口突破 10 万个。2002 年—2008 年，对宽带 IP 网先后进行了 6 次扩容优化，形成了清晰的三层网络结构：核心层、业务控制层和汇聚接入层，大大提升了宽带 IP 网的控制和管理能力。2005 年，全省宽带 IP 网出省总带宽达到 108 Gbit/s，省内中继总带宽达到 150 Gbit/s。2008 年，全省宽带 IP 网省际出口总带宽达到 320 Gbit/s，各市 IP 城域网出市总带宽达到 770 Gbit/s，接入层网络覆盖省内所有乡镇和 97% 的行政村。

2001 年，河南移动开始建设省内宽带互联网，网络结构分为核心层、汇聚层、接入层 3 个层面，主要承载公司宽带互联网业务、GPRS 上网业务、IDC 业务和集团客户跨域 MPLS VPN 组网业务。核心层 CMNET 网络采用双星型结构，以省内双核心节点汇聚 18 个市分公司省域汇聚层节点；双核心节点使用 Juniper T1600 高端路由器设备，节点间互联带宽 40 G；汇聚层节点使用 Juniper M320 高端路由器设备，到核心节点的互联带宽为 2×10 G，总带宽 360 G。汇聚层节点由 SR（业务路由器）和 BAS（宽带接入服务器）组成。SR 节点共 230 个，部署在市区及县城，其中市区节点使用 IP over Optical 方式、县城节点使用 MSTP over SDH 方式连接核心层节点。85 个 BAS 节点部署在市区，到核心层使用 2×GE 电路连接，使用 IP over Optical 方式，以裸光纤直连核心层节点。接入层采用 GPON 技术，以 FTTB+LAN 为主、FTTH 为辅实现集团客户和家庭客户的宽带互联网接入。截止到 2008 年底，河南移动宽带接入网覆盖全省 18 个分公司的约 400 个小区，业务端口容量约为 204 000 个，其中光纤接入端口容量约为 2 000 个。

2003 年，河南电信公司开始建设自己的宽带 IP 网。到 2008 年，全网共设置 200 台核心路由器、230 台 BAS 设备、2 000 多台以太网交换机和大量的 DSLAM、PON 设备，全省出口总带宽达到 280 Gbit/s。

宽带 IP 网的建设，为河南互联网 IP 业务提供了充足的网络资源，支持宽带、局域网互联等多种业务手段，满足广大用户对语音、数据、视频等宽带增值业务的需求。

第四节　移动通信网建设

20 世纪 90 年代初，无线寻呼、移动通信逐渐兴起。河南通信业抓住历史机遇，通过多种方式筹集资金，加快建设全省移动通信网。1992 年以后，移动通信建设速度不断加快，系统容量、信道、基站逐年增加。到 2008 年，全省移动交换机容量达到 6 300 万户，基站数量达到 3.26 万个，移动网络覆盖全省城乡。

河南省首家 115 无线寻呼台

1986 年 8 月，河南邮电首次在郑州引进安装国外无线寻呼设备，通过 115 服务台，用微机数字显示电讯内容，信号覆盖半径达 15 千米，这是河南省首家无线寻呼台。

河南省无线寻呼系统

▲20 世纪 90 年代初郑州市电信局 126、127 传呼台

1986 年以后，河南无线寻呼迅速发展，覆盖面不断扩大。1990 年 8 月，全省无线寻呼实现互联，开通异地寻呼业务。1992 年 9 月，郑州市电信局投资 70 万美元，引进开通加拿大贝尔公司 5 万门全自动无线寻呼系统（127 自动台），是全国第

二个全自动寻呼台，与126人工台兼容。1993年4月，129中文自动寻呼台开通。1993年7月，随着临颍县邮电局开通无线寻呼，全省17个地市、113个县（市）邮电局全部开通此业务。1993年12月，郑州、洛阳、新乡、安阳、开封、商丘6市的寻呼台首批联网，实现省内自动漫游。为实现全省联网，郑州126人工数字台和128人工汉字台机号由6位升至7位。1995年，全省无线寻呼实现漫游。

河南省高速寻呼网扩容改造工程

1998年3月4日，河南邮电投资9 340万元，与珠海龙光、香港华通、美国摩托罗拉、深圳华为等公司签订全省高速无线寻呼网扩容工程合同。该工程新建人工/自动、数字/汉字兼容的高速无线寻呼网，工作频率280 MHz，采用FLEX编码方式，信息速率640 kbit/s，用户容量125万户，覆盖全省18个地市。

1998年7月，河南邮电投资2亿元，对全省无线寻呼网进行优化，18个地市邮电局统一采用加拿大建利尔公司设备，寻呼频点由4个增至6个，解决了全省寻呼漫游不畅的问题。

全国无线寻呼网河南省网建设

1998年底，河南国信寻呼公司投资1.2亿元，开始建设198/199全国寻呼网河南省网。1999年8月，198/199全国无线寻呼网在全省18个地市开通。到1999年底，河南国信寻呼公司发展到200多万用户，拥有国网198/199、省网126/127和128/129、同播网916/917三大寻呼网络。

河南省首次引进模拟移动电话

1991年7月，郑州市电信局利用国外贷款，引进开通美国摩托罗拉900 M蜂窝状移动电话系统，这是河南省首次引进移动电话交换系统。该项目交换机容量7 500门，首期工程在郑州、登封、中牟、上街建立4个基站、50个信道，覆盖面积达600平方千米，同时引进400部手持移动电话、

100 部车载移动电话，总投资 1 250 万美元。

模拟移动电话网建设

1991 年—1992 年，郑州、洛阳、安阳、焦作、平顶山、新乡利用国外贷款，陆续引进开通 900M 公众移动通信系统。1993 年 2 月，全省有郑州、洛阳、焦作、安阳、新乡、开封、三门峡、平顶山、许昌、南阳等 10 个地市开通移动电话系统。1993 年底，全省 17 个地市全部开通漫游业务。1995 年，全省移动电话网络覆盖 17 个地市和 105 个县，交换机总容量达到 20.3 万门，基站 134 个，信道 4 798 个。

河南省首次引进数字移动电话

1995 年 12 月，郑州市电信局投资 900 万美元，引进芬兰诺基亚公司 GSM 数字移动电话系统，在郑州建立 1 个移动业务交换中心（MSC）、1 个容量为 7.5 万户的归属位置寄存器（HLR）、1 套操作维护中心（OMC）和 2 套基站控制器（BSC），在全省 17 个地市共设置 55 个收发基站（BTS）。1995 年 12 月开始设备安装，1996 年 2 月工程完工。1996 年 4 月 1 日，郑州市 GSM 数字移动电话业务正式对社会公众开放，河南省移动电话从此进入数字时代。

模拟移动电话退网

1998 年，为了拓展 GSM 移动通信的发展空间，解决全省 GSM 移动通信空间频率资源匮乏问题，河南省邮电管理局开始组织专家论证模拟移动电话网退频问题。1999 年 8 月，省移动通信公司与诺基亚公司达成模拟移动电话网退频协议，腾出频率空间用于发展 GSM 移动通信。2001 年 12 月，全省模拟移动电话全部退网。

数字移动电话网建设

1995 年 12 月，河南邮电开始建设 GSM 一期工程，新增诺基亚设备

1 台 MSC，1 台 HLR，2 台 BSC，新建基站 55 个，增加载频 253TRX，容量为 7.5 万户，总投资 1.12 亿元。1996 年 2 月，全省 GSM 一期工程完工，网络覆盖 18 个市的市区及重点县城。1996 年 3 月，全省 GSM 二期扩容工程新增诺基亚设备 3 台 MSC，7 台 BSC，新建基站 172 个，新增容量 17 万户，总投资 4.05 亿元。1996 年 12 月，全网交换能力达到 23 万户，网络覆盖全省县以上城市及部分乡镇。1997 年，三期扩容工程新增诺基亚设备 2 台 MSC，扩容 4 台 MSC，新增容量 24 万户；新增 20 台 BSC，扩容 4 台 BSC，新建基站 492 个，扩容基站 180 个，总投资 7.38 亿元。GSM 三期补充扩容工程新增 1 台 MSC，新增容量 15 万户；新增 2 台 BSC，扩容 12 台 BSC，新建基站 41 个，扩容基站 84 个，总投资 2.16 亿元。三期工程完工后，全网交换能力达到 47 万户，信道总数达到 19 440 个。1996 年—1997 年，河南省 GSM 四期扩容工程新增诺基亚和摩托罗拉设备 11 台 MSC，扩容 5 台 MSC，新增容量 141 万户；新增 16 台 BSC，扩容 20 台 BSC，新建基站 781 个，扩容基站 306 个，总投资 15.20 亿元。GSM 四期补充扩容工程共新增 3 台 MSC，新增容量 6 万户，总投资 8 116.80 万元。四期工程完工后，全网交换能力达到 203 万户，基站载频数达到 8 689 个，信道达到 54 200 个。1998 年 12 月，河南省 GSM 五期工程扩容新增交换机能力 221 万户，交换机容量达到 430 万户，基站数量达到 2 553 个，载频数量达到 15 342 个，信道达到 122 736 个。1999 年，全省共有 GSM 网 31 台端局交换机，容量 430 万户，19 台 HLR，容量 517.50 万户，2 台汇接交换机，中继端口配置 1 060 个 E1，一对 H/LSTP 信令转接点，信令链路配置 864 条；无线基站 2 596 个，载频 16 342 个，信道 130 736 个。

1999 年移动分营后，河南移动公司陆续进行了 GSM 六期—十三期工程建设，平均每年投资达 35 亿元，网络规模进一步扩大。到 2008 年，全网共有 112 台端局交换机，总容量 6 115 万户；51 台 HLR，容量达到 7 404 万；软交换汇接网 6 个 TMG/SG，中继端口配置 1.07 万个 E1，处理能力达到 1 440 万 BHCA，一对 HSTP 和二对 LSTP；全省共建独立关口局 47 个，总等效 E1 端口数为 3.87 万个 E1，网络规模比分营时增长 14 倍。

1997 年 5 月，河南联通公司 GSM 网在郑州选建 29 个基站、洛阳选建 11 个基站，分别在两地建设交换机房。1998 年 8 月，签订第一期 GSM 工程合同，建设规模为总容量 4 万门（其中郑州 3 万门、洛阳 1 万门）。1999 年 5 月，完成第一期 GSM 工程建设。河南联通 GSM 网络的建设，使全省拥有了第二张公用移动通信网。1999 年 5 月，河南联通 130 数字

移动电话在郑州、洛阳两市开通运营。2000 年，第二、三期工程被列为河南省重点建设项目，交换机运营容量达到 106 万户，覆盖全省所有地市。2002 年，GSM130 移动电话交换容量达到 226 万户，同年建设完成 CDMA133 交换机容量 60 万户。2004 年—2008 年，GSM 交换机运营容量由 286 万户增至 1 150 万户，基站数由 2 715 个增至 11 578 个，载频从 1 万个增至 71 637 个，语音信道从 6.9 万个增至 45.91 万个；CDMA 交换机容量由 106 万户增至 147 万户，基站数从 1 220 个增至 3 049 个，语音信道由 6.4 万个增至 73.76 万个。

2008 年，河南电信承接河南联通 CDMA 网，进行了大规模的覆盖补盲、优化补差等。到年底全省新建室外基站 578 个，新建室内分布 400 套，核心网电路域设备容量达到 859 万门。

移动数据网建设

2000 年，河南移动建成智能网业务平台，截止到 2008 年底共进行十期工程扩容，系统处理能力达 880 万户。2001 年，开始建设短信网关，截止到 2008 年共建设 9 套诺基亚短信中心设备，2 套中兴短信中心设备，全网总的软件 License（AO+MO）达到 54 000 条/秒，总的硬件处理能力达到 286 176 条/秒。2003 年，开始建设彩铃业务平台，截止到 2008 年共完成九期工程建设，容量达到 3 000 万户。2005 年，开始建设彩信业务平台，截止到 2008 年共完成八期工程，在郑州建设三个彩信节点，硬件处理能力达到 1 520 Mbit/s，软件处理能力达到 960 Mbit/s。

▲ 河南移动 GSM 数字移动电话第九期扩容签字仪式

无线市话网建设

2002 年 7 月，河南省通信公司采用 UT 斯达康和中兴通讯公司的设备，建设郑州、开封、许昌、濮阳、商丘、驻马店、信阳、鹤壁、济源9地市无线市话工程。工程新建无线接入PHS系统网络容量41.2万户，覆盖面积513.3平方千米，总投资3.36亿元。2002年10月，设备陆续到货并开始安装调测，2003年1月开通运营。2003年底，全省18个地市全部开通无线市话业务。

▲ 移动互联网建设工程签约仪式

2004年3月，新开通44个县，完成18个市区扩容优化，新增容量98.6万户，主设备投资5.28亿元。2004年12月，完成全省市、县优化扩容，新增容量64.5万户，主设备投资3.41亿元。

第五节　支撑网建设

改革开放后，在加快业务网络建设的同时，河南省邮电通信业陆续投资建设了No.7信令网、数字同步网、各专业网管系统等网络，为网络的运营提供了良好的支撑，为业务的发展提供了稳定可靠的保障环境。

No.7 信令网

信令网是在通信设备之间传递控制信号的网络，是电信网的支撑网之一。我国早期使用的No.1信令是一种随路信令，信令和语音在同一条话路中传送。后期采用的No.7信令是一种公共信道信令，它以时分方式在一条高速数据链路上传送一群话路信令，具有更大的系统容量，满足更多的业务需求。

1997年，河南邮电开始建设全省No.7信令网。一期工程在郑州、洛阳、开封、新乡、南阳、漯河新建6对LSTP，采用上海贝尔S1240设备，总容量为1 672×2条Link。2000年，二期工程在安阳、焦作、平顶山、商丘、信阳、周口新建6对LSTP，采用上海贝尔S1240或华为C&C08设备，总容量为596×2条Link。2003年，三期工程在驻马店新建一对LSTP，容量为120×2条Link。全网形成三级网络结构，在郑州设置一对高级信令转接点HSTP，负责转接它所汇接的第二级LSTP和第三级SP点的信令业务。全省17个本地电话网按地理位置和业务量大小划分为13个低级信令转接点服务区——郑州、洛阳（三门峡）、新乡（濮阳、鹤壁）、开封、漯河（许昌）、驻马店、南阳、平顶山、焦作（济源）、信阳、安阳、周口、商丘——负责转接它所汇接的第三级SP点的信令消息。第三级为信令点SP，是信令网传送各种信令消息的源和目的地点，由各种交换局和特种服务中心（业务控制点、网管中心等）组成。2008年，全网设备容量达到5 935条Link，为各种业务网络的运营提供了良好的支撑。

数字同步网

同步网是为通信设备提供时钟同步控制信号的网络，是电信网的支撑网之一。

1996年，郑州进入全国通信数字同步网。1997年1月，河南省数字同步网开始建设，同年建成并投入运行。该工程采用星型结构的主从同步方式，在郑州市电信局配置一套LPR作为省内数字同步网的最高定时基准源，在全省17个城市各配备一套美国SYMMETRICOM公司的BITS，通过同步链路同步于郑州的LPR。各地市的定时信号均从本地BITS中提取。数字同步网为全省通信网提供了一个高稳定性和高精度的同步环境。

2002年，在各原有BITS设备上增加了大唐公司提供的双星卫星接收机。2006年，在郑州第二长途传输枢纽楼配备了一套华为公司的BITS。2008年，在全省17个城市均配备了华为公司BITS，全省固网BITS配置总容量达4 070个端口。

市话业务计算机综合管理系统

1995 年 5 月，全国电信工作会议提出，用三年时间建成全国市话业务计算机综合管理系统，这一系统工程被命名为“九七工程”。1996 年，河南省“九七工程”开始建设，采用 IBM、SUN、DEC 服务器，ORALCE 数据库，美国 BEST 公司的 UPS 电源，长沙市电信局和广州新太公司开发的应用软件。1997 年，全省所有地市以上的现业局全面实施市话业务的计算机综合管理，业务受理实现网状服务和综合化、多样化，市话号线、用户资料及计费和账务结算均实现计算机管理。

长途三期网管系统

1997 年 3 月，邮电部电信总局与美国惠普公司举行长途三期网管系统合同签订仪式。惠普公司为该工程提供包括 HP 9000 小型机、工作站及 OpenView DM 网管软件在内的计算机软、硬件产品。在全国 31 个省会、直辖市建立省级中心，并在北京设立全国管理中心，对全国电信系统的长途交换机进行实时监控。1998 年，河南省长途三期网管系统建成，采用 HP 9000 服务器、SYBASE 数据库，对全省 18 台长途交换机进行数据实时采集分析，实现了对省内长途网通信质量和业务量的全方位监控。

纵向联网系统

1992 年，河南邮电开始逐步实现维护方式由分散维护向集中维护的转变。1995 年，郑州采用原邮电部软件中心开发的 NOMA 系统，建立了本地网网管维

▲1998 年郑州本地网网管维护中心

护中心，初步实现了郑州本地网的集中维护。1997 年，河南邮电 17 个本地网建成了本地电话网集中监控和网管系统 NOMA 和 NVLocal，在本地网层面实现了集中监控、集中管理和集中维护。

2002 年，采用 NVBridge 对各个本地电话网进行纵向联网，实现全省电话网的集中监控、集中管理和集中维护。2004 年 12 月工程竣工，实现对全省本地交换网重要局点话务和告警数据的实时采集分析，对全省 102 个重点局的数据进行省级集中制作。2006 年，全省 546 个交换局中，实现操作端口连接的局点达到 432 个，告警端口连接的局点达到 218 个，话务数据端口连接的局点端口达到 190 个。全省 102 个重点局（长途局、汇接局、网关局和 STP）全部实现上联。

No.7 信令网管系统

2000 年 10 月，河南电信与安捷伦科技有限公司签订合同，投资 2 476 万元建设全省 No.7 信令集中监测和业务分析系统，对郑州、洛阳、新乡、南阳、开封、漯河 6 对 LSTP 所连接的郑州、洛阳、三门峡等 10 个本地网 SP 及郑州长途局的准直联信令链路进行监测，共监测 1 330 条链路。2001 年 1 月硬件安装调测，2001 年 5 月投入运行。

2001 年，采用华为公司设备，对驻马店、平顶山、焦作（济源）、信阳、安阳、周口、商丘 7 对 LSTP 所连接的 8 个本地网信令链路进行监测，实现了全省信令链路的集中监控和分析。

计费营账系统建设

1999 年，河南邮电建设了全省计费结算系统，结束了固定业务由各市、县公司（支局）采取手工或半手工方式进行本地计费的历史。2002 年，对系统进行改造扩容，实现了各市网关局、长途局话单联机采集和省集中结算处理。2004 年，在网关局、长途局采集的基础上，投资增扩了全省本地智能网、小灵通预付费采集功能。

1999 年，河南联通公司投资建设了完善的 IT 支撑系统，保证业务 7×24 小时的不间断运行。采用省级集中模式，全部数据整合为两大数据中心，即BSS数据中心和经营分析数据中心，通过经营分析系统把营账系统和服务系统结合起来。2000年，实现市级集中统一计费。2006年12月，实现省公司统一计费，集中管理出账、收入报表确认等。2008年9月，增加了准实时功能，实现了实时批价、实时优惠、实时停复机等功能。

1999年，河南移动公司建立了临时营账系统，支撑开户、收费等业务。1999年10月，开始建立统一软件版本的营账系统。2000年2月，陆续开通各分公司营账系统。3月全省计费系统全部集中，实现了全省计费、营账系统的统一管理。2003年4月，建立了全省集中的BOSS（BOSS1.0），容量为支撑750万用户，实现了客户、用户、账户三户模型，实现了全省计费、营账系统的数据集中，省中心统一进行运行维护。2005年12月，完成了BOSS1.5升级改造，实现了对产品的支撑，系统容量为支撑2 000万计费用户。2007年3月，完成了BOSS2.0升级改造，实现了对集团客户业务的支撑，系统容量为支撑3 000万计费用户。2008年12月，完成了BOSS3.0升级改造，实现了业务受理界面的Web化。

2003年，河南电信开始使用中国电信北方公司在天津建成的BSS一期（CRM、计费账务）系统。10月BSS二期系统在河南建立，实现了对本省固网业务的支撑功能。2004年8月，BSS三期系统升级改造，优化了系统功能。2005年10月，对CRM系统、计费账务系统进行优化，对应用模块、数据库进行优化，提高响应速度。2007年10月，BSS四期系统割接上线，满足新业务发展的需要。2008年12月，移动营账系统建立，并从联通公司将所有C网用户资料割接过来，实现了对移动业务的支撑功能。

河南移动电子运维及网络管理系统

截止到2008年，河南移动网管系统经过多年的持续建设和发展，形成了以电子运维系统、专业网管、综合网管为主体的立体化的网络运维支撑平台，实现了对运维生产和管理工作的全面支撑，大幅度提升了运维工作的质量和效率，有效支撑了“集中化”运维体制改革。

电子运维系统：电子运维系统是整个网管体系中连接各个环节的纽带，在整个网管体系中发挥着重要的作用，是集中化运维体系的重要支撑

平台。EOMS系统成为网络运维调度的核心平台。该系统建设了运维流程管理、值班作业管理、运维知识管理、网管门户管理、系统管理五大功能模块。

话务网管系统：省级话务网管系统基本实现了话务网（GSM、TD、GPRS、IN、SMSC）资源信息统一建模，整体上建立了以话务网网络集中监控、性能数据统一分析、话务网资源统一管理、网元集中操作维护、局数据统一核查制作为核心内容的话务网网络维护、生产分析管理系统。在日常网络运行维护工作中，省级话务网网管系统发挥出越来越重要的作用，成为全省“三集中”管理后的有效支撑手段。

数据网管系统：数据网管系统实现了故障管理、业务KPI管理、集中操作维护、资源管理、性能管理、集团客户管理等基本功能模块。同时，实现了实时性能监控、自动巡检、自动派单等多项功能，管理范围涵盖IP专用承载网、WAP网关、短信中心、彩信中心、CMNET、软交换CE等数据网全网几十套业务系统。

传输网管系统：综合传输网管系统实现了故障管理、性能管理、配置管理、资源调度、自动巡检、备件管理等管理目标，满足了“集中管理、集中监控、集中维护”的现代化管理要求。系统通过与厂家网管系统（EMS）的互连接口，实时从传输网管系统上采集网元的相关配置信息、告警信息及性能信息，实现集中化传输网管监控、电路调度及数据配置、综合分析等功能。

综合网络资源管理系统：网络综合资源管理系统是整个河南移动网管体系中的资源模型中心，是河南移动集中化运维体系的重要支撑平台。系统已建设机楼机房资源管理、话务核心网资源管理、基站资源管理、数据网资源管理、时钟同步网资源管理、资源浏览和展示、资源调度和变更、资源数据核查比对、资源数据统计分析、资源数据共享接口、资源模型管理等功能。

信令监测系统：建成了No.7和数据业务监测两个中心站，监测范围涵盖HSTP、LSTP、关口局、A接口、HLR、短信中心、短信网关、GPRS、DSMP等业务系统，为各种业务的日常运维分析和网络优化提供了有效的手段。

动力环境监测系统：实现了对分布在通信局（站）的各种电源、空调、油机、蓄电池、高低压配电等多种设备和机房环境的各种数据、图像等进行遥测、遥信和遥控，在省、市监控中心实时监测其运行状态及参数，记录和分析相关数据，满足各分公司生产楼、2.5 G 机房、基站等动力设备的监控需求，实现了在通信局（站）少人或无人值守的情况下对设备进行集中监控、集中维护和集中管理的目的。

TELECOMMUNICATION

第四章

业务发展

概述

1978年，河南省的电信业务仅有电话、电报。河南省通信业在实现历史性跨越进程中，依靠政策支持，不断加快网络建设，完善业务提供能力，丰富业务门类。从人工接续到自动转接，从固定电话到移动通信，从模拟到数字，多媒体、互联网、宽带和信息化业务更是异军突起。到2008年，河南省电话用户突破5 000万户，互联网用户达到494.4万户，电信业务呈现持续健康发展态势，为丰富人民生活，推动信息化进程，促进经济发展方式转变作出了贡献。

第一节　电报业务

电报是传统通信业务之一，是较早使用电信号进行通信的方式。它是利用电流（有线）或电磁波（无线）作为载体，通过编码和相应的电处理技术实现远距离传输与交换信息的通信方式。

1987年11月，河南省电报通信由人工转接进入全国自动转报网，电报通信步入一个快速发展的时期。1988年河南省电报业务总交换量达到历史最高峰，当年业务量完成5 495万份。进入20世纪90年代，随着通信技术的不断进步，程控电话、无线寻呼、移动电话、互联网通信以及多媒体通信替代了传统的电报通信业务，电报业务量逐年递减。到2000年，电报业务总交换量减少到567万份，电报通信进入衰退期。电报通信作为最早的通信技术，在特定环境和条件下依然发挥不可替代的重要作用。

程控64路自动转报业务

1984年12月21日，河南省第一台程控64路自动转报业务系统在郑州市电信局投入使用。该系统使原来靠人工接转的电报实现了自动转报，局内发出时间由平均35分钟缩短至3.5分钟。郑州至杭州、上海、哈尔滨、南京、武汉、天津的电报电路进入自动转报网，郑州和省内地市间电路也实现了自动转报，改变了长期以来采用撕断纸条式的接转方式和四级辐射汇接的结构形式。公众电报网实现了两级汇

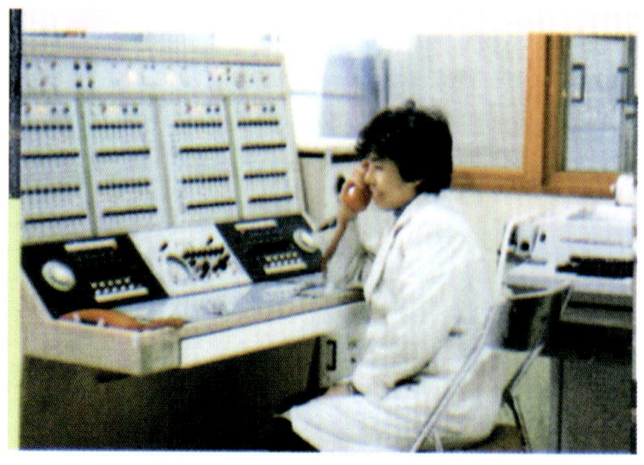

▲ 郑州市电信局64路自动转报系统

接交换，电报传递速度提高了 10 倍，电报业务通信方式发生了重大变革。

省际、省内电报业务实现自动化

1980 年，河南省开通了郑州—北京的数据电报、图片传真业务，使电报的分发工序由人工机械操作改变为电子编码，加快了传输速度，提高了电报质量。1982 年，郑州市电信局国产 256 线程控时分用户电报自动交换机投入使用，用户利用该系统，在办公室便可与 180 多个国家和地区直接通报信息。1985 年，随着京汉广、郑西、郑徐 1800 路中同轴电缆载波电路相继开通，邮电依托国家骨干网为全省配备了汉字译码机和电子电传机，地市电报译电全部实现了自动化。1986 年 7 月，郑州 256 路用户电报自动转报系统开通，建成了省内第一条用户电报自动转报网系统，形成了以郑州为中心的全省电报通信网络。电报业务可直达国内外各地，电报业务量迅速增加。1987 年 11 月，河南省所有地、市、县和部分乡镇邮电所的电报业务进入自动转报系统，结束了 100 年来电报通信级转接的历史。

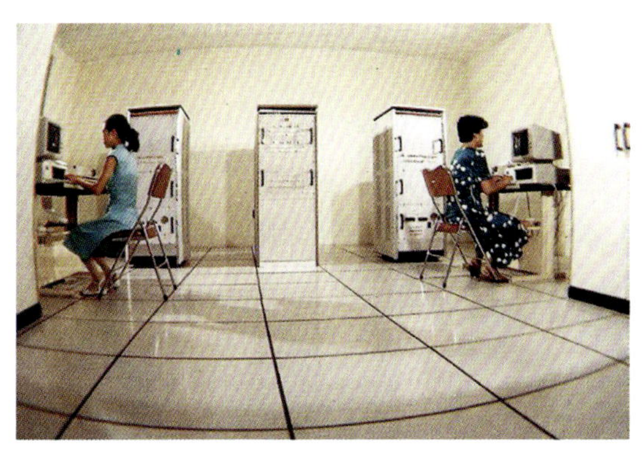

▲ 郑州市电信局 256 路程控自动转报系统

1992 年电子电传普及率达到百分之百

▲ 鲜花礼仪电报风靡一时

1992 年，河南邮电使用电子电传机替换机械式的发报设备，电子电传普及率在全国率先达到了 100%。在此基础上，开办了用户电报、鲜花礼仪电报、用户图文传真等一系列新业务，满足了河南省改革开放和经济发展的需求，沟通了省内外和连接世界各地的信息通道。

第二节　市内电话

在改革开放过程中，河南邮电优先发展市内电话。1982 年，河南邮电以提高市话实装率，满足社会需求为原则，开始对市话初装费实行“减、免、缓”的政策，力争早放号、多放号。1983 年，河南省市话净增 9 095 户。随着 1987 年全省引进程控电话，市话业务的发展进入了新的阶段。到 1990 年，河南省电话机总数达到 43.94 户。1995 年，全省 18 个本地电话网的形成，进一步促进了市内电话的大发展。2000 年，全省市话用户 507.72 万户。2001 年，全省市内电话和农村电话合并，统称为固定电话，用户达到 1 096.09 万户。到 2008 年，河南省固定电话已达到 1 562.4 万户。

郑州率先开通程控电话业务

1987 年 7 月 11 日，郑州市电信局政一街市话分局在河南省率先开通程控电话业务。1990 年，大同路分局引进程控交换设备开通了程控电话业务；1993 年，淮河路、百花路、二七路、文化路等分局也先后开通程控电话业务；1993 年，郑州市电信局程控交换机总容量达到 18.21 万门，实装程控电话机达到 10.19 万户。

▲ 河南省第一个程控电话局 S1240 万门程控交换机机房

县以上城市实现市内电话自动化

随着改革开放的不断深入，社会对通信的需求剧增，城市打电话、装电话难的矛盾日益突出。1990 年以后，河南邮电依靠政策扶持，依靠各级政府和社会各界的支持，以建设市内电话，提高通信能力，推进技术进步为重点，采取国外贷款、融资租赁、现汇等方式，积极引进国外程控电话和长途通信对端设备，改造和新建市内电话，1993 年 10 月 30 日，河南省台前县最后一个纵横制电话交换机停止使用，2 000 门程控电话开通。至此，河南省县以上城市全部实现了市内电话自动化。1993 年，河南省市内电话总容量增加到 71.84 万门，程控电话容量增加到 47.2 万门。

电话信息服务

1992 年 6 月，郑州市电信局建立了河南省第一个人工信息服务台（160），为用户提供与日常生活密切相关的咨询服务，取得了较好的经济效益和社会效益。1993 年 5 月，郑州市电信局引进中国香港 IVS 公司设备，开通了河南省第一家自动声讯服务平台，服务内容包括歌曲、曲艺、戏曲、教育、经济等，受到群众的普遍欢迎。1994 年 5 月，全省 18 个地市均开通了 160 和 168 信息服务，成为群众获取知识、休闲娱乐的一个新途径。1997 年，以郑州 168 平台为中心，河南在全国率先开通了股票电话交易热线。1999 年底，河南邮电成立了电话信息中心，对全省电话信息业务进行归口管理；各地市电信局也相继成立了电话信息中心，负责本地电话信息业务的发展工作。2000 年初，河南邮电对全省 160、168 系统进行升级改造。2001 年，河南电信在国内率先开发了集娱乐、沟通、信息发布为一体的电话 Q 吧系统。2002 年，河南电信针对农村信息市场开发了集娱乐、农业科技、医疗卫生为一体的“幸

▲20 世纪 90 年代初郑州电信局的 168 信息台

福农家”168 产品。2003 年，河南网通建成了以省公司 168 台为中心，分公司 168 台为节点的二级网络，实现了河南省 168 系统语音和数据联网。

郑州等五地市本地电话网用户号码升至 7 位

1993 年 10 月 15 日零时，郑州、南阳、信阳、周口、驻马店本地电话网建成，电话号码由 6 位同时升至 7 位。郑州等 5 地市本地电话网的建成，打破了原有的市内电话、农村电话的界限，节约了码号资源。

1994 年，河南省内电话号码陆续全部升至 7 位。

郑州市电信局迈出联建第一步

1997 年 4 月 25 日，郑州市粮食交易所开通 5 000 门程控电话，标志着郑州市电信局向与社会用户联合建设市话分局迈出了第一步。

随着业务的发展，社会用户对通信的需求愈来愈旺盛。郑州市电信局遵照邮电部“联合建设，有偿使用，按资分利，照章纳税”的方针，与郑州市粮食交易所联合建设市话分局，以满足其对通信的需求，这是河南邮电转变经营观念，主动让利于客户，扩大融资渠道，进行联合建设，加快邮电发展的新举措。根据联合建设协议，郑州市粮食交易所市话分局的建设资金 1 003 万元由郑州粮食交易所投资建设。

河南省委机关开通 5 000 门程控电话

1997 年 12 月 11 日，由郑州市电信局与河南省委办公厅联合建设的省委机关 5 000 门电话局正式开通。

为做好党政机关的通信服务工作，郑州市电信局与省委办公厅采取联合

▲ 河南省委机关 5 000 门程控电话开通

建设的方式，对省委机关原有的2000门程控电话用户模块进行改造。1997年7月8日，双方签订协议对投资范围、产权界定、经营管理、资费办法、工程施工等加以明确。省委机关电话局开通后，由郑州市电信局纳入国家公网统一经营和维护管理，提供语音、图像、数据等综合通信业务。

河南省政府机关开通 5 000 门程控电话

1998 年 6 月，河南省政府机关 5 000 门程控电话局建成开通，这是继郑州市商品交易所电话局、河南省委机关电话局之后，郑州市电信局联合建设的第三个市话分局。

1998 年之前河南省政府机关使用的通信设备，功能单一，设备老化，且不能提供一线通业务及各类数据通信业务。为加快省政府机关通信现代化的进程，河南邮电根据联合建设的协议，引进德国 EWSD5000 门程控电话交换机，局间中继 32 个模块，增加了一线通等通信新业务。

800、4006 电话业务

1998 年 10 月，河南省 800 业务率先在郑州市推出启用。800 业务是由电话的被叫方集中付费的一项电信新业务，它适用于企业的用户咨询、产品销售、对外服务等。该业务自 1995 年在北京、上海等大城市开通后受到众多企业的青睐。1998 年 8 月，郑州市电信局正式推出 800 业务，社会反映良好。

4006 电话业务作为 800 业务升级版，于 2007 年初在河南省启用。与 800 电话只能由固话拨打不同的是，固定电话、小灵通、移动电话都可以拨打 4006 电话。4006 电话全国组网，方便用户，电话开通后受到了企业客户的欢迎。截止到 2007 年底，河南省发展 4006 电话企业客户 565 户。

郑州、洛阳、南阳固定本地电话网用户号码升至 8 位

2005 年 3 月 21 日零时，郑州、洛阳、南阳 3 个市的固定电话号

▲ 郑州、洛阳、南阳固定本地电话网用户号码升至8位

码（含小灵通）同时升至8位，升位的方法是在原7位号码前加“6”。郑州、洛阳、南阳3市固定电话号码升位，提升了城市功能和知名度，对河南省通信业发展和中原城市群建设起到积极的推动作用。

公用电话

▲ 郑州火车站公用电话亭

公用电话是指设置在公共场所为公众提供通信服务并按规定收取费用的各类电话装置。

河南省公用电话在1978年初不足200部，而且大部分设置在邮电营业厅内。1992年，为满足社会需要，河南邮电开始在全省发展公用电话业务。1994年，公用电话由传统的自办业务发展到代办和公用电话亭，并推出了无人值守的磁卡电话，全省公用电话数量发展到1.36万部。1998年，郑州市电信局在中原路两侧安装了88部IC卡电话，中原路成为郑州市IC卡电话第一街。1999年，郑州市设立公用电话亭2 359个，安装IC卡话机6 376部，覆盖全市95条主干街道，公用电话市场形成规模。2000年以后，公用电话市场呈现了磁卡、IC卡、智能网公用电话并举的局面，河南省公用电话数量达到33.16万部，普及率达到3.58部/千人；话吧、IP等公话业务逐渐兴起；电话聊吧、磁卡电话、IC电话、IP电话遍及全省各地。2005年以后，随着移动电话和互联网通信的发展和普及，公用电话占业务比重开始逐年减

▲ 街头IC卡电话

少，业务发展呈现停滞和萎缩状态。

114、112特服电话

1991年2月，郑州市电信局114台电话号码查询实现了计算机处理。2007年2月，郑州市网通公司在114“电话导航”平台上推出“媒体延伸”新业务。使用该业务的企业客户可以将本单位的信息放到114平台发布，当客户拨打114要求查询该单位的相关信息时，114平台播放录制好的该客户信息录音。

▲20世纪90年代初郑州电信局的“114”查号台

1991年，郑州市电信局在原人工受理电话故障的基础上开通了“112”障碍台计算机集中受理系统，原各市话分局受理的电话维修申报统一由“112受理中心”集中受理。

河南省固定电话用户突破1 000万户

1994年，河南全省城乡电话交换机容量突破100万门。1998年，河南固定电话用户突破了500万户。2001年3月，河南省固定电话用户总数达到1 004万户，首次突破1 000万用户，使河南省成为全国第四个固定电话用户超千万的大省，共建成67个电话县（市）、1 011个电话乡镇、10 645个电话村，分别占全省县（市）、乡镇、行政村总数的61%、49%和22%。

河南省第一条农业信息语音热线开通

2004年8月，河南省第一条农业信息服务语音热线在三门峡市开通，号码为96398（人工）和96397（自动）。

▲ 农业信息语音热线服务养鸡专业户

三门峡市的农业信息化建设起步较早，建有在中西部地区有较大影响的“黄河农网”、“优质果品网”、“三门峡蔬菜网”、“三门峡畜牧网”等骨干农业网站。2004年，为满足广大农民对农业信息的需求，帮助农民脱贫致富奔小康，三门峡电信部门利用自身优势建成了河南省第一条农业信息服务语音热线，使农民可以享受到农业信息网络的服务。

电话呼叫中心业务

2006年，河南网通公司为满足河南省内大客户的需求，投资500余万元建设了一个电信级呼叫中心平台。呼叫中心由初期的100个坐席、12条中继，经过四期扩容达到500个坐席、24条中继线路，能够对电话、短信、IVR、传真、互联网等多种接入方式的信息进行集中处理，并可实现自动服务和人工服务，是我国中西部规模最大的呼叫中心。当年12月，河南省交通厅公路管理局成为河南网通公司呼叫中心的首家签约客户，河南省路政服务热线使用统一号码96055。该热线承载着信息查询、投诉举报、公路服务三项主要服务功能。

河南省固定电话用户超过2 000万户

2006年10月，河南省固定电话用户达到2 056.95万户，突破2 000万户大关，排名全国第5位，成为河南省固定电话用户发展的最高峰。2006年以后，由于受到移动业务替代作用影响，固定电话用户进入了负增长时期，2007年—2008年固定电话用户开始逐年减少，到2008年底，河南省固定电话用户总数拥有1 562万户，全国排名第7位。

第三节　长途电话

改革开放后，随着经济的不断繁荣和住宅电话的增多，河南省长途电话业务也得到了快速发展。1990年，全省长途电话直拨用户是1985年的256倍；长途电话业务量完成2 427.6万张，是1985年1 291.1万张的1.9倍。“九五”期间，河南长途电话逐步向自动化、程控化发展。1995年河南省17个地市全部开通自动、半自动长途电话，106个县（市）邮电局中90个开通了自动、半自动长途电话。随着通信技术进步，人工长话业务迅速下降。1996年12月30日，河南省人工长途台全部撤销。1998年程控电话迅速发展并得到广泛应用，2000年河南省农村电话和市内电话全部进入了全国长话自动网，实现了国内、国际电话直拨。

郑州市首次开通长途电话直拨业务

1981年4月，郑州市安装JT801型长途电话自动交换机300路，首次开通了郑州至北京、上海、石家庄、开封、新乡等城市长途电话直拨电路业务，这是河南省长途电话迈进自动化的开端。

嵩山少林寺开通国际直拨长途电话

1991年8月25日，河南省登封县邮电局为嵩山少林寺安装了34部国内长途直拨电话和1部国际直拨电话。

河南嵩山少林寺与世界上20多个国家的佛教组织有良好交往，少林弟子遍布日本、泰国、新加坡、美国等国家。在安装国际直拨电话之前，打长途电话要通过登封县邮电局的人工长途电话台联系，有时要等上几个小时才能接通，影响了少林寺对外文化交流。为改变寺院通信落后状况，登封县邮电局为少林寺安装开通了 34 部国内长途直拨电话和 1 部国际直拨电话。

全省开通国内长途自动电话业务

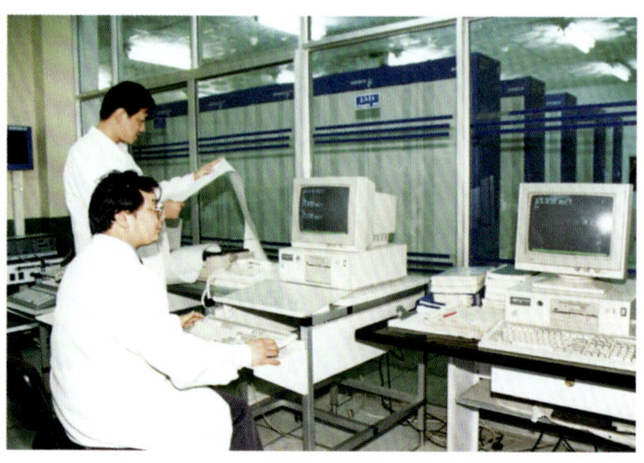

▲20 世纪 90 年代郑州市电信局长途程控交换机房

1994 年 11 月 10 日，河南商城县正式进入国内长途自动网。至此，河南省县（市）局全部进入国内长途自动电话网，标志着河南通信发展又迈上了一个新台阶。

同年，河南省新增长途直拨用户 31.8 万户，达到 65.5 万户，占市内电话用户的 91.3%。国内长话业务量达到 1.7 亿张，较上年增长 74.27%；国际和港澳电话业务量达到 123.8 万张，较上年增长 29.65%。

193 长途电话业务

193 长话业务是河南联通公司继数字移动电话、寻呼、数据业务之后开展的一项新业务。

河南联通公司于 1999 年—2000 年建成了长途电话网络（接入号 193），是国家公用通信网的有机组成部分，是国家第二长途公众网。193 长途业务的开通，使河南联通实现了综合业务的一体化服务。

电话会议、电视电话会议

▲20 世纪 80 年代末郑州市电话会议室

随着通信技术的进步，电话会议、电视电话会议逐步成为各级政府机关、企事业单位提高工作效率的一种会议形式。1998年，河南省党政机关召开的电话会议、电视电话会议分别为81次和71次。2000年后，河南省电话会议、电视电话会议业务呈现出良好发展局面。2004年，为了更好地促进电话会议、电视电话会议业务的发展，郑州市通信分公司推出了交互式电话会议“百汇通”业务。

▲ 现代的电视电话会议系统

IP电话业务

2000年8月，河南省电信公司推出了固定电话拨打国内异地移动电话IP业务，丰富了电信业务结构，大大节省了用户的通信费用。固定电话用户呼叫国内异地移动电话，在被叫号码前加拨“17909”，每分钟的国内长途通话费为0.30元（每3分钟0.20元的市内通话费另计）。

服务“郑汴一体化”，调低两地长途资费

2006年，河南通信根据河南省委、省政府关于“郑汴一体化”战略部署，按照“郑汴一体化”两市电信同城、金融同城、公交同城的整体规划，推动郑汴两地的沟通交流，促进双方的经济互动。经河南省发展和改革委员会、河南省通信管理局批准，自2006年11月1日起，郑州市、开封市两地的电话用户相互拨打长途电话享受近30%的优惠，郑汴两地间的长途资费由原来的0.07元/6秒调为0.05元/6秒。

▲ “郑汴一体化”移动通信解决方案发布会

第四节 农村电话

1979年，河南省农村电话在“调整、整顿、改革、提高”中不断加快发展。1995年，河南省建成以地市为中心的城乡一体化的本地电话网，农村电话全部纳入本地电话网管理。1998年底，河南率先在全国基本实现了全省行政村村村通电话。到2000年，河南省农村电话用户突破400万户。2000年6月，经省政府批准，撤销河南省农村电话局，将全省农村电话的固定资产、人员、经营业务和债权债务整体划归河南省电信公司，农村电话与市内电话统称为本地网电话。农村电话和市内电话合并后得到了进一步发展，农村电话用户逐年大幅增加，到2006年农村电话用户已达到760万户，成为河南农村电话发展的历史高峰。

农村电话扭亏

1978年，河南农村电话大多是“摇把子”磁石电话。1980年，河南省农村电话收归河南省农村电话局统一管理后，当年全省农村电话户数为8.16万户。

1988年，河南省有2 098个农村邮电支局（所）实行了经营承包，当年有604个邮电支局（所）扭亏为盈。1989年，亏损邮电支局（所）由经营承包前的893个减少到115个，初步扭转了河南省农村电话长期大面积亏损的局面。

河南省第一个自动电话村

河南省巩县孝义镇二十里铺村有5个村民组，363户，1 528人；村里有 14 户联合体和多个小企业，年产值 538.5 万元。改革开放后，巩县乡镇企业迅猛发展，二十里铺村的乡镇企业随着生产规模不断扩大，经济往来日趋频繁，信息通信成为制约村办企业发展的重要因素。1986 年初，该村安装 90 门 HJ905 型用户交换机，第一批实装 17 户，成为河南省第一个安装自动电话交换机的行政村。到 2000 年，二十里铺村电话发展到 300 余部，全村年创产值 1 亿多元，人均纯收入 4 000 元。

河南省第一个自动电话乡

1985 年，新乡市辉县孟庄乡与邮电部门共同筹集资金 90 万元，安装 600 门纵横制自动电话交换机，全乡 30 个行政村全部安装了自动电话，成为河南省第一个使用自动电话的乡镇。1986 年，全乡开通 400 门电话，1990 年扩容 200 门，用户由 1985 年改制前的 64 户发展到 631 户。

河南省第一个自动电话镇

1988 年 2 月，安阳县邮电局在水冶镇开通了纵横制电话交换机设备，容量为 540 门，首批安装电话达 350 户，安阳县水冶镇成为河南省第一个开通自动电话的乡镇。

河南省第一个万门程控电话乡镇

河南省沁阳市西向镇，东西横贯焦枝铁路、焦洛公路，总面积 99.30 平方千米，辖 27 个村民委员会，189 个村民小组，总人口 5.8 万人。该镇是沁阳玻璃钢产品生产的发源地，玻璃钢产品生产企业达 200 余家，被誉为河南省的“玻璃钢工业王国”。

▲1996 年 9 月 28 日，沁阳市西向镇成为河南省第一个开通程控电话的乡镇

西向镇于1990年实现农村电话自动化，为经济振兴创造了条件。1996年6月7日，西向镇支局程控电话1.08万门扩容工程竣工并投入试运行。至此，该镇成为全省第一家万门程控电话乡镇。9月28日，沁阳市政府在西向邮电支局隆重举行了“沁阳市西向镇万门程控电话开通暨全市村村通电话庆典仪式”。西向镇当年被河南省经贸委、河南省邮电管理局命名为“电话镇”，年底电话用户达到2 412部。

河南省行政村基本实现村村通电话

邮电部1997年提出，到2000年全国实现行政村村村通电话工作分三步走，东部地区在1998年底实现，中部地区在1999年实现，西部地区在2000年底实现。

▲ 自动电话到农家

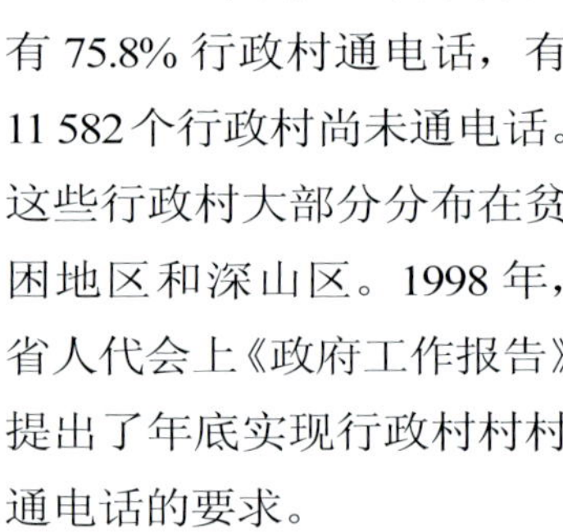

1997年底，河南省只有75.8%行政村通电话，有11 582个行政村尚未通电话。这些行政村大部分分布在贫困地区和深山区。1998年，省人代会上《政府工作报告》提出了年底实现行政村村村通电话的要求。

为了实现1998年行政村村村通电话的目标，各级地方政府把行政村通电话列入政府1998年的工作目标和扶贫攻坚的实事来抓，成立组织，落实责任，任务到乡、到村、到人。

河南邮电职工全力以赴，制定了科学的建设施工方案，集中抽调大批技术骨干人员，指导工程建设，保证工程质量和工期。

农村深山区通信采取“近电缆，远光缆，够不着用无线”的办法。通过无线接入方式，较好地解决了2 058个最困难贫困山区和深山区行政村的通电话问题。平原地区积极推行杆线到村工程，当年新建杆路35 051杆千米，架设20对以上电缆43 020皮长千米，新架光缆2 000千米，使杆线到村工程到达率由1997年的52%提高到85%。

1998年12月29日，总投资4亿多元的村村通电话工程完成，河南省47 861个行政村，全部通上了电话，完成了河南省委、省政府提出的全省行政村基本实现村村通电话的任务。

河南省农村电话用户突破 760 万户

1998 年，全省基本实现行政村村村通电话后，电话县（市）、电话乡镇、电话村创建活动全面开展。截止到 2006 年底，全省农村电话用户达到 760 万户，成为农村电话用户发展的历史高峰。2007 年以后，随着移动电话的普及和发展，固定电话市场受到了一定影响，农村电话用户进入了负增长时期，农村电话用户逐年减少，到 2008 年底，农村电话用户拥有 511 万户。

第五节　无线寻呼

无线寻呼是主叫通过与自动电话交换网相连接的寻呼台，将信息变换成一定码型和格式的数字信号后，经由寻呼基站以无线方式转发给被叫的一种通信方式。按接续方式的不同，可分为人工寻呼和自动寻呼两种。

1986 年 8 月，河南省首次在郑州市电信局安装无线寻呼设备。1992 年 9 月 9 日，郑州市电信局 5 万门数字自动无线寻呼系统（号码 127 台）开通，系全国第二个全自动寻呼台。同时，实现与原 126 人工台兼容。1993 年 4 月 14 日，129 中文自动寻呼台开通。1994 年中文寻呼用户接近 10 万户，服务座席由 16 个增加到 60 个。数字寻呼用户接近 20 万户，人工座席由 10 个增加到 15 个。中继线路由 180 条增加到 360 条。1995 年实现了寻呼通信全省联网，寻呼机号码由 6 位升至 7 位。

郑州市首次开通无线寻呼业务

1986 年 8 月，郑州市电信局首次安装无线寻呼设备，信号覆盖范围

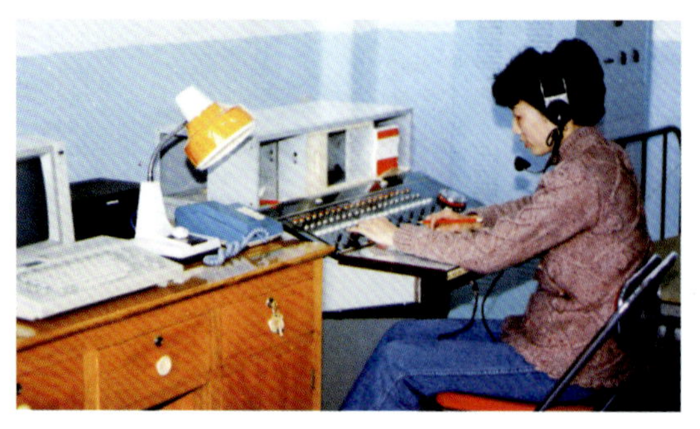

▲20 世纪 80 年代郑州市电信局人工无线寻呼台

半径为 15 千米，服务台号为“115”。10 月，业务正式开通，具有“留言服务”、“定时提示”等服务功能，当年发展用户 109 户。

126、127 数字自动无线寻呼业务

1992 年 9 月 9 日，郑州市电信局 5 万门数字自动无线寻呼系统开通，台号为 127，这是全国第二家全自动寻呼台。与 126 人工台寻呼兼容，为全国首创。该项目总投资 65.4 万美元，引进加拿大建利尔公司的产品。1993 年 3 月 1 日，寻呼台开始为持机用户提供股市行情服务。

▲ 数字寻呼 126、127 人工自动兼容并用

128、129 中文无线寻呼业务

1993 年 4 月 14 日，郑州市开通 129 中文自动寻呼台。4 月 15 日，128 汉字人工寻呼系统增加 129 汉字自动寻呼功能，实现两网的兼容。1994 年 8 月 26 日，郑州电信局 128 中文寻呼台由容量 6 万户扩增到 10 万户，服务座席由 16 个增加到 60 个。同期数字寻呼系统容量也由 10 万户扩增到 20 万户，人工座席由 10 个增加到 15 个。自动寻呼设备由 6 个 PCM 系统扩增到 11 个，中继线由 180 条增加到 360 条。

河南全省开通无线寻呼业务

1993 年 7 月 26 日，河南临颍县邮电局开通无线寻呼。至此，全省所

有地市和县（市）邮电局全部开通了无线寻呼业务。

1992年底，河南省仅有60个县（市）开通无线寻呼。1993年以后，全省邮电部门为了满足社会需要，不断加快无线寻呼业务发展步伐，在短短半年时间里，全省有54个县局相继开通无线寻呼。

郑州市无线寻呼业务实现联网

▲ 无线寻呼实现异地联网

1995年12月1日，郑州电信局无线寻呼本地网开通，郑州市区及所辖5市、1县和1区的电信寻呼台实现联网同播。在本地寻呼网内，用户可通过126/127台寻呼网内的数字机主，可通过128/129台寻呼网内的中文机主。至1995年底，郑州市电信局无线寻呼系统容量达35万户，占全省邮电寻呼系统总容量的18.8%；持机用户13.56万户，占全省邮电寻呼系统总用户的25%。与1990年相比，寻呼系统容量和持机用户分别增长70倍和42倍。

河南联通寻呼业务

1997年12月18日，中国联通寻呼有限公司河南分公司成立。河南分公司统一使用国家赋予的寻呼频率资源和特服号号码资源191（人工）、192（自动）。1998年10月，建成郑州、新密、巩义、新郑、登封、上街及开封、漯河、平顶山、新乡等11个基站，当年发展用户3万余户。1999年底，用户达到了7.2万户。198/199系统可以提供综合信息服务，实现全国、全省漫游。

河南国信寻呼

至1998年底，河南省电信部门建成了18个市的中文、数字兼容的人工、自动寻呼网络。1998 年 11 月，河南国信寻呼有限责任公司成立，整合了全省邮电无线寻呼资源，成为河南省最大的寻呼网络，拥有 198/199、126/127、916/917 和 128/129 共 4 个寻呼网络，网上用户 180 多万户，占河南全省寻呼市场的 70% 左右。

河南省寻呼业务退网

从 2000 年开始，随着移动电话的逐步普及和手机增值业务迅速发展，对寻呼业造成了巨大的冲击，寻呼市场开始萎缩，增长速度明显放缓，河南省内的寻呼台数量呈现缩减之势。全省平均每月都有一家寻呼台退出市场，到 2000 年底，无线寻呼台数量减少到不足 10 家。河南联通寻呼业务用户从 2000 年的 228 万户，减少到 2004 年的不足 1 万户。2006 年底，河南省所有无线寻呼设备和中继电路报拆，无线寻呼网全部关闭。

第六节 移动电话

1991 年，第一部模拟移动电话在河南诞生。1996 年，河南省数字移动电话系统开通。5 年间，河南移动电话从模拟通信到数字通信并迅速在全省得到普及和应用。2002 年，河南移动在全国率先开通了 2.5 GHz 的 GPRS 无线上网业务。同年 10 月，河南移动用户规模超过 500 万户。2004 年 5 月，河南移动用户规模突破 1 000 万户大关。到 2008 年，全省移动用户规模达到 3 501 万户。

河南省首次引进 900 MHz 蜂窝式移动电话系统

1991 年 2 月 12 日，郑州市电信局引进了摩托罗拉 900MHz 蜂窝式移动电话系统。该设备为河南省首家引进，为同期较为先进的移动通信设备，备有手持机、便携式和车载式 3 种机型，在服务区内可随时随地同国内外槁行无线移动通话。工程总投资 1 250 万元。至 1991 年底，发展移动手机用户 579 户。河南移动电话的开通是河南省现代通信建设上一个新的里程碑。

▲ 少林寺僧人成为第一批模拟移动电话用户

模拟移动电话实现全省漫游

▲900MHz 模拟移动电话系统机房

1992 年，河南邮电加快模拟移动通信的建设，系统容量、信道、基站不断增加，全省各地市移动电话号码由 6 位升至 7 位。

1993 年，全省 17 个地市移动电话实现了联网。1995 年 6 月，移动电话入网费由 5 000 元 / 部降为 3 000 元 / 部。1995 年底，河南省模拟移动电话实现了省内、国内漫游。

河南省开通数字移动通信系统

河南省 GSM 数字移动电话系统是全国 900 MHz 陆地蜂窝移动通信的一个组成部分。1995 年 12 月 13 日，郑州市 GSM 数字移动交换机开始安装调测。1996 年 4 月 1 日，郑州市 GSM 数字移动电话业务正式对社会公众开放，采用“139”作为网号，号码编制为十位，统一称作“全球通”，标志着河南省移动电话步入数字移动通信时代。

新增 138、137、136 网号，满足社会需求

1997 年，数字移动电话业务发展迅速，邮电部决定在“全球通”网络中增加 138 网号。同年 6 月 1 日，河南省启用 138 网号。1998 年 3 月 15 日，河南省数字移动电话增加新网号“137/136”。至 1998 年底，全省移动电话用户达 118.64 万户，是 1995 年末的 9.7 倍。1996 年—1998 年，移动电话用户数量年均增长 35.5 万户。

模拟移动电话退网

1991 年，郑州市开通第一个模拟移动电话系统，模拟移动电话得到了较快发展，到 1998 年全省模拟移动电话交换容量超过了 60 万户。但是，随着 GSM 数字移动电话的出现，数字移动电话的优越性凸显，模拟移动网电话用户纷纷转向 GSM 数字网，模拟移动电话用户数量迅速减少，到 2001 年，全省模拟移动电话用户减少到 2 万多户。2001 年 5 月，全省开始模拟用户转网工作，同年底，河南省模拟移动电话业务停止运营，模拟移动电话退出移动通信网。

河南省移动电话号码升位

1999 年 7 月 22 日，河南省数字移动电话号码由 10 位升至 11 位，在 130、131 和 135、136、137、138、139 号码后统一加“0”。数字移动电话号码的升位拓宽了移动网络号码资源，为业务快速发展奠定了基础。

河南联通移动增值业务

2008 年，重组后的河南联通公司整合移动、固定电话两网资源，把握机遇，创新务实，凸显联通的融合竞争优势，具体有两个方面：以增值亮点业务提升公司主业务品牌，以融合优势和技术优势创造市场竞争优

势，促进增值业务的全面发展，使将手机上网、手机报、手机电视、手机音乐、手机邮箱等，称为明星业务；以成熟的增值业务如短信、语音增值、炫铃等，提高用户ARPU值、增加利润，称之为金牛业务。河南联通的短信和语音增值业务仍为增值业务的主要收入来源，但增长放缓；而GPRS数据类业务均保持迅速的增长势头，所占的收入份额逐步扩大，成为增值业务增长的动力和重要业务形式。

▲ 手机电视

河南省移动电话用户突破 3 000 万户

1998 年 9 月 16 日，河南省移动电话用户突破 100 万，成为全国第八个移动电话用户突破百万的省份。2003 年，河南移动电话用户突破 1 000 万大关。2004 年，河南省移动电话用户达到 1 392.3 万，全国排名第 7 位。2005 年，河南省移动电话用户达到 1 815 万，全国排名第 5 位。2006 年，河南省移动电话用户突破 2 000 万大关，达到 2 351.2 万。2008 年，河南省移动电话用户突破 3 000 万关口，达到 3 498.9 万；河南省移动电话普及率达到 35.5 部 / 百人。

第七节 无线市话

无线市话俗称“小灵通”，采用微蜂窝技术，以无线方式接入固定电话网，使电话在无线网络覆盖的范围内可随身携带使用，是市内固定电话的延伸和补充。

2003 年 1 月 15 日，河南省“小灵通”上市。2003 年底，全省小灵通用户突破 100 万，2008 年用户达到 307 万。

“小灵通”与移动电话互发短信

2004 年底，河南网通先后与河南联通、河南移动就网间点对点消息互联签署协议。2005 年初，全省“小灵通”与联通手机短信互发开始试运行。2005 年 1 月 21 日起，“小灵通”与移动、联通手机短信互发进入正式商用阶段。

“小灵通”业务机号分离

2005 年 10 月 1 日起，河南网通在全省范围内推出“小灵通”机号分离业务，改变了“小灵通”只能在本地通过“烧号”才能入网使用的状况。

▲ 用户办理小灵通“机号分离”业务

“小灵通”机号分离功能实现后，客户可使用支持机卡分离功能的终端，购买 PIM 卡实现“小灵通”入网，原“烧”入终端的客户信息将写入智能卡内，用户鉴权信息与终端设备分离，“小灵通”可以像 GSM 和 CDMA 手机一样，拥有自由换机、换号等便利。客户个人信息、通讯录、短消息存储在智能 PIM 卡上，安全性和保密性得到大大提升。机号分离业务的推出，不仅使客户的自主性得到了加强，也繁荣了“小灵通”终端生产、销售市场，方便新型增值业务的开发，优化“小灵通”产业链。

“小灵通”用户突破 400 万户

2003 年 3 月，河南省 18 个市全部开通“小灵通”业务。河南通信在提升“小灵通”业务网络服务水平的同时，加大营销力度，开展了与固定电话捆绑、预存话费、网上销售等多种促销活动。2003年11月，全省“小灵通”客户突破了100万大关。2006年，“小灵通”用户突破400万户大关，达到446万户，成为“小灵通”发展历史的最高峰。2006年以后，受移动电话发展的影响，“小灵通”业务开始逐渐萎缩，用户逐年减少。到2008年底，河南“小灵通”用户为307万户。

▲小灵通业务深受广大群众欢迎

第八节　互联网业务

互联网又称因特网。1996年8月28日，中国计算机互联网Chinanet郑州节点业务平台向社会用户开放，为用户提供Internet（互联网）接入服务。同年10月，河南省17个地市的互联网节点全部开通，郑州市电信局成为了省内数据网管中心和信息中心，负责河南省内全部节点的管理。1997年10月25日，郑州市电信局开通互联网信息平台“商都信息港”，成为河南省第一家互联网网站。到2008年底，全省互联网用户达到494万，网民达到1 200万。

商都信息港和商都网

1997年10月25日，郑州市电信局建成河南省第一家互联网网站——商都信息

▲1997年，河南省首个综合门户网站“商都信息港”开通

港，网址为 www.zz.ha.cn，为社会提供互联网公共信息服务。1998 年 3 月，商都信息港访问量突破 10 万次。同年 4 月，商都 BBS 开通，建立了河南第一个公共网络论坛系统；同月开通了虚拟主机、虚拟网站、服务器托管等增值业务，网站的服务功能进一步提高。6 月，商都信息港开通全国互联的 IRCServer（网上聊天）。9 月，商都信息港的主页访问量突破100万。1999年10月，商都信息港访问量突破1 000万。2000 年 10 月，用户访问量突破 5 000 万。

2005 年 2 月 6 日，商都信息港整合全省 18 个地市的信息港资源，正式更名为“商都网”（www.shangdu.com）。作为河南省最大的门户网站，“商都网”以提供最贴近的本地化信息、最有用的生活化服务、最开放的互动性平台、最及时的资讯为特色，是“让河南走向世界，让世界了解河南”的窗口。“商都网”拥有新闻、社区、民生、娱乐、旅游、影音、游戏等 40 多个频道，日均访问量达百万人次。

中原热线

1998 年 5. 17 世界电信日之际，河南公众多媒体通信网“中原热线”业务平台开通使用。“中原热线”是中国公众多媒体通信网河南省网的主站点和河南信息港的重要组成部分，内容涉及经济、文化、教育、娱乐等方面，网址为 www.online.ha.cn。通过“中原热线”可以了解有关河南的信息。

20 世纪 90 年代，互联网接入尚未普及。1998 年 5 月 18 日，“中原网苑”网吧对外开放，为社会提供上网机会，深受社会欢迎，同时也为培育互联网业务市场、展示互联网魅力提供了一个良好的平台。

▲20 世纪 90 年代河南信息港多媒体展示应用大厅

河南信息港

1998 年 7 月，河南省公众信息网依托“中原热线”建成了覆盖全省、全面反映河南整体形象、具有中原文化历史特色的河南信息港。

1999 年 3 月 3 日，河

南信息港政府上网主站点启动，多家省级机构先后入驻河南信息港。当年5月，河南信息港拥有237家信息源单位和丰富多彩的栏目，日访问量近5万，用户超过8万户，成为国内知名信息港。2000年3月，河南信息港成功创建河南经济贸易洽谈会网站，在国内首先实现了在网上同步举办贸洽会。河南信息港开创了多媒体通信的新局面，为全省经济社会发展和信息化建设作出了贡献。

河南在全国率先实现“四级政府”上网

1999年9月20日，河南在全国率先实现省、市（地）、县（市）、乡（镇）四级政府全部上网。

▲ 政企合作建设电子政务网络

1999年是国家提出的“政府上网年”。年初，国务院40多个部委联合发出启动“政府上网工程”倡议。3月省政府对政府上网工作进行了全面部署，提出年底以前完成乡（镇）以上的政府上网工作。河南通信部门按照省政府的工作部署，积极组织实施，全省提前3个多月完成了省、市（地）、县（市）、乡（镇）的四级政府上网工程。

政府上网工程是各级政府适应现代信息社会发展，提高行政效率的一种重要手段，是实现“电子政府”的一个重要步骤，对于规范和监察各级政府的行政行为，提高工作透明度和办事效率，降低办公费用，提高政府工作人员信息处理水平，加强勤政、廉政建设，树立各级政府的良好形象，促进经济发展有着重要的意义。

开通宽带交互式视讯业务

2002年2月5日，河南电信在全省推出基于宽带互联网的集语音、图像、数据于一体的远程视讯新业务——“新视通”。该业务可以使用户在互联网上“面对面”实时沟通，不仅可以“闻其声”，还能“见其面”。“新

▲20 世纪 90 年代末的网络视频

视通”业务具备自主召集、自由观看、信息共享、实时查询等功能，适合远程会议、远程教学、实时股评、远程医疗、应急通信、家庭应用、远程监控等。

新视通业务改变了人们语音交流和静态信息交换的传统模式，打破了固定通信场地的限制，可使不同地点的客户进行语音、图像、数据通信，高质量、高可靠性的视音频效果，为安全高效的远程交流提供了强大的技术支撑。

宽带中国 · 河南

进入 21 世纪后，为了适应技术、市场、需求的不断变化，河南网通公司通过宽带综合业务管理系统，整合价值链的上下游伙伴，与十几家内容提供商建立了产业联盟，通过河南网通的统一平台“宽带中国 · 河南”向客户提供游戏、Vod、教育信息、证券信息等服务，先后在网站上设立了影视在线、线上音乐、虚拟学堂、财经频道、新闻话题、体育焦点、生活频道等多个栏目，满足广大客户不同层次的需求，提高宽带业务的附加值。

▲ 宽带中国 · 河南

“宽带中国 · 河南”采用客户登录认证界面，实行一点认证，全网通行。用户登录后，可享受网站上所有的应用服务内容，包括网上交易、网上学堂、信息咨询等。客户享受宽带服务内容所需的费用，直接从客户的宽带服务费或上网卡中收取，为客户使用宽带业务提供了方便。

河南宽带用户突破 300 万

▲ 宽带上网体验

2001 年，河南电信推出宽带接入业务。2002 年，不断丰富宽带网业务应用，宽带用户总数达到 15 万。2003 年，宽带用户发展到 40 万。2004 年，宽带 IP 网出入省总带宽达到 13.5 Gbit/s，宽带用户接近 70 万。2005 年，通过开展宽带入户工程，宽带逐步走进了千家万户。2005 年以后，河南省宽带用户每年以接近百万户的速度迅速增长，2006 年宽带用户达到 200 万，2007 年达到 288 万户，2008 年突破 300 万户大关，达到 384 万户，宽带用户数量排名全国第 9 位。

第九节　信息化应用

信息化是指培育、发展以智能化工具为代表的新的生产力并使之造福于社会的历史过程。国家信息化就是在国家统一规划和组织下，在工业、农业、国防、科学技术及社会生活各个方面应用现代信息技术，深入开发广泛利用信息资源，加速实现国家现代化进程。

河南通信业凭借拥有的国家公用电信网资源和省内通信基础设施，利用自身优势，积极投入到全省信息化建设和发展进程中。20 世纪 90 年代以后，河南省通信行业信息化应用从无到有，从小到大，业务种类不断增加、应用领域逐渐拓宽，行业应用扩展到了公安、交通、物流、气象、教育、体育、金融、商业、医疗等多个领域，在服务社会、服务经济、服务民生方面发挥了重要的作用。

首家网上银行开通

“网上银行”是指利用互联网技术，实现银行与客户之间安全、方便、友好连接的虚拟银行。

▲ 客户网上办理金融业务

1999年9月15日，河南省多媒体信息局与交通银行郑州分行合作，在河南省首家推出网上银行服务系统，交通银行客户足不出户就可以在网上办理业务，享受账务查询、国债买卖、缴纳费用等服务。客户进入交通银行郑州分行网上银行站点，根据屏幕提示进行操作，即可办理账务查询、卡内转账、卡间转账、口头挂失、缴纳费用、国债买卖、抵押贷款等多项金融服务项目。

中华粮网

2000年12月12日，郑州粮食批发市场“中华粮网”开通。中国郑州粮食批发市场是我国第一家全国性的粮食批发市场，承担着国内现货粮油调剂、运用市场机制优化粮油商品资源的配置、通过公平竞争形成真实价格的任务，其价格表被国家粮食系统称为“郑州价格”。为了给全国粮食客商提供不受时间空间限制的交易平台，使粮食交易会成为“永不落

▲ 郑州商品交易所交易系统数据传输

幕”的交易会，实现从场内现货交易到网上竞价交易的转变。1995年，郑州粮食批发市场启动全国最大的集粮食信息服务、价格发布和交易三大功能为一体的专业化现货网，经过几次更新，形成了“中华粮网”。该网站具有网上价格查询、粮食信息发布、网上现货交易3个功能，全国21个报价点及时在网上报送各地粮油最新价格，发布市场动态信息，提供多种交易方式。

教育信息化工程启动

2000年12月，河南省教育厅与河南省电信公司合作建设的“河南省教育和科研计算机网工程”启动，双方联手运用信息技术，全面推进河南省教育信息化。2001年初，河南省52所高校中有40所建成了校园信息网，部分省辖市中小学校开通了学校网站和信息平台。河南远程教育系统同时起步，清华、北大和北京景山中学、101中学等一批名校相继在河南省开办网校、网点。截止到2008年，河南所有高校已全部通过互联网进行录取工作。信息化应用使河南省教育行业信息化技术和规模不断得到延伸和扩展。

数字黄河

2001年，黄河水利委员会启动了“数字黄河”工程。“数字黄河”是物理黄河的虚拟对照体，即通过全数字化数据库平台的构建，建立黄河流域及其相关地区的数字化（虚拟）研究环境，采用数学模型对黄河治理开发和管理的各种方案进行模拟、分析和研究。

▲ 为黄河水利委员会提供通信传输服务

2001年，郑州电信与黄河水利委员会联合建设的“黄委会市话分局”成立，标志着治黄信息化建设迈出了重要的一步。在该市话分局的建设过程中，郑州电信和黄委会发挥各自的优势，在已建光纤环路的基础上进行延伸，使该分局具备了向不同用户提供拨号上网、ISDN 上网、超级一线通上网、宽带上网的完整手段。黄委会的通信方式与传输速度发生了质的改变，语音、数字、图像、信息的传递上了一个新台阶。

河南省水利系统信息化应用

2001 年 9 月 18 日，河南防汛抗旱信息网开始建设，河南省水利厅投资 2 000 多万元，组建省到 18 个市水利局、水利厅直属单位、大型水库之间的防汛抗旱计算机网络。河南省电信公司充分利用网络优势、高速电路资源和水利系统的信息资源构筑全省水利系统信息高速公路，实现防汛抗旱信息等综合多媒体信息的网络传输，为防汛抗旱决策提供重要的科学依据。防汛抗旱指挥系统的建设对于提高信息采集、传输的时效性和自动化水平，及时进行洪水预报，科学调度决策，减少灾害损失具有重大的作用。

网上证券

2003 年 8 月，郑州市通信分公司与中国网通控股有限公司、海南港澳资讯产业有限公司合作建设的郑州通信投资服务应用平台——证券专网业务投入使用。

证券专网业务是郑州通信打造网上证券投资服务应用平台，实施社会化营销的合作模式，由郑州通信提供优质宽带网络，证券增值内容提供商（中国网通控股和海南港澳资讯）负责提供个性化、专业化的证券资讯内容和高端证券行情分析应用产品，同时负责证券资讯内容及证券应用产品的技术支持、产品引入、补充和后期的软件升级。

▲ 股民网上炒股

证券专网的开通，给股民创造一个场外股票交割的良好环境，也有利于减少各个券商营业场地和基础建设的投资。

河南省建成 141 个县级农业信息网站

2004 年 12 月，河南省 141 个县级农业信息网站全部建成，形成了省市县三级健全的农业信息网络。这标志着河南省农业信息体系建设走在了全国前列。

2001 年，河南通信投入资金 3 000 多万元，对“河南农业信息网”进行了升级改版，网站平均每天更新信息 100 条以上，年累计访问量达 55 万次。2004 年，全省网上农民经纪人达 4 535 人，其中 358 人建立了个人的信息网站。河南农业信息网在农村经济发展中发挥了积极的作用。

河南工商系统网络化建设

2003 年，省工商行政管理局通过河南网通“新视通”平台组建了覆盖全省各市工商局的电视电话会议系统，极大地方便了工商系统内部的沟通和交流，提高了工作效率，节省了办公成本。省工商系统内部业务网开通了省工商局与市工商局间的红盾信息网。2005 年 1 月 16 日，为了更好地服务于河南经济建设和社会发展需要，省工商局启动省、市、县 3 级网建设项目，建立一个覆盖到全省县区的网络和信息共享平台，实现管理现代化、信息网络化、档案数字化、办公自动化。

金牧阳光工程

2005 年 11 月 16 日，河南首家金牧阳光工程中心店落户驻马店市贸易广场。首家中心品牌店的揭牌，标志着河南金牧阳光“三电合一”工程进入应用阶段。河南金牧阳光“三电合一”工程是由省畜牧局、河南网通和海尔集团联合开展的信息入户工程，是一项科技兴牧和信息富民工程，该工程整合了固定电话、电视、电脑上网等现代通信和信息服务手段，为全省广大畜牧专业户、畜牧企业、畜牧食品安全提供专业的、权威的、全面的信息和咨询服务。

“数字郑州”项目启动

2006 年 10 月 19 日，郑州市政府与郑州网通建设郑州市数字化城市管理项目签约仪式举行，这是郑州市城市管理工作的跨越，也是郑州网通推进城市信息化迈出的新步伐。

该项目是利用城市地理信息，借助现代信息技术，搭建郑州市数字化城市管理系统平台。平台主要采用万米单元网格管理法、城市部件管理法与 12319（城市管理服务热线）、12345（市长热线）等服务热线相结合的方式，创建城市综合管理新模式，实现城市管理的信息化、标准化、动态化，以便及时发现、处理与解决城市运行中出现的问题，逐步建立起分工明确、责任到位、沟通快捷、反应快速、处置及时、运转高效的城市综合管理长效机制。该系统对郑州市的市政设施进行全方位的监控和管理，使城市管理从粗放变精细，从被动管理变主动管理，有效提高郑州市市政管理水平，提升城市形象。

郑州网通投资 3 000 多万元，负责包括系统维护终端设备、交换系统设备、视频监控系统、应用软件系统等 9 部分的建设工作，建设数据库平台、Web 应用服务平台、无线数据应用平台、网络安全管理平台、网络视频管理、存储平台等郑州市数字化管理系统支撑平台。

农村百万上网工程启动

河南网通、英特尔（中国）有限公司、海尔众城电脑有限公司、河南省信息产业厅“推进河南省农村信息化建设合作的框架协议”签字仪式于 2007 年 9 月 6 日在郑州举行。省委书记徐光春、副省长史济春、信息产业部副部长苟仲文等领导出席了框架协议签字仪式。

▲ 大力推进农村信息化建设

这项推进河南省农村信息化的合作项目，计划 3 年内在农村增加 100 万宽带用户，由美国英特尔公司提供技术，海尔、众城公司联合研发生产，为农村特定消费者提供100万台以上专用上网电脑。框架协议的签订，标志着河南网通启动了“农村百万上网工程”。

移动通信信息化应用

河南省的移动通信围绕各行各业的信息化需求，相继推出了丰富多彩的信息化应用产品，有效提升了各行业的信息化应用水平，推进了产业结构优化和发展方式转变。

▲洛阳石化MAS应用

河南移动公司以全省500个核心客户和重点行业应用推广为主线，深入推进集团客户市场“四大工程”，在2004年实现了全省500强集团客户信息化普及率100%的目标。开展“72行之移动应用大赛”和无线信息化巡讲活动，推动了移动信息化理念的普及，在全社会形成了建设信息化、使用信息化的热潮。2005年，进一步加大集团客户市场开发力度，创新移动信息化推广方式，有效促进集团业务在全省500强企业的普及应用。2007年，按照“移动信息专家”的战略定位，围绕推进“客户关爱”、“共同成长”、“行业联合”三大商业计划开展了系列营销活动，积极推进以移动终端为载体的移动信息化应用。2008年，持续推进以上三大商业计划，探索语音业务和信息化应用的融合营销模式，通过开展一系列营销服务活动，不断提升信息化产品提供能力和服务能力。推出了“动力100”信息化整体解决方案。通过整合和利用最新通信技术和各种信息资源，并融入管理元素，为客户提供通信标准化

▲2003年7月8日，尉氏县苗庄村成为河南省第一个“中国移动手机村”

产品、行业应用解决方案、个性化解决方案，以满足不同集团客户日益多元化的需求，帮助企业实现在“信息沟通”、“生产管理”、“移动办公”、“服务营销”等领域的全面信息化。公司开发了警务通、校讯通、农信通、政务通、数字城管、数字物流等数百种信息化产品，已在全省众多行业得到了广泛应用，为全省10万多家企业和单位提供了有效的信息化服务。

▲ 为中小企业信息化提供支撑

河南联通公司以中小企业信息化平台、IPTV平台等为基础，以“公共服务平台+ASP”的商业模式、“一站式”租赁服务模式、“结构化营销+体验式营销”模式、电信级别技术保障模式，相继建设了物流通、家校E通、人才通、E税通、烟E通、旺铺通、旅游通、呼叫中心、联通数码等行业信息化解决方案。“宽带商务”被国家发改委授予“中国中小企业信息化十大影响力品牌”、被省发改委定为全省信息化示范项目，并在河南省百万中小企业信息化培训工程中进行普及和推广。充分发挥技术、网络优势进入安防信息化领域，构建了宽视界、神眼、居家卫士、平安互助“四位一体”的立体安防体系，提供完备的安防告警和视频监控服务，服务于社会各个层面安防需要，被河南省发改委确定为全省信息化示范推广项目。

河南电信公司通过“号码百事通”业务提升全社会信息使用效率，方便社会大众的生活和工作。通过ICT公司，推进信息化行业应用，可为广大企事业单位提供量身定做的综合信息化解决方案。

移动梦网

“移动梦网”是河南移动向客户提供的移动数据业务的统一品牌。河南移动于1995年在全省推出了第一项增值业务——短信业务。2001年，河南移动正式

▲ 短信闪客

推出了移动梦网业务。2002年，梦网GPRS平台正式商用，彩信、MO手机上网业务启动。2003年，推出多媒体短信业务。同时，彩铃、“百宝箱”业务商用。2005年，河南移动手机报启用，是河南移动公司联手河南日报报业集团推出的精品数据及信息业务，用户达220多万，成为河南第一大“报纸”，向第五媒体迈出了坚实的一步。同年，手机定位、手机地图业务上线。2006年，正式推出了基于PUSHMAIL的手机邮箱业务，并将黑莓业务引入国内，实现了河南手机电视业务、手机支付业务上线。2007年，中国移动飞信、139邮箱正式上线。2008年，河南移动互联网客户体验渠道——买吧上线。移动梦网使移动通信新业务不断推出，也为人们使用移动通信提供了丰富多彩的生活。

▲ 手机报

警务通

“警务通”是一种公安机关用来执法的移动执法系统，它包括移动终端、后台处理平台以及相应的网络安全系统机制。

2002年，河南省公安厅联合河南移动公司、解放军信息工程大学共同研发了移动“警务通”系统。2004年3月，在全省公安系统全面启动“移动警务通”系统建设。同年6月，全省18个省辖市公安局全部建成投入使用。到2006年底，全省形成了一个以省级为综合平台，各地系统独立应用的统一标准、规范完整的警务通系统。

▲ 河南公安安全移动警务系统开通《警察健康指南》发布会

警务通系统在省、市两级公安机关全面推广，累计发放移动加密卡万余张，应用和普及率不断提高，在公安机关打击犯罪、维护稳定、日常管

理等方面发挥着越来越重要的作用。河南移动“警务通”为公安信息化应用提供全新模式，引起了社会的广泛关注。公安部将该项目确定为“公安部2004年23项科技强警项目”之一，并把河南省作为试点省份。2003年，中国移动通信集团公司把该项目列为“百家精品工程”。

校讯通

“校讯通”是河南移动公司为教育行业量身定做的信息化产品。它综合手机短信、互联网和语音技术，为学校提供校务管理平台；为老师、家长、学生提供家、校沟通平台。

2003年4月，“校讯通”首先在商丘市第一实验小学使用，受到了学校、老师和家长的一致好评，并在全省推广。同年底，“校讯通”注册学校已经达到了820所，全省有1.7万老师和28.1万家长借助校讯通平台方便、自由地沟通、交流。

2004年，“校讯通”推出了网站服务，为用户提供广阔的交流平台和专业的教育知识。2006年8月，“校讯通”开通专业素质教育博客，被专家誉为“绿色、纯净的教育空间”。借助博客平台，“校讯通”每年举行“书香班级”评选活动，在全省掀起书香阅读、学生写博、网络作文点评的热潮，历届参赛学校达到3 478所，参赛班级共计16 857个，参赛人数12.9万之多，被《教育时报》誉为“推动社会阅读的新力量”，受到了教育专家的认可和用户的好评。

2007年，“校讯通”《家长会》期刊类教育资料创刊，每月一期、免费赠阅。2008年11月，“校讯通”推出了“校讯通家庭教育彩信”服务，组织了名师讲座、博友见面会、校长沙龙等活动。“校讯通”已发展成为了一款为教育行业提供家校沟通、网站服务、纸媒期刊、名师讲座、教育彩信等多种服务的综合产品。

农信通

2005年7月，河南移动向河南农村用户推出“农信通”业务，并把“农信通”确定为免费公益信息、科技信息及商务信息的服务模式。“农信通”项目开通了短信、彩信、语音平台和新农村信息网，向广大农民朋友提供农业种养殖、农产品农资供求、农民工务工、农时天气以及致富经验等信息。2008年，全省每月通过农信通发送的种养殖信息和市场信息超过万条；12582 农信通语音平台月呼叫量平均达到 10 万次。通过合作建设和自主建设两种模式，河南移动共建设了 1 000 个信息服务站，发展了 5 000 名农村信息服务员。河南移动利用信息化服务农业生产、提升农村生活品质，帮助农民发家致富，建立起了一个全方位、立体化的客户服务体系。

信息下乡

2008 年，全省基础电信企业推出的涉农信息化应用项目达到 10 多种，其中河南移动 4 项，河南网通 4 项，河南联通 3 项，河南电信 1 项。这些涉农增值电信业务的快速发展，整合了全省和各市地农业专家、涉农企业等资源，为促进农业发展提供了综合信息平台，为农民搭建信息致富的桥梁。

河南网通推出“幸福农家 168”，“金牧阳光”9600118、“三农服务”热线 9600130 等。河南移动推出“移动信息村”、“河南新农村信息网”，主要通过利用“农业信息机 + 农信通平台”作为实现农业信息化的推广模式。河南联通建设“中原农业信息网”，通过手机终端，解决农村信息化“最后一公里”问题；2008 年，与河南省商务厅、河南省农业厅签订三方合作协议，成立“中原农信俱乐部”，打造全方位的“惠农、帮农、助农”服务体系。河南电信推出了“信息田园”的支农项目。信息化服务采取互动的运作方式，内容包括粮油蔬菜种植、食用菌类瓜果栽培、林业园艺、水产渔业、畜禽养殖、病虫防治、禽类兽类防疫、加工贮藏、天气预报等农村生产的各个方面。

贴近农村生活，想农民所想、急农民所急，不断丰富的农业信息化业务，正逐步成为广大农民获取致富信息的主要途径。截止到 2008 年初，全省有 840 万农民成为农业信息化业务的用户，其中，河南移动约 400 万，河南网通约 340 万，河南联通约 100 万。

手机报

手机报是继报纸、广播、电视和网络之后的一种新媒体，被称为“第五媒体”。手机报的出现是电信技术快速发展、传统媒体应对挑战的产物，是传统媒体和电信运营商合作共赢的成果。

河南手机报是全国最早创办的手机报之一。河南手机报每天发布适时新闻、文娱体育、财经证券等信息。

河南手机报2006年上线，很快就进入了高速成长期，2008年河南省开通手机报种类110多种，客户规模超过380万，用户数已超过河南主流媒体《大河报》发行量的3.8倍。

河南省农村党员干部现代远程教育系统

2004年12月，中央组织部决定把河南省列入全国农村党员干部现代远程教育扩大试点单位。2005年2月，河南省委常委会通过了《河南省农村党员干部现代远程教育扩大试点工作实施方案》，制订了技术先进、操作简单、学习方便、管理完善的组网方案，为农村党员干部现代远程教育探索出了一条适合中西部地区特色的新途径。2005年8月12日，河南省委组织部和河南网通举行全省农村党员干部现代远程教育项目建设签字仪式。按照协议，河南农村党员干部现代远程教育项目由前端播出平台、终端接收站点、辅助教学网站、中心资源库和信息管理系统五部分组成，河南网通负责项目的建设和系统的运行维护，省委组织部、省远程办负责管理和使用。

▲ 党员远程教育签字仪式

2006年7月，河南省农村党员干部远程教育验收组对郑州市农村党员干部远程教育工程进行了验收。郑州网通完成了2 280个行政村、109个乡镇、25个办事处、14个县（市）区委组织部共计2 428个站点的建设工作。

▲ 全国人大常委会委员、教科文卫委员会副主任委员吴基传为河南网通颁奖

2007年9月27日，中

组部在郑州召开全国农村党员干部现代远程教育工作经验交流现场会，对河南农村党员干部现代远程教育工作取得的成绩给予了充分肯定。在中国网通 2007 年度“技术创新奖”评选活动中，河南网通申报的“党员干部现代远程教育系统在河南农村的广泛应用”项目，荣获技术创新一等奖。其中“党员干部现代远程教育系统在河南农村的广泛应用”被中国网通集团公司推荐参加了中国通信学会科学技术奖的评选并荣获一等奖。

TELECOMMUNICATION

第五章 电信服务

概述

电信业是国民经济的基础产业，电信服务与经济社会发展和人民群众的生活息息相关。改革开放30年来，河南通信业广大员工与时俱进，始终坚持把追求用户满意作为企业服务的出发点和落脚点。

改革开放初期，按照“人民邮电为人民”的服务宗旨，河南邮电立足现状，努力改善电信服务。随着改革开放的深入和人民群众生活水平的提高，对电话通信的需求旺盛。由于交换设备容量小、机线不配套、传输能力不足，曾一度出现了打电话难、装电话难、打长途排队等问题。同时，由于电信服务处于卖方市场，一些地方存在“吃、拿、卡、要”现象。纠正行业不正之风，提高电信服务质量和服务水平迫在眉睫。1993年，河南省邮电管理局确立了“以服务求发展”的指导方针，出台了改善服务工作的多项措施，相继开展了“一心为用户，满意在邮电”、“树邮电新风，创优质服务”活动，有效缓解了装电话难、打长途难等问题。到1998年，河南省电信服务质量得到了明显改善。

河南电信业自实行政企分开、打破垄断、引入竞争以后，始终把服务质量作为一项长期工作来抓。通过依法监管、落实服务标准、创建文明营业厅、设立投诉电话、治理热点难点问题、维护消费者权益、开展畅通网络、诚信服务等一系列举措，提升了电信业服务河南社会经济发展的水平。随着电信体制改革深化，重组后的各电信运营企业积极适应市场变化，坚持以市场为导向，以客户为中心的工作方针，全面改善服务水平和服务质量。各电信运营企业在硬件建设方面，逐年加大投入，打造服务平台，形成了以自建营业厅为主，社会渠道拾遗补缺的营销服务网络。在软件建设方面，各电信运营企业突出自身特点，开展贴近用户、服务民生等一系列服务活动，通过建立服务投诉、监督、考核机制，理顺服务流程，进一步规范了服务标准，电信服务行业的质量和水平得到了进一步改善。

第一节　早期服务

改革开放初期，河南邮电部门坚持“人民邮电为人民”的服务宗旨，努力增强综合通信能力，改善通信产品短缺状况，最大限度地满足社会和人民群众的通信需求。到1998年邮电分营时，河南电信服务能力大大增强，服务质量明显提高。电话装机时限明显缩短，装电话难、修电话难等热点、难点问题基本得到解决，社会对电信服务的满意度明显提高，用户综合满意度达到80.88分，满意率达到94.52%。

解决打电话难、装电话难

1978年，全省电话普及率为0.06部/百人，低于全国平均水平。通信设备技术落后，城乡大部分电话设备制式是磁石制、步进制、纵横制。群众打电话非常不便，打长途电话要到邮电局排长队。1985年后，随着经济的发展，社会通信需求旺盛，通信能力发展滞后造成的装电话难、打电话难的现象普遍存在，成为制约经济社会快速发展的“瓶颈”之一。

▲ 洛阳市邮电局电话装机受理现场

20世纪90年代，为了解决打电话难、装电话难的问题，各级通信企业加快建设步伐，提高通信能力，建成了省内长途自动、半自动电话网，对市话交换机和农话交换机进行大规模扩容。1995年，全省县（市）以上城市电话交换全部完成了程控化改造，市内户线工程逐步到位；全省公众电话网电话号码全部升至7位。同时，随着磁卡电话、IC卡电话、公用电话、201电话、无线寻呼、移动电话等通信手段的多样化，丰富了通信产品供给。到1996年，基本解决了打电话难、装电话难的问题。

▲20世纪90年代郑州市电信局中原路营业厅

解决修电话、缴费、查询难

解决修电话难的问题。20世纪90年代初，河南邮电开始建立112测量中心，实现电话障碍的集中受理、集中测试、集中派修的管理方式。1994年，推广112台集中测量计算机网络管理系统，提供准确的障碍历时统计，全省按标准配足程控局112台和测量特服中继电路，以及相关测试仪表、维修工具、交通工具等。根据实际需要，配备和调整测量、查修人员，建立奖罚制度，调动了测量、查修人员的积极性。抓好用户从申告受理到恢复通话使用的全过程管理，严格执行单机障碍24小时和电缆故障72小时予以修复的时限标准，不能按要求予以修复的向用户说明原因；对大用户、重要用户实行昼夜派修（包括节假日）。在市区营业部和县局均成立了专门的修机室，围绕客服系统理顺了障碍受理、派单和修障的端到端服务流程。

为解决缴费难的问题，设立了多处收费网点，延长营业时间，减少用户排队；采取用户预交款，通过银行、邮政储蓄、居委会、代办点等代收或自动转账；改造计费方式，建设了智能网平台，增加预付费功能，用户通过购置预付费充值卡随时随地缴费；对用户欠费做好提醒和催缴服务。

▲后台技术支撑

解决查询难问题：在营

▲ 为用户详细解答疑问

业厅设立专职值班主任和业务查询窗口，现场答复用户问询，指导用户办理各项电信业务，有效解决用户关于资费和办理装、移电话过程中遇到的问题；在营业部门设置了装移电话计算机辅助查询管理系统，对用户装电话情况实行跟踪管理，了解用户从申请登记到装电话全过程的每一环节的进展情况；建设综合营账系统，实现了话费清单查询打印、各类电信业务一个账单统一结算等功能。

治理“吃、拿、卡、要”

20世纪90年代，通信基础设施非常薄弱，造成了装电话难、移电话难、维修难，一些地方存在着“吃、拿、卡、要”、“以话谋私”等现象。为了纠正行业不正之风，河南邮电通信业在加快发展、缓解供需矛盾的同时，积极治理“吃、拿、卡、要”。

一是严格装机时限，要求在收取市话初装费后半年以内给予装机。鉴于户线工程建设欠账较多的现状，想方设法充实施工力量，上容量、增线路，对确属局方原因而未能在规定期限内装机的用户，做好耐心的解释工作，并按银行利息给予用户补偿，得到大多数用户的理解。二是强化监督，向社会公布服务标准、可以装机的地域、号数和装机时限、举报电话；聘请社会监督员、召开用户座谈会、走访用户、发放意见征询函，主动征求用户意见，接受用户监督。1995年，全省共发出征询意见函70 758封，走访用户42 595户，召开用户座谈会573次，聘请社会监督员2 285名，设立监督举报电话384部。三是从严执纪，对群众反映的“吃、拿、卡、要”问题，坚决处理，不手软、不护短。1993年，全省共接到群众举报行业不正之风的问题537件，立案查办49件，结案46件；处理违法违纪职工73人，其中政纪处理46人、党纪处理1人。在政纪处理的46人中，记大过及记大过以上处分的18人。四是加强营业管理。根据邮电部《关于加强市话营业管理若干问题的通知》精神，把市话营业与维护分开，坚持市话营业集中统一，加强市话营业窗口、配号配线、工单管理、市话维护等方面管理。通过综合治理，“吃、拿、卡、要”现象得到遏制。

市话装移机服务标准

1998 年 5 月，为实现市话装机规范化服务，河南邮电要求全省各电信企业执行市内电话装移机服务规范标准，市内电话装移机服务包括受理城市用户安装、迁移电话登记和入户施工直至通话全过程。

服务标准要求各电信运营企业受理窗口必须做到：1. 营业厅（室）环境舒适、明亮、整洁、规范；2. 营业人员着装整齐，佩戴工号牌，服务热情周到，耐心解答用户的咨询；3. 窗口受理采用计算机系统管理，实行限时服务，并按规定时限答复用户装移机时间；4. 积极创造条件，方便用户，推行“189”特殊服务电话受理。

服务标准要求入户装移机服务必须做到：1. 严格实行派工派单制度，按程序施工；2. 装移机人员上岗佩戴工号牌，行为举止文明、服务用语规范；3. 施工自带工具、用品，按用户要求位置安装电话机，布线、安装规范到位，竣工请用户试用、签字，保证通话话音清晰；4. 装移电话时不接受用户吃请，不利用工作之便接收用户礼物或向用户索要财物，不准刁难用户。

窗口受理和装移机时限方面的要求包括：窗口受理用户装移机等待时间最长不超过 20 分钟；在受理用户登记后，应当场答复用户能否装移机及具体时间，不能当场答复的应在 7 天内主动答复用户。

凡具备装移机条件的，自用户办理相应手续后到装移机开通为止，平均时限为 20 天，最长不超过 2 个月。若装机超过 2 个月，按银行活期利率付给用户所交初装费的利息；因局方原因超过规定时限不能移机，按有关规定核减基本月租费；对线路不到位的，要加快建设；有条件的地点，积极采用其他方式临时解决用户通话。

邮电服务年活动

1997 年—1998 年是邮电部确定的“邮电服务年”。河南邮电部门开展了以营业窗口达标为重点的“创星级服务”和以建立健全服务责任公开化机制

为主要内容的“承诺服务”活动，重点推行“服务承诺制度”，制定服务承诺的内容、标准和违诺责任，建立相应的考核办法和保证体系。同时，河南邮电开展“假如我是一个用户”的换位思考活动，强调服务工作要“搞好一个结合，突出一个重点，强化两个树立，达到三个目的”，即服务工作与精神文明建设相结合；以服务承诺为重点；树立规范化、制度化的服务观念；通过优质服务，达到用户满意、赢得市场和创建文明行业的目的。1997 年，全省各地、市、县邮电局全部向社会公布了承诺项目和优质服务示范窗口，建立了服务质量通报制度。全年共进行服务工作检查 2 140 次，其中暗访 681 次。有 15 个地市局和部分县局开通了 180 用户投诉电话。

邮电职业道德规范

结合邮电服务年活动，河南省邮电管理局制定了八条职业道德规范：

一、热爱邮电事业，忠于本职工作；

二、坚守通信岗位，保证通信畅通；

三、精通业务技术，保证通信质量；

四、遵守通信纪律，严守通信机密；

五、全网一盘棋，全线一条心；

六、急用户之所急，帮用户之所需；

七、文明生产，礼貌待人；

八、廉洁奉公，一尘不染。

六项服务承诺

▲ 按时修复障碍

1998 年 7 月，河南省邮电管理局向社会公布了邮电服务六项服务承诺，内容如下。

一、各邮电局每月向社会公布一次市话可放号区域。用户申请装机，从交初装费之日起，各局平均装机时限不超过 1 个月，最长不超过 3 个月。

装机等待时限超过3个月的，由当地邮电局按人民银行活期利率付给用户所交纳的初装费利息。

二、数据通信在用户办理登记手续、交纳各种入网费后，专线入网装机时限为1个月，电话拨号入网装机时限为7天。

三、BP机、移动电话即买即通。

四、用户在已装电话上加装传真机，自办妥手续之日起，在7天内安装开通。在已装电话上加国际、国内直拨功能和程控市内电话新服务项目的，自用户登记之日起7天内予以开通。

五、市内电话非电缆障碍24小时内修复，电缆障碍72小时内修复。遇重大灾害或外力影响造成的恶性事故除外，但要向用户说明原因。因局方原因不能通话的障碍，在当月达15天以上者，经当地邮电局核实，免收该用户当月的基本月租费。

六、认真受理用户投诉，在收到用户投诉之日起，本地10天，外地20天（以收寄日戳和投递日戳为准）答复用户。

八项服务措施

1998年，河南邮电建立“服务工作总负责制”，各单位安排一名领导主抓服务。八项措施如下。

一、建立规范化的服务标准，力争年内有50%的城镇营业窗口达标。

二、采取定人联系或派驻的方式，搞好对专网用户和大企业的通信服务。

三、通信服务与创建精神文明行业工作紧密结合，开展“当文明职工，建文明科室，创文明行业”系列活动。

四、坚持“以人为本”思想，牢固树立“以用户为中心”观念，以用户是否满意作为衡量服务工作的标准，帮助用户选择最佳通信方式，实现用户使用通信业务的最佳效益。

五、加强企业和社会的沟通。通过媒体宣传邮电服务举措；通过消费者协会、新闻媒体了解服务情况；通过座谈会、调查函、上门走访等方式征求用户意见，及时改进服务。

六、为用户提供时间、空间上的方便：各局要在调整营业时间和24小时营业方面采取措施，争取提供全天候的服务；规定电话装、移、修机时限；开办“电话受理”等业务；建立快速有效的大客户服务通道；方便用户缴费和业务、资费查询。

七、妥善处理话费争议，坚决制止乱收费现象。

八、建立服务工作总负责制，服务指标作为企业方针目标之一，与企业工资总额挂钩。

第二节 提升服务

随着电信体制改革的深入，电信市场竞争加剧。各电信运营企业积极适应市场变化，不断追求客户满意服务，力求做到服务手段多样化、业务提供多元化，丰富服务内涵，提升服务质量。

扩充服务网点

▲ 社区服务网点

1990 年，河南共有邮电局所 2 810 处，平均每个局所服务对象 24 374 人，服务面积 59.43 平方千米。随着客户规模的扩大及通信产品的丰富；特别是分营重组以后，同质业务竞争加剧，原有营销服务网点明显不足。对此，各电信运营企业采取自建、联建、租赁、社会代办等多种形式，延伸服务末梢，达到了乡镇有局所，行政村自然村有代销代办点，形成了立体交叉的全方位覆盖。社会渠道的建设成效明显，其中河南移动郑州分公司 2000 年拥有社会经销商 100 多家，2008 年达到了 5 000 家的渠道规模。

推行上门服务

从 1999 年开始，河南各级电信部门对大客户全面推行上门服务。

全省电信部门对1 090个大客户实行了大客户经理服务制，客户经理定期走访大客户并上门受理业务。郑州市电信局还在全局各部门设立大客户联络员，开辟了一条为大客户服务的“绿色通道”，有效推动了大客户服务工作的深入开展。

▲ 现场办理业务

针对电信大客户服务工作存在的服务水平与大客户的高层次需求不相适应，经营与服务未能很好地结合，缺乏有效引导用户更多使用电信业务的策略和手段等问题，要求各级电信部门，调整充实人员，全面推行上门服务，对特大客户实行派驻制，采取有效措施，保证业务收入的稳定增长；加强大客户档案管理工作，为做好服务工作积累资源。

客户回访系统

2001年6月，郑州市电信局开通“电信服务质量监督检查客户回访系统”，对郑州市范围内新装、移、修电话客户及办理其他电信业务的客户进行回访。

“客户回访系统”主要由“一次回访”、“二次回访”、“跟踪回访”3个工作步骤组成。“一次回访”主要是针对新装或新移电话、电话出现故障及其他原因需回访的客户进行回访，对客户提出的一般性咨询和投诉进行解释、解决和答复。“二次回访”是指经过7～10个工作日后，对“一次回访”过的客户再次回访，目的是做好客户的消费参谋和助手。“跟踪回访”主要是对“一次回访”和“二次回访”中受理的，需经协调处理的客户投诉问题，在转至180投诉系统监控台处理完毕后，处理结果是否达到客户满意而进行的回访，目的

▲ 客服代表回访用户

是提高整体回访服务质量。

首问负责制

2001 年，河南移动为杜绝推诿、扯皮现象，切实提高对大客户的服务及时率，推出了首问负责制度，具体内容如下。

第一个受理用户来电、来函、来访者为第一责任人。第一责任人在受理业务时要耐心解答，热情服务，并拿出处理意见，实行跟踪服务。若第一责任人没有及时转交用户来电、来函，没有及时办理用户所需业务或因处理不当，造成用户申告，将对第一责任人给予处罚；给用户造成重大损失的，赔偿用户损失；被新闻媒体曝光的，对第一责任人进行严肃处理。

客户经理制

2002 年，河南各电信运营企业为提高服务质量，普遍实行了客户经理制。客户经理制是针对重要客户、集团客户和 VIP 客户推出的一项优质、高效、快捷、便利的服务创新制度。

客户经理制度的核心是“以市场为导向，以客户为中心”，通过对客户资源和企业内部人才、信息、技术等资源优势进行整合、创新，使内外资源处于最佳配置状态，从而使企业自身的活力得到充分发挥，在工作中起着协调和维系的作用，承担着为客户创造价值，为公司传递价值和实现自身价值的三重职责。客户经理要做好服务与营销的协调，实现服务与营销的统一，从维护客户关系角度出发，做到“管家式服务”。

管家式服务是指客户经理提供的专业化、个性化的服务，各种分项服务内容集中到客户经理身上，为客户提供一对一的“贴身”服务，替客户着想，为客户解忧。在管家式服务的基础上，推广方案式营销，通过规范化的营销流程、科学高效的营销辅助工具、人性化的营销策略与应对技巧，将集团信息化产品推荐给需要的客户，创造和维系更多的高价值客户。

打造五项服务工程

2003 年，河南省通信公司实施五项服务工程：一是以“首问负责制”

为核心的服务提升工程。不管哪个部门、哪个专业、哪个员工，都有责任回答客户提出的问题和要求。二是以“绿色通道”为目标的大客户承诺工程。推行客户经理制，营销人员上门提供个性化的通信解决方案，实现一站式受理、一台清的服务方式，常规业务做到当天受理，当天解决，确保大客户“绿色通道”畅通。三是以全方位受理为要求的“112”满意工程，解决客户障碍报修难的问题，努力做到集中受理，集中派修，使客户无论在什么地方都可以报修，并及时得到修理。四是以“亲善客户界面”为工作标准的账务放心工程，减少并妥善处理账务争议，对计费、出账、修改数据、测试程序实行三级检查制度，逐级稽核，把人为差错降到最低。五是“即要即通”的数据完善工程。通过优化业务流程，提高数据业务的管理质量，力争使装、移机入网时限达到率为99.8%，数据障碍修复时限达到率为99.9%。

建立客服平台

为推进服务升级，加强客户服务关怀，河南电信业加大投入、整合资源，先后建设了特色客服平台。

10060客服热线。2003年5月，河南省通信公司统一集中的服务呼叫平台——10060客服热线诞生。按照“建设大平台，倡导大服务，打造强势服务品牌”的思路，河南省通信公司先后对112、180、189、170、163等多个客服子系统进行业务整合，使10060客服热线逐渐成为一个现代化的客户服务平台。2005年，随着郑州网通营销渠道的改革，10060客服中心陆续为社区经理、大客户经理、商务客户经理和社会代维部门开辟了专门通道，同时增设了“小灵通”短信平台受理功能。10060客服热线集客户咨询、查询、投诉、障碍申告、业务受理、客户建议、金色俱乐部会员服务、VIP会员专座、业务宣传、市场调研、营销外呼、网上

▲10060客户服务中心

受理等功能于一体，实现了10060“客户座席一号通，客户服务一台清”。2008年河南网通与河南联通合并后，客服热线停止使用10060接入号，统一使用客服号码10010对外服务。

10086客服热线。2003年6月，河南移动服务平台在郑州分公司1860客户服务中心的基础上组建形成，主要负责10086客服热线运营、e100电子渠道运营、12580综合信息服务门户运营。2007年4月，在洛阳建成的第二个生产枢纽楼投入使用。客户服务热线号码升位（10086替换1860），客服平台由单一的服务职能发展为兼具“服务、营销、信息”三大职能，由简单、被动式的业务咨询与办理、投诉建议收集发展为更多的丰富、主动式的服务营销、投诉建议处理等项目。10086客服员工队伍由300人增长至3 000余人，坐席由180多个增长至1 600多个。

10000客服热线。河南省电信分公司的10000号客服热线集原180投诉受理、189业务咨询、170话费咨询、112障碍申告等特服号功能为一体。CDMA业务并入中国电信后，客户拨打10000即可享受包含CDMA业务在内的电信全业务咨询、查询、投诉、故障申告、业务受理等一条龙服务。

手语服务

2004年，郑州移动在花园路营业厅推出聋哑人专柜特色服务，为残疾人设立特别业务服务区——“爱心手语”服务专柜。

为了设立“爱心手语”服务专柜，河南移动郑州分公司专门聘请了专业的手语培训师，对员工进行强化训练，使员工能够熟练引导残疾客户体验自助、网上营业厅等服务项目，使更多的残疾人享受到“移动随行”的优质服务，达到与聋哑人进行沟通和交流。营业员用丰富的肢体语言、生动的面部表情和灵巧准确的“爱心手语”使移动服务水平达到了一个新境界。

▲ 营业员用手语为聋哑人服务

第三节　深化服务

随着电信业务的快速增长，河南省各电信运营企业对服务工作的重视程度越来越高，服务意识明显增强，服务手段更加新颖，以期满足客户消费日趋时尚化、个性化的需求。

网上营业厅

网上营业厅是指客户通过互联网登录企业网站接受便捷服务的渠道。2005 年以后，河南各电信运营企业先后开通了该项服务。如河南移动网上营业厅分为全球通、动感地带、神州行、集团客户专区等自助服务模块，为客户提供业务咨询、业务办理、投诉建议等服务，具备信息传播、自助服务、营销宣传三大职能。客户只需在移动营业厅申请服务密码，就可随时登录网上营业厅查询自己所需的信息。

河南移动多次对“网上营业厅”进行升级优化，新增了公司优惠活动、彩信、短信、移动秘书、3G、移动影院等 6 个服务栏目，同时对网站首页、业务介绍、手机天地、网上营业厅等 4 个服务栏目进行了完善。其中彩信专区为客户提供上千幅彩信的免费下载；开通了客户上传投票功能；还有自制彩信、彩信大头贴、奇趣彩图等服务项目。2008 年，河南移动网上营业厅的服务栏目达到 18 项，日均点击量超过 300 万次，成为一个内容丰富、功能强大、业务繁多、服务高效、界面亲和的“网上营业厅”。

客户服务自助系统

客户服务自助系统是河南省各电信运营企业推出的 24 小时自助式服

▲ 客户在使用自助服务系统

务，用户可通过短信、互联网、电话、自助终端等方式，享受到话费查询、业务办理、信息定制等服务，也称电子化自助服务。

电子化自助服务包括短信营业厅、掌上营业厅、电话营业厅、网上营业厅和自助终端等5个方面。用户通过短信营业厅，编辑短信，就可轻松办理各项业务；使用掌上营业厅，登录自助系统，自主办理各项业务；通过营业厅的自助终端机进行缴费和打印账单。

“红逗号”服务

河南联通“红逗号”服务的含义是“服务无止境”，微笑的“红逗号”标识以生动的形象传达了“为你做得更多，为你做得更好，服务没有终点”的联通服务内涵，代表了联通公司以客户为中心，不断完善服务、创新服务，努力为客户做得更多更好的企业精神。

2004年，河南联通推出“关爱客户12个月”活动，每个月出台一项服务或业务管理的措施，使公司天天有进步，使联通客户月月有惊喜。当年共开展“总经理服务日”、“联通支援”、“联通便利行”等12项服务活动。

2005年，河南联通推出9项服务承诺，首次向客户承诺“话费误差，双倍返还；短信差错，先行赔付”。

2006年—2008年，河南联通开展了“用心为客户做10件实事”、“话费清晰看得见”、“客户屏”等服务。

“红逗号”服务内容广泛，包括“不断改善，不断创新，为客户做得更多更好”等服务举措。

“客户的事情是最大的事情”

“客户的事情是最大的事情”是河南联通的服务理念，是公司各个环节和层面遵守的行为准则。

2004年，河南联通服务理念全面转型，重新定义了企业和客户之间的关系，提出客户是企业价值链的最关键一环。离开了忠诚的客户资源，就谈不上企业的任何发展；要实现企业的价值，必须将“客户的事情”作为“最大的事情”来对待，企业的各项工作要从服务客户的角度出发，最终还要落脚于客户服务。“客户的事情是最大的事情”的服务理念要求员工做事不要围着领导转、围着公司转，而要围着客户转；要认真进行系统梳理，优化服务和业务流程，构建以客户为中心的、令客户满意的大服务体系。公司在流程、制度、评价考核等方面进行了“以客户为中心”的调整和改善，通过有效的管理手段，促进大服务体系的良性运转。

2005年，河南联通在全省收集业务、管理和服务方式等方面的创新提案1 000多个，其中有100多项得到了推广，提高了公司的服务管理水平和客户的认知度。如开封24小时营业厅便利了火车站来往的乘客；“许继”集团电梯远程控制，为企业节约了成本；商丘的电子地图快速查询基站位置，提高了投诉处理效率；营业厅免填单服务，和谐了服务关系；手机丢失异地补卡方便了客户。

“两给”服务

2007年下半年，河南联通开展了“给您一个傻瓜相机，给您一张清晰照片”活动。

“给您一个傻瓜相机”是指公司通过开发双屏服务系统，使营业员在前台办理业务时，可以按照内屏页面提示回答与客户办理业务情况相关联的问题，如产品介绍、资费标准、业务收费情况、优惠情况等。在不影响营业员正常业务办理的情况下，同步提示营业员和客户看到的外屏内容及需要提醒客户的事项。

“给您一张清晰照片”是指客户办理业务时，可以同步看到业务办理过程，看到与自己办理业务相关联的

▲ 河南联通客户服务双屏显示系统

其他解释事项。同时，外屏显示客户话费、专项存款提醒以及针对性的增值业务、集团业务介绍。客户屏就是营业员内屏的客户化解释屏幕，是通俗易懂的一张清晰照片。

“双屏服务系统”将公司所有产品输入自动化查询，并且所有信息都实行客户化显示，通俗易懂。该系统的运行使营业员的前台操作“傻瓜化”，营业员只需借助系统，即可清晰准确地为客户推荐合适的产品，办理时按照提示一步一步点击就可以轻松完成业务办理，既避免了人为出错，又减轻了营业员负担，提高了工作效率和服务质量。

对于客户而言，该系统突破了通信产品介绍复杂和客户认为话费不透明的瓶颈。通过客户屏的显示，客户可以清晰地看到产品介绍及选择过程，服务信息透明可见，提醒客户注意事项及展示相关业务，有效改善了客户感知。截止到2008年底，河南联通在全省的近1 000个自有营业厅和2 500个合作营业厅、代理店配置了客户屏。

满意100活动

“满意100”是河南移动着力打造的服务品牌。“满意100”的含义是河南移动全体员工本着追求卓越品质的专业精神，将每一分热忱共同汇聚成不变的笑容，以100%的努力和真诚，换来客户100%的满意，表达移动公司全心全意为客户提供满意服务的决心和诚意。自2006年以来，河南移动持续开展了“满意100”系列主题服务活动。

2006年，推出“满意100”服务活动10项新举措和7项细节改善内容。10项服务举措分别是号码升位，服务升级；业务办理挑战3分钟；梦网服务明白消费；总经理真情接访活动；“我服务，您打分”活动；“手机免费清洁保养”服务；夜间应急营业服务；自助设备有奖举报活动；在全省推广新版服务协议；继续推行“话费误差，双倍返还”活动。在开展上述10项服务举措活动的同时，河南移动还向全省广大客户推出了7项服务：一是对新客户入网进行温馨提示，告知客户所使用的品牌；二是对客户离网真情挽留，收集客户的意见和建议；三是对欠费停机客户提供温馨提醒服务，方便客户及时了解自己的通信费用情况；四是更加快速地处理客户投诉，及时保障客户的权益；五是向客户提供内容更加实用丰富的服务手册；六是向客户提供“免填单”服务，方便广大客户办理业务；七是推出电话卡余额话费的解决措施，从细微处保护客户的权益。

2007年，河南移动启动了“诚信服务，满意100”活动，针对社会上存在的一些消费不够公正、资费不够透明、服务不够便捷等热点问题，提出了“八项服务承诺”，包括“全面启用新版入网协议”、“资费信息清晰透明”、“收费误差，双倍返还”、“全面实施服务定制客户确认”、“48小时首次回复客户投诉”、业务办理“免填单”，“一台清”和自助服务电子化、“先提醒，后停机”、“专线受理不良信息举报”等内容。

2008年，河南移动全面开展了“金牌服务，满意100”活动。“金牌服务”理念是借助北京奥运会契机，将“更高、更快、更强”的奥运精神融入到企业自身的服务理念中，在践行“最先进的技术、最丰富的业务、最周到的服务”的奥运服务承诺的同时，以勇争第一的精神努力提升企业自身的服务品质，夺取客户“满意100”的服务“金牌”。从这一核心理念出发，河南移动推出了以“责任、诚信、便捷”为基础的“五心”服务举措，即奥运服务全程创优，为盛事添欢心；联合治理垃圾信息，让消费更舒心；量身优选资费套餐，让选择更省心；强化增值业务监督，让使用更放心；广开便捷电子渠道，让服务更随心。在企业内部，河南移动结合自身实际需要，开展了以“创奥运金牌服务”为主题的奥运服务大使、奥运之星评选等一系列服务文化传播活动，全面发起“流程穿越”，企业各级领导和管理人员定期到一线进行服务体验，增强员工为客户提供金牌优质服务的意识，全方位体验奥运“金牌服务”精神。

▲ 满意100服务明星进社区

从“满意100”到“诚信服务 满意100”，再到“金牌服务，满意100”，河南移动通过系列服务活动的延续创新和深层的服务锻造，提高全体服务人员的主动服务意识，促进服务人员综合素质的提高。

“免填单”服务

2005年，郑州网通中原路营业厅在全省率先推出了“免填单”服务。“免

填单”服务是指客户在办理业务时，凭有效证件、单位印鉴等凭证，可以不再填写“登记单”，而是直接由营业人员代办并受理业务的全新服务模式。“免填单”受理模式的实行，方便了客户，减少了原来填单、审核等工作环节，有利于营业人员将更多的精力放在介绍和办理业务上。降低了服务成本，据统计，此项服务实行后，每月仅工单一项就可节约 8 万份，节约成本近 2 万元。回执单由计算机统一生成，使对工单的稽核、装订、存档、查询等工作更便捷、标准、规范。

“四个走进”服务活动

为了强化品牌优势，树立中国电信宽带技术、服务、应用综合优势的品牌形象，中国电信集团公司河南省电信分公司在 2006 年围绕打造“中国电信，我的宽带专家”服务品牌，开展了“四个走进”服务活动：即走进社区、走进企业、走进学校、走进网吧，开展新业务演示、新业务巡展、DV 大赛、网络征文。为营造活动效果，设立了 10000 号宽带专家坐席，提供 24 小时宽带专家咨询服务，解决客户在使用宽带业务时遇到的问题。各地市成立专门的宽带专家服务队伍，提供上门服务（早 8 点～晚 9 点）。

▲ 中国电信业务体验区

十项服务新举措

2007 年，中国网通（集团）有限公司河南省分公司向社会推出 10 项服务新举措：一是在全省县以上城市范围内全面推行预约服务；二是向全省提供市话详单查询服务；三是向全省分批提供同城移机不改号业务；四是在全省新建 500 个农村信息服务站；五是使全省党员干部现代远程教育接收站点覆盖 90% 以上的行政村；六是在省辖市的市区营业厅逐步实现客户办理业务“免填单”；七是10060客服热线24小时为客户提供咨询服务，并设置宽带专家座席，受理客户咨询；八是在全省开通网上营业厅，方便客户查询和办理业务；九是各项业务资费标准做到明确清晰，使客户明明白白消费；十是实行“小灵通”信息业务二次确认，使客户放心消费。

TELECOMMUNICATION

第六章

行业管理

概述

改革开放30年来，伴随着我国通信业的改革发展，行业管理从无到有，不断加强。河南省通信行业管理也发生了深刻变化，对促进行业健康发展发挥了重要作用。

改革开放初期，我国实行的是计划经济，在通信管理上采取垂直领导、政企合一的体制。邮电部既是通信管理的政府部门，又是通信运营企业。为加快通信发展，国家制定了国家、地方、集体、个人“四个一起上”和“统筹规划，条块结合，分层负责，联合建设”的通信建设十六字方针。一些部门和企业开始扩建、新建专用通信网和用户交换机，成为公用通信网中的一个组成部分。这一方面缓解了专用通信的供需矛盾，另一方面也造成了一定的重复建设和对通信市场秩序的影响。在这种形势下，通信行业管理应运而生。

1988年，国务院批准的邮电部“三定方案”明确“邮电部是国务院主管全国通信工作的职能部门”，“并对各部门的专用通信网履行行业管理的职能”。1990年，国务院批转邮电部《关于加强通信行业管理和认真整顿通信秩序的请示》的通知，进一步明确“邮电部是国家管理全国通信工作的主管部门，负有通信行业管理的职责”。1998年，国务院批准信息产业部“三定方案”，按照“政企分开、转变职能、破除垄断、保护竞争和权责一致”的原则对其职能进行调整，明确了“统筹规划国家的通信主干网、广播电视网、军工部门和其他部门专用通信网，并进行行业管理，合理配置资源，避免重复建设，保证信息安全”的职责。2000年9月25日，《中华人民共和国电信条例》颁布实施，明确“国务院信息产业主管部门对全国电信业实施监督管理”，“省、自治区、直辖市电信管理机构在国务院信息产业主管部门的领导下，对本行政区域内的电信业实施监督管理”。

1990年1月，经省政府批准，成立河南省通信行业管理委员会，负责全省通信行业管理工作。1991年12月，根据邮电部《关于设置通信行业管理机构的通知》精神，河南省邮电管理局设立通信行业管理处，各地市邮电局设立通信行业管理科。1995年10月，《河南省通信管理条例》颁布实施，明确赋予省、市（地）、县（市）邮电部门通信行业管理职责。

2000年7月，按照国家统一部署，河南省通信业实现政企分开。河南省邮电管理局作为政府主管部门继续履行行业管理职责。2001年3月，在政企分开后的河南省邮电管理局的基础上组建河南省通信管理局，河南省通信行业管理进入了新的时期。

第一节　政企合一时期的电信市场和行业管理

1990 年 1 月，省政府批准成立河南省通信行业管理委员会，办公室设在河南省邮电管理局，河南省邮电管理局作为全省通信主管部门的法律地位确立，通信行业管理工作启动。1993 年 8 月，国务院批准放开无线寻呼、电话信息服务、计算机信息服务等 9 种增值电信业务，河南省的电信市场开始逐步形成。河南省邮电管理局大力加强行业管理工作，使全省电信市场开始走上依法经营的轨道。

行业管理机构

1989 年 4 月和 1994 年 2 月，邮电部先后设立了通信司和电信政务司，作为行业的归口管理部门，在内部司局设置与职责分工上体现政企分开。1990 年 5 月，邮电部对各省、自治区、直辖市邮电管理局发出《关于设置通信行业管理机构的通知》，各地邮电管理局相继设立了通信行业管理机构。

1990 年 1 月 20 日，省政府印发《关于成立河南省通信行业管理委员会的通知》（豫政文〔1990〕11 号），成立河南省通信行业管理委员会，副省长刘源兼任主任，省邮电管理局局长杨贤足任兼任副主任。委员会下设办公室，设在省邮电管理局，省邮电管理局副局长孔德义兼任主任。

1991 年 12 月 9 日，河南省邮电管理局设立通信行业管理处。

1996 年 11 月 5 日，河南省邮电管理局印发《关于成立通信执法队的通知》，明确规定各地、市邮电局成立执法队，郑州市电信局编制 7 ～ 9 人，郑州市邮政局编制5～7人，其他地市局编制3～5人。

1998年邮电分营后，河南省邮电管理局保留行业管理机构：市场管理处和综合规划处；河南省邮政局保留行业管理机构：行业管理和法律事务处。

业务市场放开及管理

1993年9月，邮电部发布了《从事放开经营电信业务审批管理暂行办法》，明确规定了从事放开经营电信业务实行经营许可证制度的有4种：无线电寻呼、800 MHz集群电话、450 MHz无线电移动通信、国内VSAT（甚小天线地面站）通信；实行申报制度的有5种：电话信息服务、计算机信息服务、电子信箱、电子数据交换、可视图文，并对申办经营这些电信业务的基本条件和申办程序做了明确规定。1993年11月，河南省通信行业管理委员会办公室印发了《从事放开经营电信业务的具体要求及申办的基本程序》和《关于对从事放开经营电信业务申办或补办有关手续的通知》，加强对放开业务的管理。

全省各级通信行管部门认真贯彻执行上述政策规定，始终坚持两条原则：一是国家规定已向社会放开经营的电信业务，坚决放开，培育市场，开展公平竞争，促使其走上依法经营的轨道。二是国家尚未批准向社会放开经营的电信业务，坚持由邮电通信企业统一经营管理，以维护国家整体利益和用户合法权益。河南电信业务市场放开的当年，全省各类专用通信网达58个，其中全国系统网有38个，交换机容量达7万门；河南省地区性通信网有20个，交换机容量达10万门；全省社会办电信业务的有129家，其中开办450 MHz移动通信的12家48个信道，开办800 MHz集群通信的4家50个信道；无线寻呼设备总容量100万户，放号约6万户；办理申办、补办手续的70家，颁发许可证的36家。

1994年—1996年，河南省邮电管理局加强电信业务经营许可证的管理和年检工作。到1996年底，颁发许可证92家，对年检不合格的7家发出限期改正通知书；注销许可证16家；全省社会无线寻呼台达97家，使用中继线1 094对，发展无线寻呼用户45万户；全省经营电话信息业务10家；用户交换机共有67万门，其中以DID联网的有44家共16.8万门，联合建设的2.95万门，实现虚拟网的有3 922线。

终端设备入网管理

从1989年开始，邮电部对电信终端设备实行统一的进网许可证制度，严把进网设备质量关。1991年4月，邮电部《加强通信终端设备进网管理的通告》明确指出对通信终端设备实行全国统一的进网审批，进网终端设备必须具有邮电部颁发的进网许可证或进网使用批文，设备上必须粘贴进网标志。凡未经审查批准的设备，一律不得进网使用。1995年，邮电部发布了《电信终端设备进网审批管理规定》，明确规定了进网审批的程序和进网许可证的管理要求，对进网设备厂家实行年检制度。

河南省邮电管理局结合实际，制定了具体办法对上述制度规定全面贯彻落实。1993年4月，印发《关于坚决贯彻邮电部对进网通信终端设备审批管理的通知》。7月，印发《关于对数据终端设备开展进网审批工作的通知》。1994年4月，河南省邮电管理局、河南省工商行政管理局、河南省质量技术监督局、河南省通信行业管理委员会联合印发《关于规范通信市场、查处无证低劣通信终端设备的通告》，形成了一系列电信设备管理的制度规定。

截止到1996年底，全省办理电话机进网核准使用证32家，移动电话核准手续35家4 897部，无线寻呼机核准使用手续19家17 432部，办理传真机进网手续113人次129台。

为进一步加强设备市场的管理，1997年9月28日，河南省通信行业管理委员会、河南省邮电管理局联合印发《关于加强移动通信终端设备销售及维修市场管理的通告》、《关于加强调制解调器数据终端设备管理的通告》。11月3日，河南省邮电管理局印发《关于换发办理移动通信终端设备准销证和维修证有关事宜的通知》。1998年6月30日，河南省邮电管理局印发《关于换发办理移动通信终端设备准销证和维修证情况的通报》，当年全省换发办理移动通信终端设备准销证420个，移动通信终端设备维修证89个。

全省各地通信行业管理部门在当地政府的领导下，联合公安、工商、技术监督等部门，对通信终端设备市场适时进行监督检查。1996年，在对219家销售单位检查中，查出无入网证和伪劣设备3 889部；配合公安部门打击移动电话并机案件53起，收缴伪机150余部，为国家挽回经济损失20万元。查处某设备生产企业5 000部问题寻呼机，挽回经济损失

720 万元，受到邮电企业和用户的好评，树立了行业管理工作的权威。

专用通信网管理

随着通信事业的发展，各专用通信网单位为了解决内部生产调度和装电话难问题，积极发展专网通信。据统计，1990 年河南省建立的地区性专用网有 36 个，共设有通信网点 702 个。1991 年，河南省共有各类专用电信网 104 个，除按系统专用网另行统计上报外，按地区性专用网统计的共有 42 个。较大的专网单位有平顶山、鹤壁、濮阳、南阳等地的煤炭和石油生产企业。由于这些专用网与公用网连接不够合理，致使专网对外通信不畅，影响和制约了企业的发展。

1993 年 5 月，河南省邮电管理局印发了《关于河南省专用通信网与公用通信网联网申报审批程序的通知》。各地邮电企业积极采取措施，促使专用网与公用网的互联互通。通过联网，专用网单位的通信畅通了，邮电通信企业的经济效益也提高了，同时增强了全网通信能力，提高了整体社会效益。到 1995 年底，河南省地区性专用通信网单位增加到 46 家，交换机总容量 24 万门，其中程控交换机容量 15.70 万户，占 65.40%，实装容量 20 万门，实装率为 83.30%。

1996 年 5 月 29 日，为加强对专网的管理，河南省通信行业管理委员会、河南省邮电管理局专门召开了全省专用通信网工作会议。1997 年 3 月，河南省邮电管理局、河南省通信行业管理委员会办公室联合印发《关于对专用通信网（局）及用户交换机实行指标考核有关问题的通知》、《关于专用通信网新建、扩容、改造中有关问题的通知》，全面加强对专网的管理。

河南省通信业政企分开后，专网单位通过与固网公司合作，经过技术改造逐步并入公网。

用户交换机管理

2000 年，河南省邮电管理局对全省用户交换机改造提出了明确要求。各级邮电企业针对一些企事业单位、宾馆酒店的自备电话交换机进行了大规模的改造。建设模式有新建接入网、模块局、软交换 AG 等，通过 2 Mbit/s 中继或 IP 专线接入到固网公司 PSTN 上或改为 PSTN 模块局方式接入。以郑州为例，共改造联建局、企业、酒店用户小交换机 131 套，共 5 万线，较大的项目有省公安厅、省检察院、郑州市检察院、郑州市中级法院、省电力局、郑州机场等。全省改造用户交换机 15 万线。

施工企业资质管理

1995 年 4 月，邮电部出台《通信建设市场管理办法》，明确了通信行业管理工作在建设市场管理方面的职责，对资质管理、工程承发包管理、合同管理等提出了要求。按照《通信工程施工企业资质管理办法》（邮部〔1996〕664 号），河南省邮电管理局加强全省通信工程施工企业资质管理。截止到 1999 年底，全省共有邮电通信工程施工一级资质企业 1 家，二级资质企业 1 家，三级资质企业 3 家，四级资质企业 8 家。

设立通信工程质量监督站

为加强对通信行业工程建设的质量监督，提高工程质量，确保达到通信全程全网质量标准要求，按照邮电部机构编制委员会《关于你省通信工程质量监督站机构编制问题的批复》（邮部编〔1991〕61 号），河南省通信工程质量监督站于 1992 年 11 月 10 日成立，办事机构设在河南省邮电管理局，业务上接受邮电部和河南省建设厅指导，负责对河南省境内通信行业的专业建设工程质量监督与管理。

第二节　电信管理机构及队伍建设

河南省通信管理局作为政企分开后的电信管理机构，克服监管力量薄弱、监管手段和经验不足等困难，不断加强自身建设，创新监管理念，创造性地开展工作，着力营造公平公正、有效有序的市场环境，为促进河南省电信业的繁荣与发展作出了重要贡献。

政企分开，成立通信管理局

2000 年 7 月 20 日，根据信息产业部《关于邮电管理局实施政企分开问题的通知》（信部政〔2000〕243 号）、《关于河南省邮电管理局实施政企分开具体方案的批复》（信部政〔2000〕337 号）精神，河南省邮电管理局实现政企分开，不再承担经营固定电信网络与业务的企业职能，保留河南省邮电管理局名称，继续行使河南省通信行业监管职能。

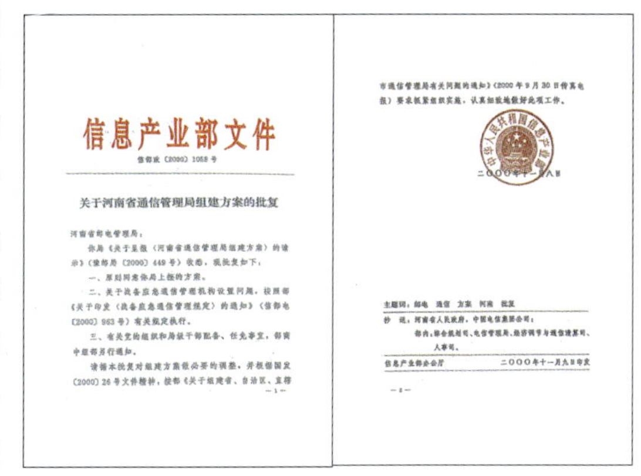

信息产业部文件

信部政〔2000〕1058 号

关于河南省通信管理局组建方案的批复

河南省邮电管理局：

你局《关于呈报〈河南省通信管理局组建方案〉的请示》（豫邮局〔2000〕449 号）收悉，现批复如下：

一、原则同意你局上报的方案。

二、关于战备应急通信管理机构设置问题，按照部《关于印发〈战备应急通信管理规定〉的通知》（信部电〔2000〕963 号）有关规定执行。

三、有关党的组织和局级干部配备、任免事宜，部党组另行通知。

请根据本批复对组建方案做必要的调整，并根据国发〔2000〕26 号文件精神，按部《关于组建省、自治区、直辖市通信管理局有关问题的通知》（2000 年 9 月 30 日传真电报）要求抓紧组织实施，认真细致地做好此项工作。

—1—

二〇〇〇年十一月八日

主题词：邮电　通信　方案　河南　批复

抄　送：河南省人民政府，中国电信集团公司；

部内：综合规划司、电信管理局、经济调节与通信清算司、人事司。

信息产业部办公厅　　二〇〇〇年十一月九日印发

—2—

▲ 信息产业部文件

根据《国务院批转信息产业部关于地方电信管理机构组建方案的通知》（国发〔2000〕26 号）、信息产业部《关于河南省通信管理局组建方案的批复》（信部政〔2000〕1058 号）精神，2001 年 3 月 6 日，河南省通信管理局在政企分开后的河南省邮电管理局基础上组建成立，河南省邮电管理局同时撤销。河南省通信管理局为正局（厅）级建制，实行由信息产业部与河南省政府双重领导，以信息产业部为主的管理体制。

机构设置

河南省通信管理局成立时内设 3 个处（室）：办公室（政策法规处）、市场监管处、网络管理处（加挂通信行业信息中心的牌子）。后根据工作需要增设监察处、网络信息安全处、人事处，单设政策法规处。下设河南通信行业职业技能鉴定中心、河南省通信工程质量监督中心；管理国家计算机网络应急技术处理协调中心河南分中心、河南省专用通信局。业务上指导河南省通信行业协会、河南省互联网协会、河南省通信学会等社团组织。

国家计算机网络与信息安全管理中心河南分中心于 2004 年 11 月组建

成立，是国家计算机网络应急技术处理协调中心在河南的分支机构。其主要职能：为河南省计算机网络应急技术处理协调提供保障；监督计算机网络与信息安全法律法规的实施；为河南省互联网安全提供技术支撑；河南省计算机网络安全应急处理协调等工作。

河南省专用通信局前身为河南省党政专用局，对外称河南省专用电信局，于1997年5月经河南省邮电管理局批准成立，是全国党政专网的一个端局。2004年11月10日，根据河南省机构编制委员会《关于成立河南省专用通信局的批复》成立。其主要职能：负责河南省专用通信网的规划建设、运行维护和专用通信网的运营服务、业务管理，负责河南省专用通信网运营资金和建设资金的管理等。

▲ 河南省委常委、省委秘书长李柏拴（左）为河南省专用通信局揭牌

河南通信行业职业技能鉴定中心前身为河南邮电职业技能鉴定中心，2002年根据信息产业部机构编制委员会《关于通信行业职业技能鉴定中心人员编制及职责的通知》更名为河南通信行业职业技能鉴定中心。其主要职责：贯彻执行国家和信息产业部的有关方针、政策和规定，编制河南省通信行业职业技能鉴定的规划和年度工作计划并组织实施，在授权范围内负责特许工种部分试题的命题工作，组织实施河南省职业技能考核、鉴定管理和核发国家职业资格证书。

河南省通信工程质量监督中心前身为河南省通信工程质量监督站，按信息产业部《关于组建省、自治区、直辖市通信管理局有关问题的通知》要求，2001年划归河南省通信管理局管理，更名为河南省通信工程质量监督中心。其主要职责：贯彻执行国家有关通信建设工程质量监督的政策法规和规章制度，对全省通信建设工程进行质量监督；负责本省通信建设工程质量监督工作及国家重点、省际通信建设工程的具体监督；对参与通信建设各方主体的质量行为以及通信建设工程执行强制性标准的情况进行监督；受理单位和个人有关通信工程质量的检举、控告和投诉；参与通信建设工程重大质量事故的调查和处理等。

河南省通信行业协会前身是河南省邮电企业管理协会，是由河南省范围内从事通信运营、设备制造、科研、建设和专用通信网的单位和个人自愿组成的行业性、非营利性的法人社团组织。2003年8月20日，经河南省民政厅批准更名为河南省通信行业协会。

河南省互联网协会由河南省通信管理局联合多家政府部门、企事业单位、科研院校、新闻媒体共同发起，于2002年3月21日成立。

河南省通信学会成立于1980年，先后挂靠河南省邮电管理局和河南省电信公司。2002年8月起，接受河南省通信管理局业务指导。

依法行政

河南省通信管理局作为全省电信业的行业管理和执法部门，本着破除垄断、鼓励竞争、促进发展和公开、公正、公平的原则，认真学习贯彻《电信条例》等法律法规，严格依法行政，切实发挥法律的保障和服务功能。

贯彻电信法律法规，完善制度建设。2001年初，成功承办了《电信条例》全国大赛复赛，掀起了全行业学习《电信条例》等法律法规的热潮，增强学法、用法意识。制定完善了一批规范性文件，形成了电信管理的制度体系，为开展电信监管工作提供了制度保障。

▲2001年1月10日，全国《电信条例》知识大赛复赛在郑州开赛

理顺执法程序，规范执法行为。明确办案操作流程、执法处室职责和办案人员工作纪律，强化监督考核。执法人员严格按照法定程序行使权力。2001年—2008年，依照《通信行政处罚程序规定》，共依法查处47起行政处罚案件，累计罚款160万元。建立健全行政执法案卷评查制度、行政执法主体资格制度，认真推行行政执法责任制。2003年8月设立行政服务窗口，制定《河南省通信管理局行政许可管理规定》，实行“一个窗口对外”，做到“受理者不审批，审批者不受理”，行政许可事项按时办结率达100%。

完善监督机制，接受外部监督。局成立以来，对行政诉讼案件积极应诉，按要求将规范性文件报省政府法制办备案审核，认真接受有关河南省通信管理局电信监管工作的行政复议监督，完善信访举报受理流程；对新闻媒体反映的涉及电信行业的问题认真调查处理。

建立健全法制机构，加强执法队伍建设。2004年，设立了政策法规处，在出台重大决策、制定规范性文件、作出行政决定前，充分发挥其参谋助手和法律顾问作用。同时，加强执法队伍建设，组织参加行政执法培训，全局干部均获得信息产业部、河南省政府颁发的行政执法证，做到持“双证上岗”。

推行行政执法责任制，开展执法责任目标考评。河南省通信管理局的行政执法主体依据有35项、行政行为执法依据有252项。按照执法依据，科学合理分解执法职权，使各项法定职责落实到位。接受全省年度行政执法责任目标考评，同时开展机关内部考评。2008年，河南省通信管理局被评为全省依法行政示范单位。

监管队伍建设

河南省通信管理局根据政府职能转变和全省通信市场发展的要求，从干部队伍建设、领导班子建设和党风廉政建设方面入手，重点抓好公务员队伍的能力建设，不断提高引导行业发展、提高电信监管能力，为促进全省通信行业的健康发展提供了重要保障。

在干部队伍建设方面，一是牢固树立“责任意识、服务意识、创新意识”，大兴学习之风、实干之风、高效之风、清廉之风；二是不断深化干部人事制度改革，创新干部选拔任用机制，努力推进干部工作的科学化、民主化、制度化，逐步完善选贤任能的科学机制，为优秀人才脱颖而出、健康成长、施展才干创造了良好环境；三是从培养和锻炼两方面入手，在加大教育培训力度的同时，在实践中大胆使用锻炼年轻干部，不断提高干部队伍的政治素质和业务水平；四是按照公务员年度考核的要求，认真组织开展干部年度述职和民主测评工作，不断加强对干部队伍的考核管理。

▲ 河南省通信管理局机关干部拜谒焦裕禄陵园

在领导班子建设方面，一是通过扎实开展保持共产党员先进性教育、深入学习实践科学发展观等一系列学习教育活动，有效提高了领导班子贯彻落实党的路线、方针、政策的自觉性、坚定性，提高了领导班子的政治素质；二是从转变思想作风、学风、文风、工作作风、领导作风、生活作风入手，不断加强党员领导干部的作风建设；三是从健全民主制度、监督制度、工作制度等方面入手，加强制度建设，不断提高领导班子的集体决策能力和领导水平。

在党风廉政建设方面，一是按照教育、制度、监督并重的原则，大力加强惩防体系建设，根据通信行业监管工作的特点，对党风廉政建设责任制工作任务细化分解，促进了党风廉政建设责任制的落实；二是严格贯彻落实党员领导干部廉洁自律的各项规定，不断健全完善领导干部专题民主生活会、廉政谈话、诫勉谈话、述职述廉、廉政公开承诺等制度，党内民主监督力度不断加大。河南省通信管理局成立以来，从2003年开始连续6年被评为全省党风廉政建设先进单位。

第三节　市场管理

自电信业打破垄断、引入竞争以来，河南电信市场经历了从不规范竞争向有效竞争转变的过程。河南省通信管理局坚持标本兼治，积极研究和探索解决行业发展中的深层次矛盾和问题，综合运用法律、经济、技术和行政手段，坚持依法行政，规范市场行为，同时加大沟通协调力度，营造了公平公正、有效有序的市场环境。

市场准入

随着电信体制改革的不断深化，河南省通信管理局按照信息产业部《电信业务经营许可证管理办法》、《关于重新调整〈电信业务分类目录〉的通告》等一系列规章，切实加强对全省电信业务市场的准入管理，使各类电信业务经营主体依法经营。

2008年，按照国家统一部署，河南省电信行业进行了新一轮重组，形

▲ 规范电信市场秩序

成了中国移动通信集团河南有限公司、中国联合网络通信有限公司河南省分公司、中国电信集团河南省电信分公司、中国铁通集团有限公司河南分公司公平竞争的格局。河南省通信管理局对4家基础电信业务运营公司的经营许可证进行了备案管理。

在增值业务市场准入方面，2001年底，全省共颁发电信业务经营许可证86个。当时的业务种类较单一，数量较少。2005年—2006年，河南省增值电信业务经营单位平均每年新增50余家，业务种类不断丰富，取得了长足发展。2008年，河南省通信管理局、河南省工商行政管理局、河南省国家税务局、河南省地方税务局联合印发《关于加快增值电信业务发展的指导意见》，坚持以市场为导向，通过政策扶持、政府引导、加快创新、规范经营等措施加快全省增值电信业务发展。截止到2008年底，河南省共批准237家省内增值电信业务经营许可单位，核准760家跨地区增值电信业务经营单位经营许可备案，经营内容涉及呼叫中心、互联网接入、互联网信息服务、移动信息服务、固定网电话信息服务、互联网数据中心、语音信箱等业务。2008年，河南省增值电信业务实现收入约143亿元（含基础电信企业的增值电信业务收入），呈现出良好的发展态势。

市场管理

针对电信市场存在的重点问题，河南省通信管理局坚持依法行政，经常深入市、县明查暗访，调查取证，多次召开规范市场秩序专题会议，加大监督检查和处理力度，对存在违规行为的有关公司责令改正，及时纠正了电信市场存在的问题，确保了河南省电信市场的规范有序。

▲ 建立沟通协调机制

为营造理性、和谐的电

信市场竞争环境，2005 年 8 月，河南省通信管理局建立省级电信运营公司总经理联席会议制度和市级电信运营公司总经理联席会议制度。省级电信运营公司总经理联席会议每季度召开一次，由河南省通信管理局召集，省各电信运营公司总经理参加。市级电信运营公司总经理联席会议每两个月召开一次，由网通公司、移动公司、联通公司、铁通公司、电信公司轮流召集，各市级电信运营公司总经理参加。会议的主要内容是学习贯彻电信业有关政策法规和部省有关文件精神，交流市场经营、通信建设、互联互通、电信服务、行业自律等工作情况，分析存在的问题，协商研究解决办法。

2008 年 1 月，河南省通信管理局建立电信运营公司市场例会制度。市级电信运营公司市场例会每两个月召开一次，主要内容是研究解决当地电信市场、服务的有关问题。同年，为增强运营商间沟通协调机制的实效性，省通信管理局对市级电信运营公司总经理联席会议制度进行调整，开会时间由每两个月一次改为每季度一次，每季度末月召开，要求联席会议紧紧围绕解决电信市场、服务等重要问题，同时要围绕地方经济、社会发展和信息化建设大局，谋划电信行业的发展，共建和谐电信行业。

互联互通管理

为加强互联互通管理，确保网间通信畅通，2001 年，河南省通信管理局制定了《河南省电信网间互联工作管理暂行办法》、《河南省电信网网间故障处理暂行办法》，明确了管理职责和企业的责任义务，制定了例会制度、备案制度、联系通报和报告制度，细化工作流程、处理原则等规定，为互联互通管理打下制度基础。2002 年 1 月，在河南省通信管理局的组织协调下，铁通河南分公司在全省 17 个市与电信公司实现了网间互联。2003 年 4 月，河南省通信管理局召开全省电信网间互联管理工作会议，省政府副省长史济春、中纪委驻信息产业部纪检组长李雪莹等领导出席会议并讲话。5 月，河南省通信管理局与省各基

▲ 加强电信网间互联互通管理

础电信运营公司签订了《电信网间互联互通工作目标管理责任书》。

针对人为原因干扰阻碍网间互联互通问题以及破坏通信设施等问题，国务院办公厅转发了信息产业部、发展改革委、财政部、监察部、中组部、国资委六部委《关于进一步加强电信市场监管工作的意见》（国办发〔2003〕75号）。为贯彻落实《意见》精神，信息产业部印发了《关于加强依法治理电信市场的若干规定》（信部政〔2003〕453号）、《关于电信监管部门配合开展电信运营企业干部考核与管理工作的意见》（信部政〔2004〕445号）。河南省通信管理局切实贯彻落实这些文件精神，加大协调处理力度，严肃处理了数起阻碍互联互通的事件，解决了多起代理商反映互联互通不畅的问题，保证了全省公用电信网间互联互通。

2004年，为了解决电信网间"联而不畅"的问题，信息产业部在全国建设了网间结算与互联互通监测系统，河南省的监测系统投资650余万元。该系统通过对网间关口局No.7信令的监控，从技术上有效防范了人为原因造成的网间通信不畅，查证网间通信质量问题。2005年，河南省通信管理局组织开展电信网间互联互通专项整治活动，对全省各电信运营公司进行检查督促。2006年，河南省通信管理局联合省公安厅、卫生厅发出了《关于印发河南省紧急特种业务例行拨测方案的通知》，要求省各基础电信运营公司对"110"等紧急特服电话每日进行例行拨测，确保通信畅通。2007年，建立"全省公用电信网间通信质量情况通报制度"，每月发布网间通信质量情况。2008年，河南省通信管理局积极贯彻《互联网骨干网网间通信质量监督管理暂行办法》精神，及时协调解决互联互通问题，确保通信网络畅通。

截止到2008年底，全省网间中继2 Mbit/s电路总数达到13 247条，是2002年底全省网间2 Mbit/s电路中继3 689条的3.6倍。网间各类业务网络接通率均在95%以上，全省网间通信质量良好。涉及网间通信质量的用户申诉逐步下降，从2002年的每年近百件降至2008年的5件。

网吧管理

为保障青少年的身心健康，加强互联网上网服务营业场所管理，河南省通信管理局会同相关部门，齐抓共管，切实规范了全省"网吧"的经营行为。

2001年，河南省通信管理局审批发证的网吧有3 883家。2001年5月至8月，根据《国务院办公厅关于进一步加强互联网上网服务营业场所管理的通知》精神，按照信息产业部、公安部、文化部、工商行政管理总局《互

联网上网服务营业场所管理办法》要求，河南省通信管理局、省公安厅、省文化厅、省工商行政管理局对全省互联网上网服务营业场所进行了一次全面彻底的清理整顿，共取缔“网吧”1015家，要求限期整改829家。经过此次清理整顿，有效遏制了“网吧”过多过滥的现象，严厉打击了无证无照经营的“黑网吧”，提高了经营者的法制观念和经营理念，互联网上网服务营业场所环境大为改观。

▲ 河南省第一家网吧——都市网景

2002年9月，国务院发布《互联网上网服务营业场所管理条例》（国务院令第363号），明确了“网吧”管理由文化部门牵头，相关部门配合。按照规定，从11月15日起，河南省“网吧”管理工作移交文化部门负责。

资费管理

按照国家电信资费改革的要求，河南省逐步建立起宏观调控下主要由市场形成价格的机制，对促进全省电信业平稳较快发展起到了积极作用。

加强审批备案管理。2002年，按照《国家计委、信息产业部关于印发〈电信资费审批备案程序规定（试行）〉的通知》、《国家计委、信息产业部关于印发省（区、市）通信管理局会同同级价格主管部门管理的电信业务收费项目的通知》等要求，河南省通信管理局会同省发展改革委对固定电话本地网营业区间通话费等电信资费进行审批备案。2004年，按照信息产业部《关于进一步加强电信资费监管工作有关事项的通知》和《关于通信网内网外差别定价问题的通知》，明确省各基础电信运营公司可自行拟定电信资费方案，经其集团公司同意并向河南省通信管理局履行审批备案手续后执行，对涉及通信网内网间差别定价的电信业务资费不再审批

▲ 签订价格自律协议

备案。2005年10月，根据信息产业部、国家发展改革委《关于调整部分电信业务资费管理方式的通知》要求，对国内长途通话费、国际长途电话及中国港澳台地区电话通话费、移动电话国内漫游通话费和固定电话本地网营业区间通话费实行上限管理。自2007年上半年起，按照信息产业部工作要求，省通信管理局全面部署移动电话“双改单”工作。截止到2008年初，全省移动电话“双改单”工作基本完成，用户可自主选择使用单向收费的移动电话资费套餐。

加强资费监管。为维护电信市场秩序，2001年—2008年，河南省通信管理局共对20多起资费违规行为实施行政处罚，罚款73.5万。2003年，河南省通信管理局制定《河南省电信资费违规行为通报制度》和《河南省电信企业资费违规相互监督举报制度（试行）》；2004年，印发《关于加强电信资费监管工作的实施意见》；2005年3月，印发《关于建立全省电信资费协调月例会制度的通知》；2006年，开展治理和规范移动通信信息服务资费和收费行为专项活动，加强对移动信息服务业务资费管理；2007年，对全省电信资费套餐进行检查，清理不合理的电信资费项目；2008年2月，根据信息产业部《关于规范电信资费方案管理的指导意见》，要求省各基础电信运营公司简化电信资费结构，减少电信资费种类。

资费水平逐年下降。2001年7月，河南省通信管理局联合省财政厅下发《关于取消市话初装费和邮电附加费等政府性基金项目的通知》，自2001年7月1日零时起取消了市话初装费、移动电话入网费等专项用于邮电通信事业建设的政府性基金。自2006年10月起，河南省通信管理局联合省发展改革委三次降低固定电话本地网营业区间通话费上限标准，将区间通话费上限标准从0.48元/分钟降低至0.20元/分钟。2008年2月，根据信息产业部、国家发改委《关于降低移动电话国内漫游通话费上限标准的通知》精神，自2008年5月1日零时起，河南省移动电话的漫游费上限标准调整为每分钟0.60元，被叫上限标准为每分钟0.40元，简化了漫游费结构，降低了漫游费通话费标准。据统计，2000年—2008年底，全省电信资费综合价格水平共下降了68.2%，给广大电信用户带来了实惠。

服务质量监管

河南省通信管理局始终把电信服务质量监督作为重点工作，坚持“政府监管、企业自律、用户监督”的原则，努力改善电信服务，为广大用户营造和谐的消费环境。

▲ 河南省通信管理局宋灵恩局长做客大河网，回答群众的咨询

建立服务监管框架。2000年1月，信息产业部发布《电信服务标准（试行）》，随后，颁布《电信服务质量监督管理暂行办法》、《电信用户申诉处理暂行办法》、《电信服务质量通告制度》、《电信服务质量报告制度》和《电信服务质量用户满意度指数评价制度》等一系列法规文件。2005年4月20日起，《电信服务规范》发布施行。河南省通信管理局认真贯彻落实信息产业部工作要求，建立起以“一个标准，两个办法，三个制度”为核心的电信服务质量监管框架，走向系统化、规范化、法制化的管理轨道。

治理热点难点问题。随着电信新技术新业务的发展，信息服务业务市场出现了一些损害消费者利益的突出问题。2005年6月，河南省通信管理局印发《关于治理当前电信服务热点问题的实施意见》，组织开展了专项治理活动。2006年，对“不对等协议”、“短信陷阱”和“电信卡余额作废”等热点问题进行了治理整顿。2008年8月，河南省通信管理局发布关于深入开展垃圾短信息专项整治的通告，公布垃圾短信息举报受理电话，欢迎广大电信消费者投诉、举报滥发垃圾短信息的行为，积极开展垃圾短信息治理工作。2004年—2008年，河南省通信管理局通过组织电信服务“评优帮差”、“畅通网络诚信服务”、“诚信服务 放心消费”等一系列电信服务主题活动，将服务质量监督和电信行业行风建设工作紧密结合，推动网络通信质量、电信服务质量提高。

加强社会监督。2001年11月5日，成立河南省电信用户委员会，监督电信服务质量，促进服务质量提升。同年，成立电信用户申诉受理中心，开展申诉受理工作，切实维护电信用户的合法权益。2002年3月15日，申诉受理电话12300开通。截止到2008年底，共受理用户申诉近2 000件，全部及时妥善处理。

第四节　通信设备管理

根据《中华人民共和国电信条例》有关规定，确立了由信息产业部统筹规划、统一管理、各地通信管理局共同监督的部省两级电信设备监管体系。通过加强设备市场管理，依法维护了电信运营企业的利益和消费者的合法权益。

终端设备管理

河南省通信管理局通过对电信终端设备市场的一系列专项整治活动，严厉打击了违法违规行为，有效规范了全省电信终端设备管理。

2001 年 12 月，河南省质量技术监督局、河南省工商行政管理局、河南省通信管理局联合转发《移动电话机商品修理更换退货责任规定》、《固定电话机商品修理更换退货责任规定》，加强对移动、固定电话机等电信终端设备的管理，整顿和规范电信终端设备市场秩序。2002 年底，河南省通信管理局会同省工商行政管理局在全省范围内集中开展了为期一个月的移动电话市场专项整治。

2003 年 8 月，根据《民法通则》、《电信设备进网管理办法》和信息产业部《关于规范固定电话网上使用电话拨号器的意见》，结合实际，河南省通信管理局制定《河南省电话拨号器使用管理办法》。

2005 年 12 月，河南省通信管理局印发《河南省移动电话机市场秩序专项整治实施方案》，联合省工商行政管理局在全省范围内开展了为期 4 个月的专项整治活动。

计费检测

为保证电话交换机计费准确，维护消费者的合法权益，2003 年，信息产业部印发了《关于检测在用局用交换设备计费技术性能的通知》和《关于开展电话计费性能检测工作的通知》。

2004年9月，河南省通信管理局委托信息产业部北京电话交换设备质量监督检验中心，组织省内3家固定电话运营公司开展了全省固定电话计费性能检测工作。截止到2005年10月底，完成了全省固定网交换机计费检测工作，检测交换机486台，共计1 200余万线，涉及S1240、C&C08、EWSD、ZXJ10、HJD04、DMS100、SPA30和NEC8种机型，经检测全部合格。

2005年11月，根据信息产业部《关于开展移动电话计费性能检测工作的通知》要求，河南省通信管理局委托北京电话交换设备质量监督检验中心全面开展了省内移动电话交换机计费性能检测工作。截止到2006年3月，检测交换机86台，共计2 400余万线，涉及诺基亚、北电、爱立信、朗讯公司的4种机型，经检测全部合格。

防雷检测

对通信局（站）在用防雷系统进行安全检查，是防止雷害事故造成人员伤亡和机房火灾，保证通信网络安全可靠运行的重要措施。按照信息产业部关于通信防雷安全检查的工作要求，河南省通信管理局自2006年开始，组织省各基础电信运营公司连续3年开展了通信局（站）在用防雷系统安全检查工作。按照《通信局（站）在用防雷系统的技术要求和检测方法》，河南省共完成综合通信大楼检测36个，移动基站检测690个，数据中心检测1个，交换局检测22个，模块局检测10个，固定无线基站检测20个，接入网检测10个，确保了通信网络的安全运行。

第五节　通信建设市场管理

通信建设市场管理是维护通信建设市场秩序、规范通信建设市场行为、确保通信工程建设质量、提高工程投资效益的重要保证。

通信建设市场准入

2001 年底，按照信息产业部《通信建设工程概预算人员资格管理办法》、《通信用户管线建设企业资质管理办法（试行）》、《通信信息网络系统集成企业资质管理办法（试行）》、《通信建设监理企业资质管理办法》及《通信建设监理工程师资格管理办法》，河南省通信管理局全面启动了通信建设企业资质的受理审批工作。2005 年 1 月，按照《信息产业部负责实施的行政许可项目及其条件、程序、期限规定（第一批）》，河南省通信管理局规范了通信建设企业资质、人员资格的申报、受理和审批程序。

▲ 加强通信建设市场管理

截止到 2008 年底，河南省共有通信信息网络系统集成企业 41 家、通信用户管线建设企业 99 家、通信建设监理企业 4 家、通信建设项目招标代理机构 1 家，通信建设工程概预算人员 3 439 人，通信建设监理工程师 373 人。

规范通信建设市场秩序

根据全国通信建设市场管理工作会议精神，河南省通信管理局于 2001 年 8 月成立了省整顿和规范通信建设市场秩序领导小组。2001 年—2004 年，结合通信建设市场不同阶段的特点，制定工作方案，组织专项检查，连续 4 年开展了整顿和规范通信建设市场秩序工作。通过整规工作的开展，全省通信工程建设各方主体的法制意识明显提高，通信建设招标投标活动逐步规范，通信基本建设程序得到有效贯彻执行，通信建设市场秩序总体趋于良好。

通信工程质量监督

河南省通信工程质量监督中心先后对中国网通河南分公司7个本地网智能化改造工程、中国网通河南省内长途传输扩容工程、中国网通河南商务宽带用户综合管理系统工程、中国网通河南内容分发网络（CDN）扩容优化工程、河南移动公司GSM五期至十二期扩容工程等进行了质量监督审验。根据信息产业部定额质监中心的统一部署，对中国电信2005年北京—石家庄—郑州—武汉WDM传输系统工程河南段、2005年西安—洛阳—郑州—开封—徐州WDM传输系统工程河南段、2006年郑州—西安WDM传输系统工程和2006年北京—石家庄—郑州—武汉WDM传输系统工程等开展了质量监督。

通信线路专项整治

2004年，河南省通信管理局为解决基础电信运营公司因通信管道、杆路间距、驻地网用户引接等引发的建设纠纷，制定了《河南省通信线路建设管理办法》，会同省公安厅印发了《关于严厉打击破坏通信设施违法犯罪行为确保通信网络安全的通知》。2005年1月，组织召开"全省依法加强通信建设市场管理、确保通信网络安全电视电话会议"，认真宣传贯彻《最高人民法院关于审理破坏公用电信设施刑事案件具体应用法律若干问题的解释》。2005年4月，组织开展了为期7个月的全省通信线路建设专项整治活动，通过对1 535处违规通信线路的集中整治，规范了企业间线路建设的协调程序。

电信设施共建共享

为切实规范全省电信管线资源和新建楼宇、办公、住宅小区配套电信设施的建设行为，保障各电信业务经营者的平等接入和公平竞争，河南省通信管理局按照信息产业部《关于加强对电信管道和驻地网建设管理等有关问题的通知》要求，制定了《河南省电信管线资源和小区配套电信设

▲ 开展电信设施共建共享调研

施建设管理暂行办法》，出台了《河南省电信管线资源出租、出售业务费用参考目录（试行）》，编制了河南省《住宅小区及商住楼通信配套设施建设标准》，对电信管线资源联合建设、电信管线资源合理配置、小区配套电信设施建设等作出了明确规定。2008年10月，按照工业和信息化部、国务院国有资产监督管理委员会《关于推进电信基础设施共建共享的紧急通知》精神，河南省通信管理局成立了河南省电信基础设施共建共享工作协调小组和专家组，印发了《关于推进全省电信基础设施共建共享工作的实施意见》，组织基础电信运营公司签定了共建共享合作协议，推进了全省电信基础设施共建共享工作。

优质通信工程和优秀工程设计

2001年8月，河南省通信管理局成立了优质通信工程和优秀设计评审委员会，制定了《河南省电信业优秀工程设计奖评选细则（试行）》和《河南省电信业优质工程奖评选细则（试行）》。按照信息产业部“双优”工作安排，河南省通信管理局连续8年组织开展省局级优质工程优秀设计评选工作，共评选出省局级优秀工程设计一等奖25项、二等奖11项；省局级优质工程一等奖17项、二等奖4项。在每年度的部级优质工程、优秀设计评选中，共获得部级优秀工程设计一等奖3项、二等奖3项、三等奖6项；部级优质工程一等奖2项、二等奖5项、三等奖6项。2008年11月，河南移动公司GSM九期扩容工程荣获国家优质工程银质奖，为河南省通信行业工程项目获得的最高奖项。

第六节　网络与信息安全管理

随着互联网的快速发展，网络与信息安全的形势日益严峻。河南省通信管理局成立前，网络信息安全管理工作职能由河南省邮电管理局电信运行维护部门负责。2002 年 10 月，河南省通信管理局成立网络信息安全处。2004 年 11 月，国家计算机网络应急技术处理协调中心河南分中心组建成立。至此，全省网络与信息安全管理工作全面加强。

互联网站备案管理

2000 年 9 月 25 日，国务院公布《互联网信息服务管理办法》。《办法》规定：国家对经营性互联网信息服务实行许可制度，对非经营性互联网信息服务实行备案制度。未取得许可或者未履行备案手续的，不得从事互联网信息服务。2005 年 2 月 8 日，信息产业部公布《非经营性互联网信息服务备案管理办法》。根据信息产业部《关于切实开展互联网站清理整顿工作的通知》，河南省通信管理局印发《关于切实做好互联网 ICP/IP 地址备案专项工作的通知》和《河南省网站备案信息核查方案》，对省内互联网 ICP 和 IP 地址实施备案管理。河南省通信管理局按照“积极发展、加强管理、趋利避害、为我所用”的方针，积极推进网站实名制管理，增强企业自律意识，建立和完善全省互联网站管理联合机制、有害网站快速处理机制等，初步形成了法律规范、行政监管、行业自律、技术保障的网站管理机制。到 2008 年底，全省备案网站达到 4.6 万个，网站备案率为 97%，备案 IP 地址 563 万条，初步实现了对网站的实名制管理。

阳光·绿色网络工程

互联网的出现和高速发展，使人们的工作、学习、生活更为便捷丰富。但面对网上各种不良信息，为使广大青少年通过互联网既能增加知识、开阔视野，又不被网上的不良信息所侵害，河南省通信管理局协调省各电信运营公司努力创造健康、和谐的网络环境，培养青少年良好的上网习惯，引导他们正确使用网络获取知识，倡导健康上网、文明上网，树立网络道德，推进素质教育，使青少年在互联网方面增强防范意识和自律能力。

2002 年，河南网通联合省教育厅、团省委、省互联网协会等单位共同发起“青少年绿色上网导航工程”，联合众多 ISP、ICP，采取技术措施共同抵制网上传播有害信息，净化网络环境。在上网技术方面，通过“父子账号”上网的形式，帮助家长实现对孩子上网的管理，控制其上网时间，保证其浏览内容的健康性。利用网络管理资源，配合有关部门查找不良信息来源。加强对商都网的管理，开发积极向上的信息资源。2004 年，河南网通联合团省委，利用自己研发的高性能软件和完备的数据库，在全省范围内推出“绿色上网”工程，实现家长对孩子上网的动态、个性化监控，限制耗费时间的聊天、游戏等网页，屏蔽色情、暴力、反动等不健康网站，为青少年创造良好的网络空间。绿色上网业务主要是通过内容过滤，禁止访问色情、暴力、有害、反动的互联网内容的业务。2005 年，与团省委、省综治委预防青少年违法犯罪工作领导小组办公室联合开展“青春自护远离网瘾”活动。2006 年，与团省委、省学联、省少工委联合举办“绿色上网，远离网瘾”为主题的“河南省青少年戒除网瘾暑期行动”。

▲ 开展绿色上网工程，保护青少年身心健康

2006 年—2008 年，为切实保障广大人民群众合法利益，为青少年健康成长创造良好环境，信息产业部在全国范围内开展“阳光·绿色网络工程”主题系列活动。活动的主要内容：一是加强网络文化建设和管理，倡导网络文明，引导绿色上网行为，不断拓展社会主义先进文化传播新途

径；二是打击非法网上服务，遏制有害信息传播，加大规范治理力度，净化网络环境；三是完善互联网站备案等基础管理措施，健全网络信息安全长效管理机制；四是深入开展互联网行业自律活动，构建和谐环境。河南省通信管理局认真落实有关工作，扎实开展系列活动，使互联网信息服务市场秩序更加规范，健康文明的"绿色"信息资源更加丰富，"法律规范、行政监管、行业自律、技术保障"相结合的互联网长效管理机制进一步完善，对有害信息的治理得到加强，网络空间环境不断净化，实现了广大网民特别是青少年健康上网，保证了全省网上秩序稳定。"阳光·绿色网络工程"取得了良好的社会效果。

2007 年，河南电信公司本着"谁主管谁负责，谁审批谁负责，谁经营谁负责，谁接入谁负责"的原则，开展了对网络淫秽色情等有害信息的清理整顿，共清理有害信息 4 000 余条，取缔违规接入商 1 个。2008 年，针对本地虚拟主机、主机托管等互联网接入服务管理中的薄弱环节，加强重点治理和规范。组织对所接入的主机托管和虚拟主机服务单位进行了全面排查，主动向各级代理商发送书面自查自纠通知函，督促其落实网站备案及信息安全责任制度；对无证接入商依法进行了清理；对合法接入商开展制度责任检查，包括对落实"先备案、后接入"要求以及相关接入责任的情况进行检查。通过本次行动，配合公安机关查处非法网站 21 个；对接入网站进行了清理，督促 600 多个合法网站进行了备案。

"中原网安"应急演练

2005 年 10 月，河南省通信管理局组织省各基础电信运营公司和相关技术服务单位开展了"中原网安 1 号"应急演练，针对木马病毒、僵尸网络等问题，按照网络安全应急处置预案进行了演练。2008 年 6 月 30 日，按照《河南省互联网网络安全应急预案》开展了"中原网安 2 号"应急演练。演练主要以保障北京奥运网络与信息安全为主题，检验各成员应急响应

▲2008 年 6 月 30 日举办的中原 2 号互联网网络安全应急演练

和协作配合能力。演练模仿了多个被黑客攻击的场景，如省某政府网站被黑客篡改、奥运会服务终端感染病毒、奥运合作运营商的服务器被黑客控制等。经过演练，相关单位熟练掌握了互联网网络安全应急预案处理流程，加强了相关单位的协调配合，检验了预案、锻炼了队伍、提高了实战能力。

电信网络安全防护

2006 年 8 月 11 日，根据国家网络与信息安全协调小组办公室关于对国家基础信息网络和重要信息系统进行安全检查的要求，河南省通信管理局印发《关于开展电信网络安全检查的通知》，对省各基础电信运营公司电信网络（含互联网）安全进行检查。检查的内容包括规章制度与组织管理、网络运行关键设备与服务的采购情况、网络与系统安全、应急管理、物理和环境安全等。

2007 年 11 月 12 日，信息产业部印发《关于进一步开展电信网络安全防护工作的实施意见》。12 月 26 日，信息产业部电信管理局印发《关于贯彻落实电信网络安全防护登记保护定级工作的通知》。2008 年 1 月 3 日，河南省通信管理局制定《河南省电信网络安全防护工作实施意见》，组织开展电信网络的定级、安全评测、风险评估、灾难备份等安全防护工作。到 2008 年，全省定级二级保护网络 463 个、三级保护网络 160 个。

多部门合作开展专项行动

2005 年 7 月，河南省省委宣传部、省文明办、省教育厅、省公安厅、省文化厅、省工商局、省新闻出版局、省通信管理局、团省委联合印发《关于对违法违规网吧、淫秽口袋书和有害卡通画、互联网有害信息进行集中整治的实施意见》，对违法违规网吧、淫秽口袋书和有害卡通画、互联网有害信息开展了历时两个月的集中整治活动。省测绘局、省新闻出版局、省通信管理局联合印发《关于加强网上违规地图专项整治的通知》，在全省开展网上地图整治工作。

2007 年 4 月，省委宣传部、省公安厅、省教育厅、省通信管理局、省文化厅、省广电局、省新闻出版局、省政府新闻办、省银监局、省“扫黄打非办”联合印发《关于印发〈河南省依法打击网络淫秽色情专项行动工作方案〉的通知》，在全省范围内组织开展依法打击网络淫秽色情专项行动。5月，省新闻出版局、省文明办、省教育厅、省公安厅、省通信管理局、团省委、省妇联、省关工委联合印发《关于保护未成年人身心健康实施网络游戏防沉迷系统的通知》，对网络游戏实施防沉迷系统，保护未成年人身心健康。

2008年2月28日，省委宣传部、省高级人民法院、省人民检察院、省公安厅、省教育厅、省通信管理局、省文化厅、省工商局、省广电局、省新闻出版局、省银监局、省"扫黄打非办"联合印发《关于印发〈河南省依法打击整治网络淫秽色情等有害信息专项行动工作方案〉的通知》，在全省范围内组织开展依法打击整治网络淫秽色情等有害信息专项行动。2月29日，结合全省电信业实际，制定下发《河南省通信管理局依法打击整治网络淫秽色情等有害信息专项行动方案》，在全省电信业开展依法打击整治网络淫秽色情等有害信息专项行动。

第七节　战备应急通信管理

河南省的战备应急通信管理工作在省委、省政府、济南军区和信息产业部的正确领导下，坚持"平战结合、军民兼容、寓军于民"的工作方针，贯彻"平时服务、急时应急、战时应战"的工作要求，认真落实科学发展观，紧紧围绕新时期军事斗争准备和突发公共事件应急处置两条主线，加强组织机构建设，完善预案管理体系，加大经费投入，开展应急演练，参与抢险救灾，较好地完成了各项应急通信保障任务。

机构建设

按照信息产业部关于战备应急通信工作的要求，河南省通信管理局于2001年5月16日印发《关于成立河南省战备应急通信领导小组的通知》，成立了河南省战备应急通信领导小组，统筹协调全省电信业战备应急通信保障工作。2008 年 3 月，按照《河南省国防动员建设三年规划（2005 年—2007 年）》，设立了河南省国防动员委员会信息动员办公室，指导各市级信息动员办公室开展了筹备组建工作。2008 年 10 月，成立了河南省战备应急通信保障专家组，共有传输设备、传输线路、交换、电源、移动通信、数据通信、卫星通信等 7 个专业的专家 39 名。省各基础电信运营公司分别成立了省、市两级战备应急通信机构，配备了专兼职工作人员，初步建立了“河南省通信管理局组织协调，省各基础电信运营公司执行通信保障和信息动员任务”的综合应急管理模式，确保了全省战备应急通信管理工作的完成。

预案体系

根据《国家通信保障应急预案》和《河南省人民政府突发公共事件总体应急预案》，河南省通信管理局印发了《河南省战备应急通信保障预案》、《河南省通信保障应急预案》、《河南省反恐怖通信保障“第一时间”应急工作规范》、《河南省处置大规模恐怖袭击事件应急通信专项预案》等，积极配合省政府应急、防汛、防震、反恐、气象、护林防火等部门完成相关应急预案的修订工作。2008 年 12 月 25 日，省政府办公厅印发《关于转发省通信管理局河南省通信保障应急预案的通知》。省、市两级基础电信运营企业分别制定了通信保障应急预案、防汛、反恐、防震、大型活动专项预案和传输、交换、智能网、数据网、同步网等专业保障方案，对应急通信保障提供了良好的支撑。截止到 2008 年，河南省电信业覆盖省、市两级基础电信运营企业的通信保障应急预案体系基本形成。

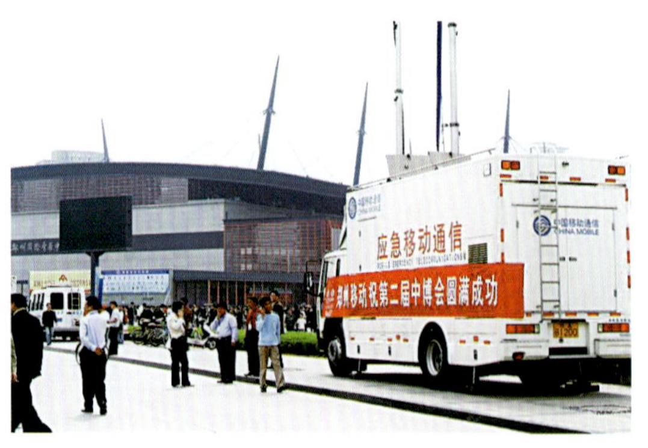

▲ 为第二届中部博览会提供应急通信保障

保障力量

河南省、市两级基础电信运营企业建立了专、兼职的应急通信保障队伍。其中，省联通公司各市级分公司均成立了应急抢修保障队伍，

所属的郑州市通信保障大队作为河南省电信业唯一的专业应急通信保障队伍，2008 年 2 月接受了济南军区命名授旗。截止到 2008 年，全省共有专、兼职应急通信保障队伍 96 支、人员近 3 000 人。

各基础电信运营企业切实保证应急通信工作的经费投入，不断充实、改善应急通信装备。其中，省网通公司投资 100 多万元补充了应急通信设备；郑州市网通分公司组织应急保障技术人员自己动手组装了小灵通应急通信车。省移动公司投资 3 400 多万元，配备应急通信车、海事卫星电话、卫星应急车、卫星小基站等应急装备。省联通公司投资 800 多万配备应急通信车，2007 年投资 2 600 余万元购置传输网络应急备件、移动网络应急备件等。

应急演练

为切实提高全省应急通信保障综合水平，2002 年、2004 年、2008 年，河南省通信管理局组织相关基础电信运营企业，模拟防汛、防震、反恐等科目，先后举行了“黄河 1 号”、“黄河 2 号”、“黄河 3 号”应急通信演练，并且配合部队和公安部门参加了全省反恐应急拉动等演习。各基础电信运营企业结合防汛、奥运火炬传递等重要通信保障工作，组织开展了网络传输、交换、互联网、通信电源等相关专业的应急演练。

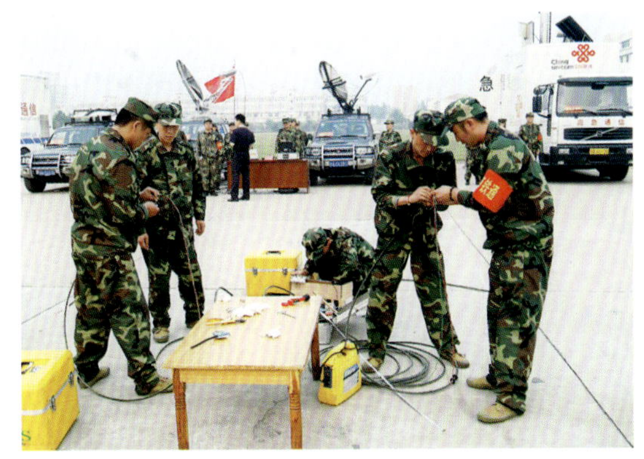
▲“黄河 3 号”应急通信演练

“两会”数字视频传输

2006 年 3 月，第十届全国人大四次会议、全国政协十届四次会议在京隆重开幕。河南网通与河南卫视牵手，为“两会”数字视频传输服务。河南电视台有关“两会”的所有现场报道，全部经由河南网通的视频骨干网，从北京传送回河南。

为保证“两会”期间电视新闻和节目在北京与河南两地之间及时、安全、可靠传送，使省内观众在第一时间收看到“两会”期间的重要节目，河南网通在中国网通骨干视频网的基础上，为河南电视台提供了高效、专业的通信支持和服务。在“两会”开幕之前，河南网通协同河南电视台“两会”报道组赴北京，为报道工作提供专业化的全程服务，成功实现了省内异地或跨省视频传送，促进了河南网通开发视频传输市场的通道。

抗洪抢险应急通信保障

2007年6月，淮河发生1954年以来第二次流域性大洪水，驻马店、信阳两市境内的洪河、汝河、板桥水库、宿鸭湖水库等水位暴涨。面对汛情，河南电信运营企业立即启动通信应急预案。据统计，仅在驻马店地区，移动公司就出动防汛抢险人员1 000余人次、车辆200台次，启用应急发电600次，巡检基站1 432站次，巡检线路12 000多千米，为指挥抗洪抢险提供了强有力的移动通信支持。7月底，卢氏县遭受历史罕见的最强暴雨袭击。灾情发生后，省网通公司从许昌、开封等9市抽调技术骨干210人，组成19支抢险分队，紧急调集9台（5 000千瓦）移动发电机、6部海事卫星电话及大量的光缆、电缆等抢险物资，开赴卢氏县投入通信抢险工作，投入资金达1 000余万元。省移动公司调集洛阳、焦作等分公司人力、物力，组织了15支施工队，300余名工程人员投入抢修工作。省联通公司迅速启动抗洪抢险预案，调集3部发电机，组织3支工程队伍冒雨连夜抢修。

▲ 在沙颍河抗洪抢险过程中，通信保障发挥重要作用

陕县煤矿事故救援应急通信保障

2007年7月29日，三门峡市陕县支建煤矿发生透水事件。在抢险救援通信保障工作中，河南网通、河南移动以高度的政治责任感和使命感，

快速响应，精心组织，全力保障，确保了抢险通信畅通。陕县网通员工冒险抢通井下电话线路，创造了我国矿难事故史上唯一一次能与井下保持通信联系的奇迹，为成功营救 69 名矿工的生命作出了重要贡献。省网通、移动公司受到省委、省政府、国家安监总局的通报表彰。

▲ 陕县“7.29”矿难中的井下救援电话“生命线”

汶川特大地震救灾抢险

2008 年 5 月 12 日四川汶川发生里氏 8.0 级大地震。灾情发生后，省通信管理局组织全省电信业发扬“一方有难、八方支援”的精神，紧急动员，迅速行动，第一时间赶赴灾区，全力投入抗震救灾通信保障工作。成立河南省对口支援江油市恢复重建通信工作组，组织省网通、移动、联通公司发布地震公益短信 12 212.6 万条。派出 10 批 72 名抢险救援队员，出动各型车辆 10 部，各类装备仪表 67 台（套），深入地震重灾区，架设开通应急通信装备，抢修恢复受损通信线路设施，积极支援灾区抗震救灾通信保障工作。河南联通抢险队在抗震救灾工作中表现突出，被全国总工会授予“工人先锋号”荣誉称号。

▲ 河南移动公司赴汶川灾区抢险队

奥运通信保障

按照国务院办公厅、工业和信息化部有关工作要求，河南省通信管理局切实组织领导，完善预案，深入督查，切实保障奥运火炬在豫传递及奥

▲ 为北京奥运会、残奥会火炬在河南传递提供通信保障

运期间全省通信畅通和网络信息安全。

河南省通信管理局印发了《关于切实做好北京奥运火炬接力河南站传递活动通信保障工作的通知》，省各基础电信运营公司、认真完善通信保障应急预案，制定了确保党政军等重要部门通信畅通工作方案，细化了奥运火炬传递通信保障方案，组织对奥运火炬传递沿线的通信网络、通信设施进行了优化扩容，配备了防汛应急物资，举行了火炬传递、防汛等应急通信保障演练，加强了网络安全运行维护管理。

第八节　社会管理与公共服务

随着信息化、网络化在社会各个领域的广泛应用，电信网络在社会管理和公共服务方面的作用越来越突出。河南省通信管理局牢固树立监管为民、发展为民的理念，在强化市场监管，营造公平、公正、公开的市场竞争环境的同时，着力扩大公共服务，完善社会管理，承担好普遍服务义务，更好地为社会发展和人民生活服务。

▲2006 年 10 月 4 日，河南省最后一个通电话的行政村——修武县斗水村村支书王富生向信息产业部王旭东部长报喜

村村通电话工程

按照党中央、国务院关于统筹城乡发展、构建和谐社会

的战略部署，为扎实推进社会主义新农村建设，改变农村通信基础设施相对滞后的状况，信息产业部于2004年在全国启动了“村村通电话”工程。在省政府、工业和信息化部的正确领导下，河南省通信管理局组织协调省各基础电信运营企业，以支持地方经济发展为己任，发扬“不畏艰险、敢打硬仗、无私奉献、勇于创新”的精神，精心制定工作方案，加快工程进度。2004年—2006年，全省完成了294个行政村通电话任务，提前一年实现全省所有行政村村村通电话，受到省政府通报表彰。为实现自然村村村通电话，根据信息产业部《关于“十一五”期间自然村通电话的实施意见》，2007年河南省通信管理局印发《关于2007年—2010年全省自然村通电话工程的实施意见》，对全省20户以上已通电自然村通电话工作进行了安排部署。2007年，河南移动公司完成80个自然村通电话任务。2008年，河南移动公司、河南网通公司共完成662个自然村通电话任务，超额完成了当年自然村通电话任务目标，全省有93个县（市）实现了自然村村村通电话。

▲“村村通电话”工程施工布线

治理垃圾短信

垃圾短信息的日益泛滥妨碍了人们的正常工作和生活，影响了通信市场的健康发展。河南省通信管理局有针对性地采取了一系列措施，扎实开展垃圾短信息治理工作，取得了较好的成效。

2008年4月15日，河南省通信管理局联合省公安厅、省工商行政管理局印发《关于治理手机垃圾短信息的意见》，制定实施方案，积极建立垃圾短信息治理信息上报、月例会和情况通报制度，定期通报垃圾短信息治理情况、用户投诉处理情况。

▲整治垃圾短信，净化手机屏幕

2008年8月1日，在

《河南日报》、《大河报》等省内主要媒体、网站发布《河南省通信管理局关于深入开展垃圾短信息专项整治的通告》，欢迎广大电信消费者投诉、举报滥发垃圾短信息的行为，携手社会各界力量共同治理垃圾信息。

截止到2008年底，全省共排查关闭违规短信息群发端口500多个，处理电信用户投诉14.5万件，对109家群发垃圾短信息的SP进行了查处，垃圾短信息明显减少，SP或者行业端口发送垃圾短信息的情况得到有效控制，治理工作取得了初步成效，维护了广大电信用户的合法权益。

安全生产管理

根据信息产业部《关于加强中央企业安全生产工作的若干意见》和河南省政府安委会《关于印发〈中央驻豫企业和省管企业对口监管分工方案〉的通知》精神，河南省通信管理局于2005年10月制定了《河南省电信业年度安全生产责任目标考评办法》，细化了省各基础电信运营企业安全生产年度考核标准。2006年12月，河南省通信管理局印发《河南省电信业安全生产监督管理暂行办法》，对省各基础电信运营企业和通信工程各参建企业的安全生产职责、教育培训、安全生产环境、监督检查、事故处理等工作进行了明确。2008年，河南省通信管理局及时转发了信息产业部《电信运营业中央企业安全生产监督管理办法》及工业和信息化部《通信建设工程安全生产管理规定》，督促全省电信行业进一步完善安全生产工作机构，完善安全生产责任制度，全面落实企业安全生产主体责任，初步建立了全省电信行业安全生产监督管理体系。

按照部省安全生产工作安排，河南省通信管理局采取年度检查、专项检查和季度巡检互查相结合的方式，切实加大对全省电信业安全生产工作的监督检查。2004年以来，连续5年对省各基础电信运营企业年度安全生产责任目标进行了考核、通报，先后组织全省电信业深入开展了通信工程施工企业安全生产专项检查、全省火灾隐患普查整治、安全生产百日督查、奥运通信防雷安全检查、奥运会期间安全生产专项督查、在建重点建设项目安全生产专项督查等专项活动。省各基础电信运营企业针对通信枢纽楼、机房、营业厅、办公楼、通信线路、通信基站、通信施工维护现场等方面存在的消防、高空坠落、电力伤害等安全隐患，进行全面整改。2005年以来全省电信行业累计投入3.4亿元，对通信机房火灾报警、气体灭火、孔洞封堵、基站门禁、线路保护等设施进行了技术改造，为全省电信业安全发展奠定了良好的基础。

为加强通信建设工程安全生产管理，按照信息产业部《通信建设工程企业主要负责人、项目负责人和专职安全生产管理人员安全生产考核管理暂行规定》要求，河南省通信管理局认真开展了通信施工企业3类人员（企业负责人、项目经理、专职安全员）的培训工作，共培训3期645人。根据省政府安委会工作安排，河南省通信管理局连续4年组织省各基础电信运营企业开展了"安全生产月"活动。通过悬挂、张贴安全生产标语、挂图，制作安全生产宣传读本、板报，举办答题竞赛，播放录像、开设网站专题、发送手机短信，组织开展安全技能和安全知识培训等形式，有组织、有计划地开展安全生产知识培训宣传教育活动，普及生产、生活中的安全知识，培养全体员工的安全意识，提高全体员工的安全技能，切实营造"学安全，懂安全，讲安全"的行业安全生产氛围。在2006年全省"平安中国——《安全生产法》知识竞赛"活动中，省网通公司、省移动公司、省铁通公司高度重视，积极组队参加，省网通公司代表队取得省级决赛一等奖、省铁通公司代表队取得省级决赛二等奖的好成绩。在2006年"天融信杯"电信行业安全生产知识竞赛活动中，各公司共组织近38 000人参加了电信行业安全生产知识竞赛，普及了安全生产知识，提高了员工的安全生产技能。

针对近年来人为盗窃、破坏电信设施犯罪的高发态势，河南省通信管理局认真落实全国"三电"专项斗争电视电话会议精神和省"三电"办工作要求，组织省各基础电信运营企业，连续3年开展打击盗窃、破坏电信设施犯罪专项斗争，全省人为盗窃、破坏电信设施犯罪的发案势头得到有效遏制。2008年，全省盗窃破坏通信设施案件发案数同比下降64%，直接经济损失同比下降58%，有效保证了通信设施的正常运转，确保了全省重要时期通信网络的安全畅通。

通信发展规划

2001年11月11日，信息产业部颁布《通信规划工作管理规则》，对通信规划及管理的体系、内容、工作程序等进行了规范。河南省通信管理局负责编制实施河南省通信行业规划，承担河南省内企业规划工作的指导、协调和监督职责。

2001年和2006年，河南省通信管理局制定了《河南省电信业"十五"发展规划》、《河南省电信业"十一五"发展规划》。河南省通信管理局制定河南省通信业发展指导意见，分年度提出发展目标，制定具体措施，努力完成规划提出的目标任务。河南省通信管理局每年对企业的滚动规划工作进行安排布置，督促、指导省各基础电信运营企业完成综合滚动规划和传输网滚动规划工作。

行业统计管理

2002 年 11 月，信息产业部颁布了《通信行业统计管理办法》，对通信行业统计机构、统计人员职责、统计制度、统计资料的管理和公布等进行了明确规定。河南省通信管理局负责河南省的通信行业统计工作，同时接受省统计局的业务指导，向部、省提供有关通信统计资料。

河南省通信管理局成立以来，不断加强行业统计管理工作，每月完成《通信行业统计月报》，每年完成《基础电信企业统计年报》、《专用通信网统计年报》。2005 年增加了增值电信企业的统计，每年完成《增值电信企业统计年报》，初步建立完善了行业统计制度。2008 年，为深入分析经济危机对全省通信业的影响，河南省通信管理局每月在统计数据报表的基础上完成《河南通信业经济运行情况》，加强对行业运行情况的监测分析，并定期召开分析例会，通报情况、研究问题，为促进全省通信业健康发展提供决策参考。

码号资源管理

码号资源是指由数字、符号组成的用于实现电信功能的用户编号和网络编号。电信网号码资源是开展电信业务必要的载体。在电信业政企合一时，河南省电信网码号资源虽有规划，但缺乏统一科学的指导和管理。随着政企分开，电信业引入竞争，加强和规范码号资源管理。2000 年，信息产业部出台了《电信网码号资源管理暂行办法》，使电信网码号资源的管理逐步走上法制化的轨道。2003 年 3 月 1 日，信息产业部出台了《电信网码号资源管理办法》，对码号的申请、核配、备案、审批、启用等作了详细规定。

码号规划。2001 年河南省通信管理局开展了本地网码号资源的规划、96 短号码的清理等工作。2007 年 7 月，河南省通信管理局制定《关于进一步加强码号资源管理的意见》，对全省码号资源审批、备案、使用及回收等做了具体的规定。同时，对码号分配进行了年度规划。

码号收费。为了有效缓解电信网码号资源紧缺局面，通过引入经济手段合理配置资源，信息产业部、财政部、国家发展改革委制定了《电信网码号资源占用费征收管理暂行办法》和《电信网码号资源占用费标准》。从2005年1月1日起，河南省通信管理局开始对分配给省内基础电信运营公司、增值电信企业和企事业单位的本地网局号和96短号码收取码号资源占用费。

信阳、潢川本地网并网

由于历史原因，信阳市所辖2区8县在1994年被分别组成了信阳、潢川两个本地电话网。浉河区、平桥区和罗山县组成信阳本地电话网，长途编号为0376；潢川县、新县、息县、固始县、淮滨县、商城县、光山县等7个县组成潢川本地网，长途编号为0397。在信阳市一个行政区域内形成两个本地电话网，给广大用户带来了诸多不便，也一定程度上影响了当地经济的发展。1999年，经河南省邮电管理局批准，信阳、潢川两个本地网执行本地网内区间资费标准。河南省通信管理局于2004年10月向信息产业部递交了两网合并的请示。2005年1月，信息产业部批复同意。2005年11月20日零时，信阳潢川并网工作顺利完成。

接入代码调整

随着我国实现移动网和固定网之间短信息业务的互通，为了有效区分SP代码和固定终端号码，简化移动网用户向固定网用户发送短消息的拨号方式，树立短消息类服务统一的标识和形象，科学规划短消息类服务号码资源，信息产业部从2005年3月开始启动统一SP代码工作。2006年6月30日，信息产业部发出《关于调整和统一短消息类服务接入代码的通告》，实现短消息类服务提供者在不同基础电信运营商网络上使用统一"106"号段的号码。按照信息产业部《关于正式启动短消息类服务接入代码调整和统一工作的通知》精神，河南省通信管理局发出《关于调整和统一短消息类服务代码的通告》，制定了《河南省短消息类服务接入代码申请、分配、使用和收回管理办法》，明确了河南省短消息类业务接入代码调整流程、实施框架方案、编号规划等。SP代码调整期间，河南省通信管理局共调整核配省内经营性SP代码180个、省内非经营性SP代码36个、省内公益性SP代码26个，新代码于2007年12月1日启用。

TELECOMMUNICATION

第七章

文化建设

概述

改革开放以后，河南省通信业把加强精神文明和企业文化建设当作是河南通信事业快速发展的重要保证，始终坚持物质文明和精神文明“两手抓，两手都要硬”。河南省通信业秉承“人民邮电为人民”的宗旨，坚持“发展才是硬道理”的指导思想，紧紧抓住用户关心的热点、难点问题，围绕着改革、发展、服务、进行了一系列改革和创新，行业精神文明建设硕果累累，行风建设根本好转，社会形象不断提升。愚公移山精神、焦裕禄精神、红旗渠精神在河南通信业不断发扬光大。邮电教育、人才培养、职工之家创建、企业民主管理为造就一支技术过硬、责任心强、乐于奉献的干部员工队伍奠定了基础，促进了通信业的和谐健康发展。

随着改革开放的深入和电信企业重组，河南省各电信运营企业不断借鉴、吸收优秀企业的先进理念和经验，大力培育企业精神、讲究经营之道、塑造企业形象，开展富有行业特色和个性的企业文化活动，使企业文化建设与生产经营紧密结合，与企业管理融为一体。企业的文化内涵更加丰富，行业特色更加突出，行业精神面貌焕然一新。

第一节　教育培训

面对通信技术日新月异，网络、终端、软件等产品不断更新换代，改革开放后的河南邮电通信业不断加强队伍建设，按照行业发展对人才总量、结构、素质的需求，制定人才培养规划及有关配套政策，为人才队伍建设创造了良好的环境；建立完善人才引进、培养和使用等机制，以高层次、紧缺人才培养为核心，全面提升员工队伍整体素质。

人才培养

改革开放初期，河南邮电部门高级工程技术人员缺乏。1982 年，国家恢复职称评定时，河南省邮电行业仅有 4 名工程师。随着通信科技进步的不断加快，努力提高全员素质、培养专业人才，成为河南邮电通信业优先发展的战略任务。河南省邮电通信业围绕经营管理和业务发展的重点，按照企业发展对人才的需求，拓宽人才培养渠道，完善培训管理体系，员工队伍素质不断提高。1995 年，河南邮电各类专业技术管理人员达到了 7 546 人，其中具有高级专业技术职称者达到了 430 人。到 2008 年，河南省通信行业具有中高级专业技术职称者达到 6 089 人，占全省从业人员的 19.20%。

▲ 培训卓越经理人

河南联通紧紧抓住人才培养、引进和使用 3 个关键环节，科学制定企业人才发展规划和企业定员标准，突出重点，抓了集团客户经理队伍、城区网格经理 / 农村乡镇经理队伍、核心技术人员队伍和客户服务队伍等4支人才队伍建设。通过建立新的岗位分类体系、细化和规范各类岗位名称、统一各岗位类别和职位薪酬体系，拓宽了员工职业发展空间，建立和完善了员工岗位晋升机制和双重晋升通道。

▲2004年8月，林毅夫为河南移动EMBA培训班学员颁发结业证书

河南移动提高自主培训能力，重点狠抓核心经营管理人才素质提升和一线员工工作技能培养，为构建组织核心竞争力提供了有力的支撑。河南移动内部培训师队伍由公司成立之初的11人，发展到2008年的1 284人；通过加强课程体系建设，自主开发出各类课程80多门，内部培训师承担了基层岗位技能培训的全部工作。截止到2008年底，累计培训员工达到15万余人次，授课平均满意度达95%以上。在核心经营管理人才培养方面，从2000年开始，河南移动先后与北京大学光华管理学院、中国经济研究中心、中国人民大学、北京邮电大学等机构和院校合作，对公司中高级管理人员、基层管理和专业骨干人员分期分批培训，累计培训人员达840人。2004年，河南移动面向各级领导班子开展了“卓越经理人”培训项目。2005年，河南移动组织开展了效能提升项目，有针对性地改进了市级分公司管理团队的经营管理能力。在提高一线基层员工的工作技能方面，2002年，河南移动与河南省通信行业职业技能鉴定中心合作，开展岗位技能培训。截止到2008年底，共有36 109名员工参加达标测试，28 182名员工通过测试，累计达标率78.5%。

河南电信对人才的条件和结构、选拔和任用、培养和管理、组织和领导等环节作出了明确的规定和要求。加强人员培训和交流工作，与香港理工大学联合举办了中层管理人员MBA学历教育培训班。结合不同时期的工作重点举办了市场营销、绩效考核、企业转型等专题培训。制定了《河南省电信分公司员工双向交流管理暂行办法》，促进了后备人才的成长。

河南铁通成立后，不断培养适应公司发展所需要的人才队伍，充分发挥各类人才在生产经营工作中的作用，为公司经营发展提供有力支撑。2002年，河南铁通制定了在职员工学历教育管理办法，鼓励员工参加学历教育，员工文化结构从公司成立初期的大学本科200人、专科356人、中专61人，提高到2008年的研究生12人、大学本科555人、专科1 568人、中专 1 152 人。专业技术人员从 2001 年公司成立初期的高级工程师 31 人，工程师 183 人，助理工程师、技术员 427 人，到 2008 年增至高级工程师 65 人，工程师 324 人，助理工程师、技术员 1 101 人。

邮电教育

长期以来，河南邮电通信业通过加强学校教育和在职教育，建立了一支满足通信发展需要的干部职工队伍。

河南省邮电学校创办于 1958 年 7 月，是一所部属省管的中专学校。改革开放以来，随着邮电通信事业的飞速发展，邮电学校日新月异，变化巨大。学校先后开设载波通信、电报通信、电话交换、电力供给、综合电信、经济管理、邮政通信管理、邮政金融、数据通信、移动通信和计算机通信等 10 多个专业，具有普通中专、在职培训、网络教育、北京邮电大学高等函授教育等多种教育培训形式，是河南省中高级邮电通信专业技术和管理人才的综合性重要教育培训基地。1981 年河南邮电学校被邮电部评为“省部级重点普通中专学校”，1991 年被评为全省中专学校唯一的“全国体育达标先进单位”，2004 年获得“省级文明单位”荣誉称号。

▲ 河南省邮电学校

自建校以来，河南省邮电学校共培养毕业生 10 000 余人，特别是学校的“经济管理”协作专业，为中南、西南及安徽、山东、江苏等 13 省的通信行业输送了大批人才，其教育培训质量在河南及委培的 10 多个省的邮电通信业均享有较高的声誉。此外，学校还积极与北京邮电大学、西安邮电学院、河南大学联合办学，先后培养了研究生 200 余人，本、专科生 6 000 余人，邮电中等函授 2 600 余人。

随着我国信息化进程的快速推进，为适应社会对通信人才的旺盛需求，1995 年，河南省邮电管理局为学校新征土地 218 亩筹建新校。1999 年，按照

国家关于职业技术教育改革的要求和电信体制改革的部署，学校停止招生。2002 年，学校迁址。2005 年 4 月，邮电学校重组为河南网通培训中心。2008 年底，随着新一轮电信体制改革，河南省邮电学校成为河南联通培训中心。

河南省邮电技工学校是河南省邮电管理局的一所为邮电通信企业培养中级技术工人的学校，同时也承担着全省邮电职工的教育培训任务。1979 年 12 月，河南省邮电技工学校在河南省鲁山县成立，1991 年迁至郑州市花园路 58 号；1998 年邮电分营，划归邮政管理。学校成立初期办学规模仅有 300 人，开设线路专业、长途电话业务、电报业务和邮政业务 4 个专业，为适应河南邮电通信发展的需要，河南省邮电技工学校不断调整和增加专业设置，扩大招生规模，“八五”期间共为河南邮电通信企业输送了 2 025 名合格毕业生，培训各类专业技术人员 3 400 多人次，为河南邮电通信事业的建设和发展作出了贡献。

▲ 邮电技工学校校园

岗位培训

河南邮电通信业十分重视职工岗位培训工作，根据专业要求，采用多种形式大力开展职工岗位培训工作。电信业引入竞争后，河南各电信运营企业转变培训观念，健全培训管理机构，引导员工学习新理念、新技术、新业务，建立了一整套以员工岗位能力标准和素质模型为基础的培训工作体系，有针对性地开展各类培训，为提高员工队伍素质打下了良好基础。

河南联通按照“构建大培训格局”的工作思路，健全培训队伍，开拓培训渠道，提升培训价值，形成了全方位、多元化的培训格局。在培训队伍方面，河南联通建立了一支由 386 名人员组成的企业内训师队伍，形成了专职培训师、兼职培训师和外聘培训师的培训师队伍体系。在培训形式方面，积极整合培训资源，努力建成适合各种人才成长的多维培养通道。在培训内容方面，紧密结合企业实际，突出实战培训和案例培训，形成了 70 多个拥有自主知识产权的培训项目。截止到 2008 年底，河南联通培训中心共组织集中培训班 782 期，参训员工达 11.9 万人次；举办各类函授、研究生班5万多人次；共组织驻地培训班7 962期，参训员工33.7万人次，内部学历大专在册学生525人。2008年，培训中心被国家人力资源和社会保障部评为“国家技能人才培育突出贡献单位”。

▲ 河南移动专项岗位技术比武

河南移动积极探索加强培训工作的有效途径，建立了一套以员工岗位能力标准和素质模型为基础的培训工作体系，健全了省、市、县3级培训管理机构，有针对性地开展各类培训工作。2002年2月，河南移动成立培训中心，负责全省培训管理工作，承担公司人才和生产骨干培训；各市分公司和直属单位设立专职培训管理员，负责本单位培训管理工作，承担生产岗位员工和一般管理人员培训；县分公司设立专（兼）职培训管理员，负责本部门培训管理工作，承担员工培训；省公司和分公司职能部门设立培训协理员，负责专业对口和本部门培训管理工作、承担员工培训。

河南电信开展教育培训的重要平台是中国电信网上大学，中国电信网上大学成立于2004年，经过长期建设和推广应用，中国电信网上大学可承载42万注册用户数和1.5万个并发用户数，拥有集团公司级课件428门、中国电信系统各级企业上挂课件1 885门，在员工培训中发挥了重要作用。

河南铁通建立了4种岗位培训模式：一是内部培训，采用“二级内部培训”模式，由省市两级人力资源部门分级组织培训；二是外部培训，选派优秀人员参加铁通公司的各种培训，或根据需要组织员工到通信设备厂家进行短期专业技术培训；三是成人学历教育，组织员工参加全国成人高考，进行脱产、函授、远程教育等形式的培训；四是选拔优秀员工或新入职人员直接进入高校进行脱产学历教育。

第二节　职业技能鉴定

河南省通信行业职业技能鉴定工作紧紧围绕“员工持证上岗、培养高技能人才”这一目标，扎实推进各项工作，每年鉴定职工过万人。为切实加强管理，建立了职业技能鉴定中心网站，完善了网上报名、网络考试、成绩查询系统，推行考务管理数字化，报名模式采用网络报名和电子照片统一采集。河南通信行业职业技能鉴定“关口前移”鉴定模式得到了工业和信息化部的肯定与推广。

鉴定机构

河南通信行业职业技能鉴定中心是国家通信行业特有工种职业资格鉴定考试的组织机构，业务上受工业和信息化部通信行业职业技能鉴定指导中心的指导，行政上由河南省通信管理局领导。其主要职责是编制本地区职业技能鉴定规划，负责特有职业技能考试命题工作；具体委派管理考评员、督导员；管理和核发国家职业资格证书等。

1996 年，根据邮电部《关于设置邮电通信职业技能鉴定机构有关问题的通知》，成立了河南省邮电通信职业技能鉴定所。1997 年，根据河南省邮电管理局机构编制委员会印发《关于邮电通信职业技能鉴定所更名的通知》，河南省邮电通信职业技能鉴定所更名为河南省邮电通信职业技能鉴定中心，在省邮电学校、省邮电技工学校、郑州市电信局、郑州市邮政局、洛阳市邮电局、新乡市邮电局分别设立邮电通信行业特有工种职业技能鉴定站。

2001 年，根据信息产业部《关于邮电通信职业技能鉴定中心在移交时应注意几个问题的通知》，“河南省邮电通信职业技能鉴定中心”更名为“河南通信行业职业技能鉴定中心”。

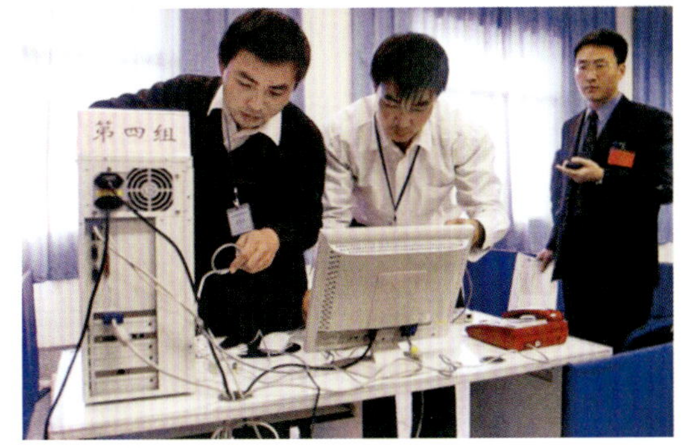

▲ 实际操作考试

鉴定工种

通信行业职业技能鉴定工种经历了 3 次变化。1996 年，邮电部印发《关于颁发〈国家职业技能鉴定规范（邮电营业员等五十七职业）〉（考试大纲）的通知》，颁发了《国家职业技能鉴定规范（邮电营业员等五十七职业）》。2005 年，劳动和社会保障部培训就业司《关于对信息产业部重新确定行业（邮政电信部分）特有工种职业（工种）职业分类和标准

修订建议方案的复函》，重新对电信部分职业采取模块化分类。2007年，劳动和社会保障部批准了信息产业部修订的电信业务营业员、话务员、电信业务员、电信机务员、通信网络管理员等5个国家职业标准。河南通信行业职业技能鉴定中心按照新标准开展省内的通信行业职业技能鉴定工作。

鉴定工作

河南通信行业职业技能鉴定中心在全行业大力推行职业资格证书制度，积极开展职业技能鉴定工作，认真组织实施职业技能鉴定考核。2006年，河南通信行业职业技能鉴定中心采取“关口前移”培训模式，新员工必须参加职业技能鉴定，培训合格并经认证后，持证应聘上岗，极大调动了应聘人员学习的积极性，保证了培训质量。截止到2008年底，共组织全行业11.39万人次参加职业技能鉴定考核，67 460人次取得国家职业资格证书。

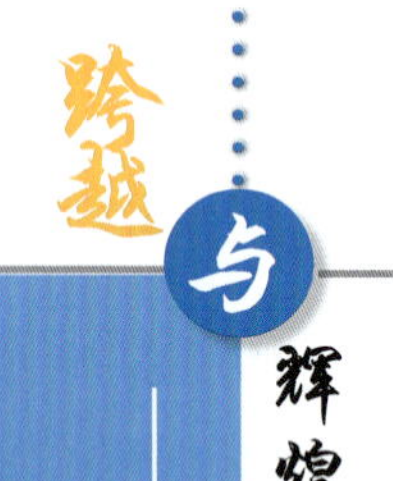

第三节 工会工作

1978年，党的十一届三中全会之后，河南省邮电工会组织很快得到了恢复，结合河南省邮电企业的实际情况开展了各项活动。1989年12月21日，《中共中央关于加强和改善党对工会、共青团、妇联工作领导的通知》颁发。河南邮电认真贯彻落实《通知》精神，全省各级邮电工会在党委和行政的关心支持下，工会工作扎实开展取得了显著成绩。1999年以后，随着电信改革的不断深化，各级工会组织始终紧紧围绕企业中心工作，认真履行工会组织、引导、服务、维护等四项基本职能，深入基层，服务一线，团结和带领广大员工发扬主人翁精神，以高度的政治责任感、使命感履行岗位职责，正确处理改革、发展与稳定的关系，为全省邮电通信行业的改革发展作出了积极的贡献。

企业民主管理

1981 年，河南省邮电企业民主管理制度恢复。经过恢复巩固、达标创优、发展创新 3 个阶段，河南邮电和省各电信运营公司企业民主管理的水平不断提高。

恢复巩固阶段（1981 年—1988 年）。1981 年 7 月 13 日，中共中央、国务院颁布了《国营工业企业职工代表大会暂行条例》。为了认真贯彻落实《条例》精神，河南省邮电管理局、河南省邮电工会联合印发《关于在全省邮电系统建立职工代表大会制度的通知》，全省各市、县邮电企业先后制定了《职工代表大会实施细则》，恢复了党委领导下的职工代表大会制度。1986 年 6 月 21 日，邮电部、中国邮电工会全国委员会印发了《关于进一步发挥邮电部门各级工会参政议政作用的暂行规定》，省邮电管理局印发了《关于进一步发挥全省各基层邮电工会参政议政作用的有关规定》，明确提出凡是涉及职工切身利益的有关会议都要请工会参加，凡是涉及职工切身利益的有关文件在印发前都要征求工会的意见，并提交职工代表大会审议通过。1986 年 9 月 15 日，中共中央、国务院印发《关于颁发全民所有制工业企业三个条例的通知》。河南省邮电管理局、河南省邮电工会认真贯彻落实，在周口地区邮电局进行了职工代表大会、工会委员会“两会合一”的试点，并向全省邮电企业推广了这一做法，妥善解决了职工代表大会和工会委员会机构重叠、人员重合、工作重复的问题。1988 年 4 月 13 日，第七届全国人民代表大会第一次会议通过《中华人民共和国全民所有制工业企业法》。河南省邮电管理局、河南省邮电工会联合印发了《关于认真贯彻落实〈企业法〉，进一步加强企业民主管理的通知》，明确提出了实现民主管理“三化”、落实职工代表大会“五权”的十条具体要求，把企业民主管理由人治推向了法治的轨道。同时，大力推行“双保合同”、“集体合同”和职工代表培训工作。全省各级邮电企业

▲1988 年河南邮电政工会议

民主管理工作有了明显的加强，工会的地位和作用有了明显的提高。

达标创优阶段（1989 年—1998 年）。1989 年，为贯彻落实《中共中央关于加强和改善党对工会、共青团、妇联工作领导的通知》精神，省邮电管理局党组制定了《关于加强和改善党对工会工作的领导，全心全意依靠工人阶级振兴河南邮电的实施意见》。省邮电管理局、省邮电工会联合印发了《关于开展职工民主管理达标创优竞赛活动的通知》，并根据省委组织部、省体改委、省总工会《河南省企业民主管理先进单位标准》，制定了《河南省邮电企业民主管理优秀企业和先进企业考核标准》。省邮电管理局、省邮电工会联合印发了《河南省邮电系统二、三级民主管理试行办法》、《河南省邮电系统二、三级民主管理检查考核试行标准》，采取了巩固一级民主管理、加强二级民主管理、带动三级民主管理的措施，促进民主管理朝着纵深方向发展。据统计，全省 132 个邮电通信企业民主管理工作达到了 10 个 100%，即一年召开两次以上职工代表大会的占 100%，审议通过企业重大问题的占 100%，开展二、三级民主管理活动的占 100%，建立健全多种形式民主管理制度的占 100%，民主评议干部的占 100%，建立民主管理行政归口联系单位的占 100%，组织开展职工代表培训的占 100%，建立民主管理资料、图表的占 100%，签订“双保合同”和“集体合同”的占 100%，民主管理达标的占 100%。全省 18 个地市邮电局和 113 个县（市）邮电局被评为市、县民主管理优秀和先进企业，其中 7 个市、县邮电局被省总工会、省计经委和省体改委评为“河南省职工民主管理优秀企业”。1994 年，省邮电管理局党组在邮电部、中国邮电工会全国委员会联合召开的“全国邮电职工民主管理工作会议”上介绍了《同心坚持依靠方针，合力推进民主管理》的经验，并入编《全国邮电职工民主管理工作会议文件和经验材料选编》。

▲ 河南邮电工会第八次职工代表大会

发展创新阶段（1999 年—2008 年）。邮电分营、电信重组以后，为了进一步加强全省通信行业民主管理工作，先后采取了 5 条措施：一是 1999 年率先在全国邮电企业开展了“厂务公开活动”；二是 2003 年指导全省各级通信工会代表职工与企业签订《集体合同》，并将《集体合同》提交职工代表大会审议通过；三是进一步加强二、三级民主管理工作；四是

大力推行市级区域性职工代表大会制度，较好地解决了市、县分公司职工代表大会分开的问题；五是强化省、市两级民主管理制度，坚持开好省、市两级职工代表大会。同时，制定《职工代表座谈会制度》、《职工代表巡视制度》、《职工代表列席总经理办公会议制度》、《职工代表参加省公司工作会议制度》。2007 年 3 月，制定了《关于加强企业民主管理的指导意见》，规范了企业民主管理工作。

维护职工权益

在邮电分营之前，河南省邮电工会每年都坚持开展“送温暖”、“职工荣誉疗休养”、“集资建房”、“自建公助”、“扶贫救灾”等活动。邮电分营之后，各电信运营企业工会继续开展“送温暖”、“职工荣誉疗休养”、“扶贫救灾”等活动。

▲ 工会代表选举投票现场

河南联通工会坚持每年为职工办实事做好事：一是提高生产一线低岗员工岗位工资水平；二是新建、改建、扩建农村支局所，解决农村支局所“五难”问题；三是开展“冬送温暖，夏送清凉、四季送关爱”活动；四是建立特困员工长效帮扶机制；五是关爱劳动模范；六是关心员工身体健康；七是更新生产用车，保证生产安全；八是加强安全教育。

河南移动工会一是加强关爱与救困，从健康体检、荣誉疗养、生日庆贺、福利发放等方面入手，为员工办实事做好事；二是推广民心工程，组织基层工会干部“进千家门、知千家情、解千家难、暖千家心”，做到“一必贺、二必访、三必探、四必帮、五必知”，初步建立慰问、家访、帮教、谈心工作机制；三是从关注员工收入、安全、健康、工作环境、成长 5 个方面做好员工的心理援助。

河南电信工会建立了省级职工代表大会制度，签订了省级集体合同，成立了省级劳动争议调解委员会。坚持开展送温暖活动，每年“双节”期间，对劳动模范、困难员工进行慰问。建立了员工节日慰问制度、员工年休假制度，使广大员工感受到企业的温暖。

河南铁通工会认真抓好困难员工的基本生活保障工作，每年元旦春节期间，对困难户、离退休、老弱病残及员工家属进行走访慰问。2005 年，河南铁通公司工会开始实施《员工互助保险办法》，员工因工或非因工死亡、员工生育、员工子女入学、员工直系亲属患大病等都可以享受到互助保险金。

开展劳动竞赛

河南省邮电工会紧紧围绕企业中心工作开展劳动竞赛、岗位练兵、技术比武等活动。1999 年，河南省劳动竞赛委员会根据河南省经济发展情况，率先在全国提出实施大型的、系统性的、长期性的、群众性的经济技术创新工程。河南省通信业各级工会围绕实施经济技术创新工程，开展了各种形式竞赛活动。

▲ 举行宽带装维技术比武

河南联通工会组织开展了多种劳动竞赛活动：一是开展“首季开门红”、“二季度电话放号争先创优”、“大干一百天”等劳动竞赛；二是开展“争当管理创新最佳单位和最佳管理者”竞赛；三是开展“争做技术创新能手和经济技术示范岗”竞赛活动；四是围绕通信生产中的管理、经营、服务和技术创新、技术攻关，开展了合理化建议活动；五是根据省劳动竞赛委员会、省总工会《关于开展十个工种技术比武竞赛的通知》的要求，组织开展了光缆、电缆接续技术比武等 10 多项技能竞赛活动。

河南移动工会制定完善了《基层工会工作考核办法》、《劳动竞赛实施办法》，围绕“和谐型、绩优型、学习型、创新型、安全型、活力型”班组建设的要求稳步开展班组建设工

▲ 河南移动营销服务技能竞赛

作。1999 年开始，河南移动工会组织开展了两年一届的“沙场点兵—岗位技能比武”活动，覆盖了生产一线的所有岗位，近万名员工参加，广大员工的综合素质和业务技能得到了很大的提升。

河南电信工会围绕中心工作，积极开展业务技能竞赛、技术比武等活动。业务技能培训、考评定级，宽带装维、宽带营销技能考试和网络维护知识竞赛等活动的开展，充分调动了员工提高业务技能的积极性，员工队伍素质不断提升。

河南铁通工会围绕经营管理和安全生产，开展练功比武、群众性技能大赛等活动，鼓励员工大胆创新，积极学习，形成了“每周一题，每月一考，每季一比”的良好氛围，提高了员工的实际工作能力。

建设职工之家

改革开放以来，河南邮电重视和加强职工之家建设，为职工创造了良好的生产生活环境。

河南联通工会于 1999 年 11 月印发了《关于补助基层经费的办法》，对已建成全国模范“职工之家”的单位给予 5 万元补助。同时，还印发了《关于认真做好全国模范“职工之家”、全国模范“职工小家”复查验收工作的通知》。2006 年—2008 年，累计向各市级分公司下拨建家经费 587 万元，共创建“全国模范职工之家”9 个、“全国模范职工小家”1 个、“省级模范职工之家”17 个、“省级模范职工小家”10 个、“中国联通模范职工之家”2 个、“中国联通模范职工小家”7 个、“河南联通合格职工之家”3 个、“先进职工之家”10 个、“先进职工小家”82 个。省公司创建成“国家级模范职工之家”。

河南移动工会牢固树立“建家就是发展新移动”的理念，坚持以小“家”发展推动大“家”建设，形成了大“家”、小“家”一起抓的良好建家氛围。各级工会制定了《建家工作实施纲要》、《职工之家管理办法》，加强基础管理工作；逐步建成完善了健身房、图书

▲20 世纪 80 年代末期全国总工会副主席蒋毅、邮电总工会主席罗淑珍到河南省巩县邮电局职工之家视察

室、小食堂等相关的场地和设施。公司各级工会组织共建成“全国模范职工之家”7个、“全国模范职工小家”5个、“集团公司模范职工之家”9个、“省级模范职工之家”12个、“省级模范职工小家”35个。

河南电信工会制定了职工之家创建的长远规划，树立和打造了一批先进典型，有效巩固基层工会工作基础，不断增强基层工会组织的号召力和凝聚力。2008年，开封电信工会荣获集团公司“模范职工之家”称号。

河南铁通工会采取省分公司工会拨一部分，单位行政出一部分，地市分公司工会补一部分的方式筹集资金，加大了对建家工作的投入。对各地市分公司新建局点，采取重点倾斜的办法，为新建局点购买空调、冰箱、电视机、洗衣机、淋浴器、厨具等生活用品等，方便了铁路沿线和偏远地区员工的生活，调动了员工的积极性。

丰富文体活动

河南各级电信企业工会积极搭建企业文化体育平台，举办各种文体活动，展示职工风采。

2002年4月，河南通信工会举办了“河南省通信公司第一届文艺汇演”。组织了河南省通信职工《颂歌献给党》全省巡回演出活动，演出19场，观众达16400人。2008年奥运会期间，组织32名劳模和先进个人赴京观摩奥运会、残奥会开、闭幕式；各级工会开展了丰富多彩的文体活动，推广人文奥运理念，引导员工科学健身。

▲1992年、1995年、1997年、河南邮电女篮三次荣获全国邮电女子篮球赛冠军

河南移动工会组建了乒乓球、羽毛球、篮球、瑜伽、游泳、网球等体育俱乐部，常年开展体育健身活动。组织“摄影、书法展”、“厨艺大赛”、“手工才艺展”、“艺术人才选拔赛”、“插花剪纸比赛”、“自信T型台”等活动，为员工搭建展示才华的舞台；举办理财、心理、健康、家庭保健、子女教育、礼仪形象等讲座、沙龙。

河南电信工会通过丰富多彩的形式，大力培育和弘扬无私奉献的企业精神。2003年—2008年，河南电信工会开展了“创业之星”、“功勋员工”评比活动。

每年“5.17”前夕，举办演讲比赛，喜迎世界电信日。

河南铁通工会在推进企业文化建设进程中，通过分散与集中相结合的方式，积极开展文体活动，以形式多样的文体活动凝聚人心。2005年10月，成功举办了首届“铁通杯”男子篮球赛。2007年，举办了首届职工文艺演出。

▲ 河南电信与河南日报报业集团合作，连续5年用高雅的交响音乐打造“中国电信之夜”新年音乐会高端文化品牌

第四节　行业文明创建

河南省通信行业以提高服务质量和服务水平为目标，紧紧围绕改革与发展的中心工作，深入开展了丰富多彩的精神文明创建活动，提高行业员工的服务意识，促进行业的健康发展。

全省通信行业把精神文明创建当作一项系统工程常抓不懈。在人员、机构、职责三落实的基础上，做到建设目标统一规划、任务统一布置、措施统一制定、成果统一总结，在思想上、组织上、管理上、措施上、投入上做到了五个到位，促进了两个文明建设的协调发展。各电信运营企业把创建活动与共产党员示范岗、星级服务竞赛、创建青年文明号等活动载体结合起来，让员工在活动中自觉增强创建意识，树立全行业创优服务的良好形象。把创建活动与思想政治工作结合起来，从健全组织、完善制度、培养骨干入手，加强企业的思想政治工作。把创建活动与企业文化建设结合起来，通过开展丰富多彩的文化活动，全方位提升整个通信行业的社会形象。

政风行风建设

河南邮电通信业通过加强行风建设，通信服务整体水平不断提高。

2003 年，按照省政府的统一部署和信息产业部行风建设领导小组确定的工作重点，河南省通信管理局认真解决群众反映强烈的通信服务热点问题，加强对各电信运营企业客服中心的监督指导，建立健全了用户申诉案件的归纳分析、协调处理和定期通报工作制度。同时，充分利用电信用户委员会以及其他各类社会力量，共同促进各电信运营企业改进服务质量。

2004 年，按照“管行业必须管行风”的要求和“标本兼治、纠建并举”的工作方针，河南省通信管理局将全省通信行业贯彻执行《中华人民共和国电信条例》、落实电信服务标准、解决群众反映电信服务热点问题、贯彻执行电信网间互联互通、通信建设和电信资费等情况确定为评议重点，查找存在的问题，落实整改措施，切实解决电信服务中存在的突出问题。

2005 年，河南省通信管理局以解决群众反映强烈的计费管理不规范、服务协议不对等、短信陷阱以及企业宣传误导消费等问题为重点，结合信息产业部“畅通网络、诚信服务”主题活动，认真抓了电信服务“评优帮差”工作，在全省政风行风评议中，电信运营企业的整体排名较 2004 年有了较大提升。

2006 年，河南省通信管理局与省消费者协会联合开展了一系列活动，对“不对等协议”、“短信陷阱”和“电信卡余额作废”等热点问题进行了专项治理整顿。全省各电信运营企业采取多种措施，拓宽投诉渠道、建立完善各种监督制度、服务考核制度等，切实解决用户关心的热点难点问题，企业自律意识显著增强，市场竞争秩序明显好转，服务质量不断提高，在全省政风行风评议中，群众满意度进一步提升。河南移动、河南联通被评为河南省 2006 年度政风行风建设先进单位。

2007 年，河南省通信管理局会同省消费者协会和省电信用户委员会，在全省通信行业组织开展了“诚信服务 放心消费”活动。各电信运营企业认真落实服务承诺，解决群众反映较为突出的网间通信不畅、短信乱收费等问题，用户投诉量持续下降，群众满意度持续上升。河南移动被评为河南省 2007 年度政风行风建设先进单位。

▲ 河南联通、河南移动、河南电信、河南邮政荣获 2008 年度全省政风行风建设先进单位

2008 年，在民主评议政风行风工作中，省通信管理局将

省政府纠风办反馈的159条群众意见和建议进行认真梳理，以解决群众反映突出的垃圾短信息、电信资费、电信服务问题为重点，抓住关键环节，采取一系列措施，着力加以解决。在垃圾短信息方面，采取有效措施，坚决遏制垃圾短信息的传播；在电信资费方面，加大对电信资费的日常管理，提高资费透明度；在电信服务方面，加大监管力度，提高全省电信服务水平。河南联通、河南移动、河南电信被评为河南省2008年度政风行风建设先进单位。

文明单位创建

河南省通信管理局作为全省通信行业的主管部门，在做好电信监管工作、维护全省电信市场稳定的同时，把精神文明创建工作摆在十分突出的位置，先后成立了河南省通信行业精神文明与行风建设指导小组和河南省通信管理局精神文明建设领导小组，明确了工作职责及办事机构，确保精神文明创建工作真正落到实处。成立了河南省电信用户委员会、河南省通信行业民主评议行风代表委员会，把监督服务工作与行风评议工作结合起来，对全省通信行业的服务质量进行监督和评议，推动了全省通信行业精神文明建设的深入开展。河南省通信管理局把机关的文明单位创建作为一项重要的基础工作常抓不懈。2006年2月，河南省通信管理局被省委、省政府命名为省级文明单位。

河南联通以服务地方经济建设为己任，以发展为中心，以创新为主线，始终把精神文明创建工作作为提升企业社会形象、服务水平和综合实力的有效手段，较好地实现了"三个文明"协调发展。在创建活动中，建立了党政工团齐抓共管精神文明创建工作体系和机制，为创建工作提供了良好的组织保证。制定出台了一系列文件，建立健全了各项规章制度。通过开展岗位练兵、文明部室创建、文明楼院建设、社会公益等形式多样的创建活动，确保了各项创建任务的落实。同时，把创建工作列入年度绩效考核指标，与领导班子和创建主管部门的绩效工资挂钩，形成了有效的激励和约束机制。截止到2008年底，河南联通所属133个市、县分公司文明单位创建全部达标，其中获得国家级文明单位3个、省级文明单位78个。

2003年—2005年，河南移动围绕实施"服务与业务领先"的战略，建立了运营管理与精神文明建设两位一体的考核机制，引导广大员工为落实“双领先”战略建功立业。2005年底，河南移动所属18个单位中，有5个荣获全国文明单位和全国精神文明建设先进单位，10个荣获省级文明单位，3个荣获市级文明单位，创建率达到100%。2006年—2008年，围绕实施“九九一百工程”，河南移动加大了窗口单位的创建力度，实现了三个“延伸”：一是从一线营业窗口向支撑部门及班组延伸，形成高效优质的服务通道；二是从自办营业厅向合作营业厅延伸，打造系统连贯的文明服务链条；三是从公司内部向社会延伸，增强窗口单位文明服务的辐射能力。2008年底，河南移动又有4个单位被中央文明委授予全国文明单位，7个单位荣获全国精神文明建设工作先进单位，创建率达到57.89%。

▲2005年，中国移动精神文明创建工作暨“三三一工程”总结和表彰大会在郑州召开

河南电信高度重视文明单位创建工作，开展了形式多样的创建活动。截止到2008年底，河南电信创建省级文明单位5个。

青年文明号创建

河南省通信行业高度重视“青年文明号”创建工作，紧紧依靠党建带团建，围绕“融入生产经营的主战场”积极开展争创青年文明号、争当青年岗位能手活动。在活动中，省通信管理局创新创建形式、创建载体、创建方式。成立了专门的组织领导机构，出台了《青年文明号创建管理办法》等一系列文件，整个创建活动有计划、有步骤、有方法、有落实、有检查、有结果，确保了创建工作经常化、规范化、制度化，使“奉献在岗位、文明创一流”为主题的青年文明号创建工作取

▲2004年，河南通信“青年文明号”代表在争做文明先锋活动现场

得了丰硕的成果，初步形成了一个分布合理的国家级、省级、市级“青年文明号”创建梯队。截止到2008年底，创建省级以上“青年文明号”243个，其中“全国青年文明号”32个。

▲ 青年文明号进社区

构建和谐行业

河南省通信行业协会积极发挥其在电信监管机构和电信运营企业之间的桥梁和纽带作用，努力营造和谐行业环境。

河南省通信行业协会在每年的“5.17”世界电信日和信息社会日活动期间，通过广场活动、报纸、电视、广播、互联网等多种形式，大力开展行业宣传活动。

2005年5月16日，省通信管理局、省通信行业协会举办了以“诚信服务和谐发展”为主题的河南省电信业诚信服务论坛。论坛邀请业内外知名专家学者就行业诚信服务、电信网的现状及发展等作了专题演讲；组织省各基础电信运营公司联合发出了“坚持诚信经营、构建和谐环境、开展公平竞争、提高服务质量、倡导以人为本、维护用户权益、实现科学发展、打造电信强省”的诚信倡议，引导了省各基础电信运营企业加强诚信建设，促进行业自律。

2006年，省通信行业协会组织拍摄了主题为“畅通网络、诚信服务——河南通信业十五发展纪实”的电视宣传片和主题为“通信网络连四海，信息服务进万家”的电视形象广告宣传片，全面总结了“十五”期间全省电信行业在服务经济社会发展中做出的成绩。

2007年，围绕“让信息通信技术惠及下一代”的主题，举办了2007世界电信和信息社会日主题知识讲座、“商都杯”2007世界电信和信息社会日网络答题活动。

2008年，省通信管理局、省通信行业协会在《河南日报》刊登了题为“心系地震灾区、网络传递真情”的公益广告，积极组织省各基础电信运营公司参与灾区通信抢险工作。为表达全行业对灾区的关心关爱和帮助，通信行业协会向四川汶川地震灾区捐赠人民币10万元，“八一”前夕赴川慰问了济南军区司令部通信部抗震救灾队伍。

邮政篇

综　　述

党的十一届三中全会以来，河南邮政进入了一个全新的发展时期。全省邮政部门坚持“为人民服务、为经济社会发展服务”的宗旨，锐意改革，不断进取，邮政网络建设、邮政业务发展、邮政服务水平不断取得新的成绩。特别是1999年独立运营以来，河南邮政部门在面临巨大困难的情况下，树立二次创业的雄心壮志，顺应市场经济规律，大力推进业务创新、体制创新、管理创新和技术创新，先后经过了快速发展打基础、深化改革增活力、提升质量和效益三个发展阶段，逐步进入了良性发展轨道，使河南邮政从一个基础薄弱、亏损严重、发展困难的传统国有企业，发展成为一个行业领先、员工自豪、社会认可的现代服务企业。2008年，全省邮政业务收入达到46.17亿元，是1978年的222倍，是邮政独立运营时的4.6倍。

一、基本历程

改革开放30年来，河南邮政的发展经历了两个历史阶段。

（一）邮电合营时期（1978年—1998年）

这一时期河南邮政发展的主要特点：适应改革开放的要求，加强干线通信能力和局所建设，缓解大网运行不畅的突出矛盾；增加服务品种，特别是恢复开办了邮政储蓄业务，对邮政自身发展产生了重大和深远影响。通过改革和整顿，提高了邮政企业管理与服务水平。

邮政建设取得长足进展。邮政是一个网络型企业，邮政干线和局所是网络正常运行的重要支撑，特别是干线和重要邮政枢纽，对全网的运行畅通至关重要。从新中国成立到党的十一届三中全会之前的数十年里，邮政事业取得了巨大发展。但是，随着改革开放的不断深化，邮政不能适应社会经济发展需求的矛盾日益突出，特别是邮政干线运行不畅和重要邮政枢纽处理能力不足，严重影响了全网的运行效率。为了解决邮政运能不足的问题，河南邮政采取多种措施，增加干线邮运能力。一是通过邮电部调来自备火车邮箱4辆，增配自备火车邮箱3辆，加强郑州至重庆等干线邮路运能。到1998年，铁道邮路达到4 150千米。二是利用集装箱运输邮件，每年全省通过集装箱运出邮件数十万袋。三是新开大吨位汽车邮运干线，先后开通郑州—西安、郑州—武汉、郑州—济南、郑州—南京、郑州—杭州省际自办汽车邮路，同时陆续在省内干线增添自办汽车邮路。到1987年，全省126个地、市、县局实现由铁路或自办汽车邮路运输邮件。1998年，全省自办汽车邮路达到39 554千米，邮政汽车达到1 716辆。同时，县以下的地区基本实现了机动车运输邮件。四是增加航空邮路运能。1976年，经转郑州的航空邮路只有10条，郑州局每周交换邮件仅28次。1987年，河南的航空邮路达到22条、3万多千米，郑州局每周接发邮件78次，航空邮路直达22个省会城市。

在增加邮政干线运输能力的同时，大力加强邮政局所、生产场地的建设。“七五”期间，全省扩建和新建邮政生产场地总面积比“六五”期间增长3.47倍。“八五”期间，河南邮政加快通信设施建设和引进应用新技术步伐。郑州、新乡、安阳等十几个邮件处理中心相继建成，并先后引进安装了包裹、信函、印刷品自动分拣设备。“九五”期间，邮政金融网络技术与服务水平大幅提升，1996 年，郑州邮政金融计算机绿卡工程投入运行；1997 年实现了与国内 5 000 多个邮储网点和 1 000 台自动柜员机联网。

业务发展持续增长。邮政是一个传统行业，函（件）、包（裹）、汇（兑）、发（行）一直是邮政的主要业务。改革开放后，随着集邮、特快专递、快件等一些新业务的开办，邮政的服务内容更加丰富，为邮政经济规模的壮大增添了新的活力。通过广大职工的努力，新业务的发展走在全国同行的前列，对河南邮政未来的发展产生了深远影响。

1986 年，国务院批准恢复开办邮政储蓄业务，当时河南的邮政储蓄网点仅有 133 个，储蓄余额 1 900 万元，储蓄收入 8 万元，占邮政收入的 0.1%。省邮电管理局明确提出要把邮政储蓄作为支柱业务来办。在省金融主管部门大力支持下，加快网点建设，培训业务人员，在全省普遍开办邮政储蓄。通过开展多种形式的竞赛活动，总结推广林县、辉县邮电人的“四千精神”（千方百计、千难万险、千辛万苦、千言万语），学习辉县邮电局范春香的先进事迹，促进了邮政储蓄快速发展，邮政储蓄余额连续多年居全国前列。20 世纪 90 年代初期，邮政储蓄已经成为河南邮政的支柱业务。1998 年，全省邮政储蓄网点基本普及到乡镇所在地，储蓄余额 165 亿元，储蓄收入近 3 亿元，占邮政总收入的 30%。

1981 年，河南省邮票公司成立，至 1987 年，全省所有地市全部成立邮票公司，90 个县开办了集邮门市部，全省集邮收入仅有 457 万元。此后，省邮电管理局和各地邮政部门依托集邮专业机构和集邮协会，积极组建集邮队伍，开展集邮活动，在国内邮展和国际邮展上都取得了令人瞩目的成绩。在此基础上，河南集邮收入逐年跃升，1989 年突破 1 000 万元，1994 年突破 5 000 万元，1997 年突破 1 亿元；1998 年达到 2.67 亿元，占邮政总收入 1/4 强。

邮政快件业务也得到了快速发展，业务量曾占函件业务量的 1/10。其后，邮政快递业务取代快件业务，在邮政业务发展中崭露头角，1998 年，全省实现业务收入 5 400 多万元。此外，还开办了报刊零售、邮购、商函等新业务，成为河南邮政业务发展新的增长点。

1998 年，全省邮政业务收入 10.05 亿元，是 1978 年的 48 倍。在全部收入中，新业务形成的增量占到 60% 以上。

企业管理和服务水平得到提高。严格通信纪律、提高通信质量是邮政作为全程全网的网络组织和服务型的社会公用事业最基本的要求。改革开放后，全省邮政部门通过治理整顿，完成了邮件分拣封发体制的改革，实行了省会现业局和运输局的分离；实施了新的邮政作业组织管理办法，所有生产环节明确了岗位生产责任制；严格落实了“交接验收、勾挑核对、平衡合拢”等邮政基本制度。河南邮政企业管理得到明显加强，服务质量得到显著提高，公民的通信权利得到有效保障。

（二）邮政独立运营时期（1999 年—2008 年）

这是河南邮政创新发展、成就辉煌，能力提升、实力增强，品牌彰显、形象提升，员工受益、和谐发展的 10 年。新的河南邮政面对分营之初的困难局面，始终坚持以发展为第一要务，立足河南实际，以改革为动力，在市场经济中努力寻找发展方向，大力拓展业务市场，不断扩大业务规模，初步实现了“业务结构合理、管理科学规范、基础设施健全、信息技术先进、经济效益稳定、社会形象一流”的发展目标。

团结拼搏度难关。独立运营之初，河南邮政虽然有一定的基础，但仍然面临着巨大困难。面对困难，省邮政局号召全省邮政职工认清形势，加快业务发展，努力降低成本，积极开办新业务。全省邮政干部职工团结一致，艰苦创业，千方百计发展业务。分营第一年，全省邮政收入增长 51%，第二年增长 23%，实现了扭亏为盈，第三年实现业务收入达到 21.2 亿元，完成了分营以来的第一次“翻番”。

推动内部改革，增强发展动力。2002 年，河南邮政推出了专业化经营改革和内部分配改革。

专业化经营是对专业实行公司化运作，各专业建立省、市、县三级营销机构，组成专业专职营销体系，实现了由营业柜台为中心向客户为中心的转移，由全员营销模式向专职营销模式的转变。同时，对各专业在人员招聘等方面适当放权，专业业绩与待遇直接挂钩，调动了各专业的发展积极性。

内部分配改革是在全面实行定岗定员、竞聘上岗的基础上，把收入分为岗位工资、生产奖励、绩效奖励 3 部分，在保证职工工资收入的前提下，鼓励职工多劳多得。同时，对各基层企业实行分类分级，鼓励企业大力发展业务，降低成本，提高经济效益，保障通信质量。

两项改革有效调动了企业和职工的发展积极性。2007 年，全省邮政业务收入近 40 亿元，基本实现了分营后第二次“翻番”。

立足河南实际，谋求长远发展。河南邮政立足河南是全国第一农业大省的实际，积极顺应市场经济规律，密切关注现实和未来的市场需求，根据自身特点，努力寻找服务机会。针对城市市场，大力发展集邮、代理保险等业务；针对农村市场，陆续开办了小额贷款、农资和种子配送、代收农村电费、为外出打工人员发放邮政绿卡等业务。在全省农村建立了2.8万个“三农”服务站。2007年，河南邮政为农村配送生产生活资料商品总额15.5亿元。2008年，河南邮政实现业务收入46亿元，在全国同行排名由分营之初的第13位跃升到第4位。

全力推进由传统邮政向现代邮政转变。2006年9月，河南邮政实现了政企分设，省邮政管理局成立；2007年1月，省邮政公司成立，2007年11月，中国邮政储蓄银行河南省分行成立。邮政实行政企分开，从根本上打破了长期影响邮政发展的体制机制障碍，有利于加强政府对邮政市场的监管，维护公民基本通信权利，保障国家通信安全；有利于解放和发展邮政生产力，更好地服务经济社会发展。

河南邮政在二次创业的过程中，不断提高邮政网络的运递处理能力和技术水平。全省新建了79个邮政综合生产楼和邮件处理中心，全省邮政生产处理和营业场地面积达到108万平方米；完成了邮政“两网”（计算机网、金融网）、“三流”（实物流、信息流、资金流）资源整合；建成了涵盖集邮、函件等业务经营和管理的邮政综合计算机网以及连接省内2 000多个邮政储蓄网点的邮政金融网；拥有邮政汽车2 316辆。开通了省内快速运递网和各市、县同城物流配送网，形成了沟通省内、联通全国的综合物流配送网；信函自动分拣机、包裹自动分拣机、商函打印封装机、自动柜员机等自动化设备广泛应用，提高了邮政生产效率，缩短了邮件传递时间；全省邮路总长达到10.6万千米。

二、巨大成就

河南邮政改革开放30年来特别是独立运营以来取得了巨大成就，主要表现在以下4个方面。

（一）坚持改革创新，使河南邮政的发展动力和企业活力大大提升。坚持发展是第一要务，用发展的办法解决前进中遇到的一切困难和问题。坚持以市场为导向，发挥邮政网络和信誉优势，积极实施业务创新，先后开办了农资配送、速递送汇、形象年册、代理保险、代办电信、图书音像、邮政物流、邮送广告、代缴农村电费、名址库商函等新业务，使业务领域大大拓展，实现了企业规模与效益的同步增长。积极推进体制机制创新，完成了邮政政企分开、邮政金融体制和速递物流专业改革，率先在全国推行专业化经营管理，不断深化三项制度改革，积极探索投递体制改革，建立了与市场经济相适应的管理体制和经营机制，极大地增强了企业发展的动力和活力。特别是独立运营以后的十年间，全省邮政业务收入年均增幅 16.37%，高出全国平均水平 4.26 个百分点，收入绝对值较分营之初翻了两番，企业效益逐年提高，探索出了具有河南邮政特色的发展道路。

（二）坚持科技强邮，使河南邮政的综合实力和竞争能力大大提升。积极实施科技强邮战略，加快信息化和网络建设，建成了网络先进、技术领先、资源共享的信息化平台和覆盖城乡、功能完善、运行高效的实物传递网。邮政综合生产楼和现代化邮件处理中心的建设，使河南邮政的生产办公条件得到改善，网络能力显著增强，竞争实力大大提升，实现了由传统邮政向现代服务企业的转变。

（三）坚持把邮政融入地方经济社会发展大局，使河南邮政企业形象和社会影响大大提升。坚持以通政、通民、通商为目标，充分发挥行业优势，紧紧围绕地方党委政府的中心工作，实施业务创新战略，大力开拓邮政业务市场，在服务地方经济社会发展中，实现了邮政自身的发展。坚持"人民邮电为人民"的服务宗旨，创新服务手段，提高服务质量，满足社会多元化的需求。河南邮政工作得到了各级党委政府的充分肯定和社会各界的广泛好评，邮政的企业形象和社会影响大大提升。

（四）坚持以人为本，使河南邮政的凝聚力和向心力大大提升。始终坚持以人为本，牢固树立"企业即人、企业靠人、企业为人、企业塑人"的理念，把促进员工发展与企业进步作为各项工作的出发点和落脚点。加强领导班子建设和干部队伍建设，坚持正确的用人导向，培养和造就了一大批政治素质高、工作能力强、作风过硬、业绩突出的经营管理人才。大力推进全员素质提升工程，打造了一支适应现代企业发展的高素质职工队伍。通过举办先进事迹报告会、开展思想大讨论、组织演讲比赛等多种形式，认真学习张荣锁、牛玉儒、任长霞、王顺友等先进人物，大力弘扬忘我拼搏的王德武、创新发展的徐景玉、奉献社会的赵海菊和艰苦创业的郏县局、坝头支局等先进典型，在全省形成了爱岗敬业、干事创业的良好氛围，培育了开拓创新、勇争一流的企业精神，为企业发展提供了强大的精神动力。建立完善收入分配激励机制，逐年提高员工收益水平，大力改善员工生产生活条件；建立困难职工帮扶救助体系，使广大干部职工充分享受到了企业发展的成果，实现了企业发展、人才成长、员工受益三者的和谐统一，有力增强了企业的凝聚力和向心力，促进了企业的全面和谐发展。

河南邮政改革发展的实践充分证明，只有坚持科学发展，才能解决前进中的一切困难和问题，使河南邮政沿着正确的道路前进；只有坚持改革创新，才能不断解放和发展邮政生产力，才能使邮政事业充满生机和活力；只有坚持把邮政融入地方经济社会发展大局，才能赢得社会各界的广泛理解和支持，提升河南邮政的品牌形象和社会影响力；只有坚持以人为本，才能凝聚人心，实现和谐发展。

POST

第八章

邮政改革

概述

1978年召开的十一届三中全会，是中国经济社会发展的重大转折点。随着改革开放的不断深入，到1998年，在20年的时间里，河南邮电事业发生了巨大的变化。随着社会主义市场经济体制的逐步建立，“邮电合一”的管理体制已不能适应邮电事业快速发展的要求。邮政与电信分营，符合邮电通信业适应社会主义市场经济的需要，符合邮政、电信两大专业自身发展的需要。1998年9月，根据信息产业部《关于邮电管理局分营与机构调整问题的通知》精神，河南邮电自下而上开始实施分营。1998年12月30日，河南省邮政局挂牌成立。2006年9月12日，根据《国务院关于印发邮政体制改革方案的通知》和国家邮政局《关于印发组建省（区、市）邮政监管机构工作方案的通知》精神，河南省邮政管理局成立，全面行使政府职能，依法监管本地区邮政市场，组织协调本地区邮政普遍服务、机要通信等特殊服务的实施。2007年1月30日，河南省邮政公司成立。2007年11月15日，中国邮政储蓄银行河南省分行成立，下辖17市分行和济源市直属支行。

第一节　机构改革

1998年12月27日，河南省邮电机构编制委员会印发《关于河南省邮电管理局、河南省邮政局及直属单位邮电分营与机构调整的通知》，对河南省邮电管理局、河南省邮政局以及直属单位机构进行调整和划分。1998年12月30日，河南省邮政局挂牌成立，河南邮政开始独立运营。2006年9月，河南省邮政管理局成立。2007年1月，河南省邮政公司成立。河南邮政实行政企分开，建立了企业独立自主经营、政府依法监管的邮政体制。2007年11月，中国邮政储蓄银行河南省分行成立。2008年，全面完成了邮政金融体制改革，建立起了结构合理、运行平稳的组织管理体系。

河南省邮政局成立

1998年9月，按照国务院关于邮电分营的统一部署，河南省实行邮电分营。1998年12月30日，河南省邮政局成立，河南邮政发展史掀开了崭新的一页。

▲ 河南省邮政局挂牌

河南省邮政局下辖18个地市邮政局，113个县（市）邮政局。全省邮政共有职工22 766人。

河南省邮政局内设机构：办公室、行业管理和法律事务处、人事教育处、公众服务处、网络运行处、计划财务处、工程建设处、行政保卫处、离退休人员管理处、审计室、监察室。

直属单位：河南省邮政运输局、河南省邮政储蓄汇兑局、河南省报刊发行局、河南省邮资票品局、河南省机要通信局、河南省邮政规划设计院、河南省邮政器材公司、河南省邮电技工学校、河南省邮政印刷厂、河南省邮政服装厂。

附属机构：多种经营办公室、文史档案馆、职工培训中心、资金调度中心、社会保险办公室、报刊图书公司、集邮协会、邮政体协。

河南邮政局是国家邮政局所属的国有大型通信企业，是河南省政府管理全省邮政通信事务的行政主管部门，实行国家邮政局和河南省政府双重领导，以国家邮政局领导为主的管理体制。

河南省邮政管理局成立

2006 年 9 月 12 日，河南省邮政管理局成立。河南省邮政管理局的成立，标志着河南邮政顺利完成了政企分开，邮政管理体制改革迈出了实质性步伐。河南省邮政管理局主要职责是：贯彻执行国家关于邮政行业管理的法律法规、方针政策和邮政服务标准；监督管理本地区邮政市场；组织协调本地区邮政普遍服务以及机要通信、义务兵通信、党报党刊发行、盲人读物寄递等特殊服务的实施。河南省邮政管理局内设综合处、普遍服务处、市场监管处。

河南省邮政公司成立

2007 年 3 月，河南省邮政公司成立并揭牌。根据中国邮政集团公司的总体部署，公司的组建工作按照精简高效的原则，设置了省邮政公司内部机构，理顺了管理职能，建立起了与公司化运作相适应、运行顺畅的组织管理架构。体制改革为河南邮政发展创造了良好的经营环境，充分发挥市场在资源配置中的基础性作用，有利于促进企业扩大规模，提高经营能力，

▲2007 年 3 月 1 日，河南省邮政管理局和河南省邮政公司举行揭牌仪式

增强市场竞争能力，促进邮政业向信息流、资金流和物流“三流合一”的现代邮政业方向发展。省邮政公司下辖18个省辖市局，113个县（市）局。

河南省邮政公司机构设置：办公室、市场经营部、网络运行部、计划财务部、企业发展与科技部、人力资源部、安全保卫部、审计部、监察室、服务质量监督检查部、党群工作部。

直属单位：邮政储汇局、速递公司、信息技术局、报刊发行局、集邮公司、函件局、邮政培训中心。

中国邮政储蓄银行河南省分行成立

2007年10月18日，中国银行业监督管理委员会在《中国银监会关于同意中国邮政储蓄银行筹建北京等九家分行及所属分支机构的批复》中同意筹建河南省分行及所属分支机构。2007年11月9日，河南省银监局印发《河南银监局关于同意中国邮政储蓄银行有限责任公司河南省分行开业的批复》，批准河南省分行开业。2007年11月15日，中国邮政储蓄银行河南省分行成立。2007年12月7日—12月19日，邮储银行各市分行、济源市直属支行相继开业。

新成立的邮储银行河南省分行由原河南邮政各级储汇金融业务机构整建制划归组成，并重新组建、完善了各级内部管理机构。河南邮政储蓄业务从1986年恢复开办，1990年由银行代办改为自办，到2007年邮储银行机构成立，20年实现了三级跨跃式发展。中国邮政储蓄银行河南省分行机关内设机构12个部、室、两个直属支行，下辖17个市分行和济源市直属支行。

第二节　创新体制机制

改革开放特别是河南邮政独立运营以后，坚持“以加快发展推动改革，以深化改革促进发展”，与时俱进，解放思想，通过体制机制的改革创新，调动一切积极因素，促进河南邮政生产力的解放。

收投体制改革

▲ 河南邮政员工冒雪投递邮件

1987 年 1 月 1 日，河南省邮电管理局成立了河南省邮政储汇发行局，各市、县邮电局设置了发行科、股，负责邮政发行业务的经营与管理。1996 年 9 月 27 日，河南省邮政储汇发行局分设为河南省邮政储蓄汇兑局和河南省邮政报刊发行局。

1999 年分营之初，河南邮政把报刊发行作为“邮政工作的政治灵魂”，率先开始体制改革和机制创新。针对发行和投递两个密切相关的生产环节脱节的问题，全省邮政实行了“收投合一”，使企业资源得到合理配置，网络综合效益得到了有效发挥。

2002 年 1 月，河南省邮政报刊发行局整建制划归郑州邮区中心局。2003 年 9 月，河南省邮政发行局成立。12 月，省邮政局印发《关于印发河南省邮政局发行业务专业化经营实施办法、财务管理和会计核算办法、内部分配办法的通知》，全省发行业务专业化经营工作全面展开。

2005 年，加快营销体系建设，全省发行专业配备了客户经理，制定了客户经理管理办法，按照国家邮政局规范劳务用工的要求，为收投人员办理基本养老保险。

2006 年 5 月，省邮政局印发《关于调整收投专业定员和分配办法的通知》，对收投人员由考核收订报刊流转额改为考核收订报刊收入，在实行酬金总量控制的前提下，按照重实绩、重贡献、公平合理的原则，将收投人员的报酬与所在段道的报刊收入直接挂钩考核，按报刊收入基数内、超基数和超计划三段提成计酬，并采用超额累进的提成系数，有效提高了收投人员发展业务的积极性。河南邮政成为全国唯一一个按段道收入考核计酬的省级公司。

2007 年 7 月 1 日，省邮政公司实行了省发行局和郑州发行局省市一体化经营管理改革。整合后的省发行局既负责全省发行专业的经营管理，又直接参与郑州地区报刊发行业务市场的管理和开发，实现了省发行局和郑州市发行局人力资源的整合和优化配置。省邮政公司制定了《省辖市专业负责人岗位职级管理办法》和《县（市）局专业负责人岗位职级管理办法》，调动了省、市、县三级发行专业负责人的工作积极性，促进了业务发展。

2008 年 1 月，全省邮政发行与图书报刊音像（零售）专业机构进行整合。整合后省级专业机构名称为“河南省邮政发行局”。7 月，省邮政公司出台了《关于调整收投人员分配办法的通知》和《关于调整收投人员分配办法的补充通知》。新的收投分配办法调动了广大收投人员的工作积极性。2008 年全省累计完成报刊业务收入 2.88 亿元。2008 年开发制作企业形象期刊 72.42 万份，居全国第一位，完成图书销售收入 1 308 万元，绝对值居全国第一位。

推行邮区中心局体制

推行邮区中心局体制是国家邮政局加速邮政现代化建设，提高全网运行效益而采取的重大战略步骤。1998 年底，河南省率先在信阳、新乡开展试点工作。2000 年 4 月，郑州邮区中心局挂牌运行。邮区中心局的建立，基本上取消了中心局内各县局的邮件分发功能。2001 年 4 月，按照国家邮政局《关于调整邮区中心局设置的通知》要求，为强化郑州邮区中心局邮件处理集散功能，弱化三级邮区中心局封发功能，撤销了开封、许昌两个三级邮区中心局，河南省由 11 个邮区中心局调整为 9 个。开封、许昌、周口、焦作局各类邮件经转调到郑州邮区中心局，形成了以郑州为中心，辐射各省辖市及郑州经转 40 多个县市的邮件处理集散中心，提高了全网整体运行效益。2001 年，信阳邮区中心局、洛阳邮区中心局相继成立，由所在地邮政局管理，在财务上实行单独列账、独立核算。

▲ 河南邮政的运输车辆行驶在中原大地上

2003 年 9 月 10 日，郑州、洛阳邮区中心局内部生产作业和邮运指挥调度两个子系统全面开通，实现了与全国其他一、二级邮区中心局普通邮件的信息联网。同时，河南邮政以郑州邮区中心局为重点，对汽车邮路进行改革承包，车辆综合利用率从 45% ～ 60% 提高到 90% 以上，车辆行驶里程由年平均 6 万千米提高到年平均 13 万千米。2003 年 9 月 1 日，将新乡、南阳、安阳、漯河、商丘 5 个三级邮区中心局 51 个县市局进出口普通邮件集中在郑州邮区中心局分拣封发。2004 年，完成了邮区中心局生产作业系统在河南省的上线安装工作，实现了航空邮路、干线火车、汽车邮路、省内汽车邮路和速递计算机系统总包信息互联互通。

2005 年，完成了邮政综合网邮区中心局生产作业系统和邮运指挥调度系统从 2.2 到 3.0 的 4 次升级，实现邮件信息一次生成全网共享、邮区中心局内部无纸化交接、进出口总包邮件扫描勾核，实现全网动态指挥调度，网运资源的合理调配。2006 年，河南邮政全面推进网络运行的“三化”（生产管理扁平化、作业流程标准化、生产操作规范化）改革，推动网运生产向集中、动态、精细的方向转变，建立起全网统一的、以信息互联互通为基础的网运生产作业模式以及适应信息化时代要求的全网统一生产操作标准。2006 年 12 月 25 日，国内最先进的包裹自动化分拣机在郑州邮区中心局启用。这台先进的自动化分拣机日邮件处理能力达 25 万件，日分拣量比原来增加 51%。2007 年 4 月 25 日，成功实施邮政营业与网运系统的互联互通，在邮政全网实现了邮件网络信息的一处录入、全网共享；实现了给据邮件的网络化分拣和全程实时动态跟踪查询；实现了邮件处理信息、系统运行状况、业务运作质量的监控管理；同时为各级管理者提供真实、有效、及时的管理和决策支持信息，为业务的快速发展提供支撑。

▲ 郑州邮区中心局职工冒雪转运邮件

干部人事制度改革

独立运营以来，河南邮政结合实际，在干部人事制度方面进行了大刀阔斧的改革。打破企业干部、工人身份界限，坚持“德才兼备、实绩突出、群众公认”的原则，全面推进竞聘上岗，建立起了充满活力、有利于选拔人才的用人机制，使一大批想干事、能干事、能干成事的优秀人才脱颖而出。

▲ 河南邮政积极推行人事制度改革，把优秀人才选拔到领导岗位上

认真抓好高层次企业管理者、高层次专业技术人才和高级营销人才三支队伍建设。1999 年 10 月，河南邮政在全省建立了中青年人才信息库，对优秀的中青年人才分批进行业务知识和综合素质的强化培训。2000 年 5 月，选派 113 名中青年干部到基层挂职锻炼。2001 年 2 月 19 日，省邮政局出台了《河南省邮政局深化“三项制度”改革的指导意见》、《河南省邮政系统科级管理人员竞争上岗实施意见》，在信阳市邮政局进行人事制度改革试点。至 2001 年第一季度末，全省各市局机构改革、竞争上岗工作全面完成。6 月 6 日，省邮政局印发了《关于在全省邮政企业开展定员定岗工作的通知》，全省核定 30 875 个岗位，减员幅度达到 24.13%。2003 年，河南邮政按照“精简、统一、效能”的原则，开展定编、定员、定岗工作，实行扁平化管理。全省邮政管理岗位人数由 5 128 人减少到 2 741 人，压缩近 50%，副科级以上人员由 769 人减少到 553 人，减幅为 22%。

2004 年，河南邮政创新人才选拔任用机制，在干部管理上突出业绩考核。在处级干部选拔上，采取考核推荐、公开向社会招聘的方式，把德才兼备、政绩突出、懂经营、善管理、熟悉邮政业务、有开拓精神、清正廉洁的优秀人才选拔到领导岗位上来。在科级干部及一般管理人员的选拔上，采取公开竞争上岗，实行能上能下，动态管理。全省邮政企业共有管理人员 3 627 人，其中大专以上学历占 67%，40 岁以下的占 65%，管理人员队伍结构得到了优化。同时对省邮政局机关、省专业公司（局）进行了定岗定编定责，实行竞争上岗和双向选择，对空缺岗位面向全省邮政公开招聘。省邮政局机关精简了 7 个岗位，各专业岗位由 348 个减少到 246 个。2005 年，河南邮政抓住“培养、吸引、用好”三个环节，加快人才队伍建设，优化人才资源配置，缓解了基层人才不足的矛盾。

2007 年，河南邮政完善了科级及以上干部聘任管理制度，对科级及以上干部实行任前公示、试用期制和聘任制，明确科级干部聘用期限为3年，处级干部聘用期限为4年，完善了科级及以上干部交流任职机制。县（市）局的局长、副局长在同一县（市）任职满6年的必须交流，省辖市局的局长、副局长在同一市局任职满8年的必须交流。推行市局经营副局长与省专业公司负责人交流、附属企业负责人与主业负责人交流以及省辖市专业负责人跨地区交流任职制度，2007年共有33人次进行了交流。对招聘大学生实行挂职锻炼，选派246名优秀大学生到各县（市）局和省辖市局各专业挂职。

2008年，河南邮政首次采用竞聘上岗的方式在全省公开选拔省专业公司（局）处级领导干部，打破了以往靠组织推荐的惯例。通过竞聘，原省专业公司（局）现职领导中有8人留任、4人落聘、1人改任非领导职务，同时新提任了7名领导干部。在全省开展管理岗位竞聘工作，各省辖市局和省专业公司（局）参加竞聘的共有1 461人，共有98人落聘，新提任93名年轻干部。

劳动用工制度改革

独立运营以来，河南邮政引入市场调节机制，形成了完善的用工体系，建立了管理规范、竞争择优、能进能出的用工机制。

2004年8月，河南邮政印发《河南省邮政局规范劳务用工工作指导意见》，与9 811名劳务工签订劳务合同。2005年，修订完善定岗定员标准，全省共定员35 398人，规范劳务工4 918人。2006年，省邮政局重点对在企业服务一年以上的劳务工加强了综合考核工作，新规范劳务工2 448人。2007年，修订完善了企业定员标准，全省共清理各类富余人员5 000多人。2008年，省邮政公司深化用工制度改革，在郑州邮区中心局实施业务外包，非全日制用工、同一工种使用同一用工形式以及工时管理的综合试点工作，将34个劳务工岗位调整为非全日制用工形式。在城市营业网点全面实施“梯形排班法”，加强了工时管理，优化了用工队伍。

工资分配制度改革

独立运营以来，河南邮政完善分配制度改革，在保证职工工资收入水平的前提下，以量化的绩效考核实行动态的分类分级管理，彻底打破了分配上的平均主义。破除按行政级别进行分配的传统，对市、县邮政局，按规模分类、按效益分级，每年评定，动态管理；对专业和农村支局实行分级、分类管理，建立了专业负责人和支局长的晋级机制，加快了专业和农村支局的发展。

2000 年，省邮政局出台了《河南省邮政局深化邮政企业工资制度改革若干问题的意见》，废除了原有的邮电企业工效挂钩办法，建立了以促进业务发展和提高经济效益为中心，以强化工资分配激励为主线的收入分配办法。2002 年，制定了《河南省邮政企业内部分配办法》、《河南省邮政局农村支局（所）经营承包办法》以及集邮、物流等业务专业化经营实施办法。2004 年，在收入分配方面，修订了分级分类考核办法，对市局实行 7 类 9 级管理，对县市局实行 6 类 10 级管理，企业晋档升级激励机制得到完善。2006 年，完成了企业分类分级调整工作。通过本次分类分级，省辖市局 87% 的职工人均生产奖金提高 16.52%，县（市）局 97% 的职工人均生产奖金提高 16.89%。2007 年，调整了省辖市局局长绩效考核办法，强化对省辖市局领导班子的日常考核和激励；完善了省辖市局专业负责人考核分配办法；调整并完善了邮储网点考核分配办法和农村网点分级酬金考核办法；加大工资分配向生产一线员工的倾斜力度，重点提高了营业、投递、内部作业处理等岗位的工资标准，使全省邮政员工的人均岗位工资、生产奖金基数分别较 2006 年增长 12.5%、22%。2008 年，完成了邮政企业岗位职级体系建设，打破了按行政级别认定岗位价值的模式，建立了以岗位管理为基础的一岗多薪的宽带薪酬体系；顺利完成了操作、营销、技术系列人员薪酬套改工作，实施管理人员竞聘上岗和调整奖金分配办法，保证了全省薪酬制度改革工作的平稳实施。建立劳务工薪酬体系，将劳务工从事的岗位分为 6 个职级，每个职级对应 3 ～ 5 档酬金标准，并按个人技能确定酬金薪档。实行市、县专业负责人绩效工资晋升奖励办法，调动了专业负责人发展业务的积极性。修订各专业专职营销人员考核管理办法，明确专业专职营销人员的日常考核、酬金发放方式及办法。

全面推行专业化经营体制改革

2002 年，河南邮政在界面清晰、市场竞争激烈的集邮、零售、分销物流、中邮物流、代办电信五大专业探索试验的基础上，出台了相应的专业化经营实施办法、内部分配办法，将全省专业化经营工作全面推向深入。2003年，河南邮政对专业化经营工作进行规范，为充分发挥专业公司经营龙头和服务支撑作用，完善了原有专业经营机构，新组建了中邮物流河南有限责任公司、河南邮政代理保险公司、河南邮政函件局、河南邮政发行局。加强了专业核算，为各专业公司配备了专业会计，促进了各专业的快速高效发展。2004年，完善了专业内部分配考核办法，强化了对专业自身收入、收支差额计划完成情况的考核，对专业负责人实行超收入、收支差计划考核奖励政策。

▲ 河南邮政转变营销模式，满足用户多元化、多层次的需求

2005年，河南邮政对中邮物流实行完全公司化运作，加强了专业化公司（局）经营财务管理。对中邮物流生产车辆实行承包经营，实现了车辆所有权、管理权、使用权的分离。2006年，对邮储专业实行了专业化经营，对函件、速递等专业实行了作业组织流程优化，完善了企业分类分级办法，健全了省、市、县三级专业绩效考核体系，调整了储蓄网点营业员和劳务工分配办法，实现了企业效益和个人收益的同步提高。2007年，省专业公司与省会局专业公司进行机构整合，建立了“省市合一”的经营管理体制，实施市、县专业经营管理一体化改革。实行省、市两级专业化经营管理，省专业公司为全省专业提供经营指导和产品、服务支撑，市专业公司负责全市业务经营，县局做好专业营销和本地市场开发，在全省邮政形成了“以专业为龙头，以地市局为支撑，贴近市场，反应灵敏，集约高效”的专业化经营管理模式。2008年，河南邮政转变营销模式，在各专业建立了省、市、县三级营销机构，构建了专业专职营销体系，实现了从“以产品为中心”向“以客户为中心”，从全员营销向专业专职营销的转变，满足了用户多元化、多层次的需求。河南邮政在实施专业化经营管理中，建立了科学合理的专业核算体系和激励机制，有效解决了专业核算不清、考核不准、激励不到位等问题。

POST

第九章

邮政发展

概述

改革开放30年来，河南邮政发生了翻天覆地的变化，经济效益稳步提高，企业实力显著增强，品牌形象显著提升。特别是1998年独立运营以后，河南邮政秉承“植根于中原，服务于中原，发展于中原，兴盛于中原”的宗旨，始终坚持发展第一要务，不断推进体制创新、业务创新、技术创新和管理创新，把一个基础薄弱的传统国有企业，发展成为一个行业领先、员工自豪、社会认可的现代服务企业。

河南邮政业务总量1978年为5 479．56万元，业务收入2 075万元；1998年业务总量为6.68亿元，业务收入10.05亿元；2008年业务总量为47.04亿元，业务收入46.17亿元。

全省邮电局所1978年有2 442处；1998年有4 582处，邮政储蓄点3 992处；2008年有2 555处，其中电子化网点2 127个，邮政储蓄点2 130个，汇兑网点2 554个，服务“三农”网点28 000个。

全省邮路总长度1978年为11 604千米，其中农村投递路线17.39万千米，航空运邮每周最多为38个班次，铁道邮路4 364千米，自办汽车邮路5 341千米，委办汽车邮路5 099千米。1998年邮路总长度为87 164千米，其中农村投递路线17.94万千米，航空邮路36 474千米，铁道邮路4 150千米，自办汽车邮路39 554千米，委办汽车邮路1 471千米。2008年邮路总长度为10.59万千米，其中快速邮路52条、9 147千米；航空邮路27条、32 891千米；铁道邮路5条、7 545千米；自办汽车邮路431条、41 220千米；委办汽车邮路234条、22 776千米；农村投递路线总长度195 657千米；拥有邮政汽车2 847辆、自备火车邮厢16节、信函分拣机2套、扁平件印刷品分拣机1台、包裹分拣机6台。

1978年，河南邮政办理函件、包件、汇兑、发行等传统业务。1998年，河南邮政办理业务有函件、包件、汇兑、集邮、发行、报刊零售、特快专递等业务。2008年，河南邮政办理业务涉及金融、文化、物流三大领域，包括小额贷款、理财、代理保险、物流配送、函件广告、速递等业务。

第一节　邮政通信能力

改革开放以来，河南邮电部门紧紧围绕邮电部提出的“发展、改革、服务、管理、效益”这一工作主线，以高科技、高起点、大跨度、超常规的发展战略扩大和占领通信市场，着力提高邮电企业综合实力。河南邮政网络规模不断扩大，科技水平不断提高，邮政通信向自动化、电子化方向发展，微机进入邮政生产领域。独立运营后，河南邮政加快实施“科技兴邮”战略，实现了邮政“两网”（计算机网、金融网）、“三流”（实物流、信息流、资金流）资源的整合和产业升级，增强了核心竞争能力。建成了网络先进、技术领先、资源共享的信息化平台，自主开发了分销物流、运递信息管理等近 40 个应用系统，支撑了业务发展。2006 年，在全国邮政率先编制《河南邮政“十一五”信息化发展规划》。独立运营 10 年间，河南邮政共投资 40 亿元，用于信息化建设和实物网的改造提升，建成了涵盖集邮、函件等业务经营和管理的邮政综合计算机网以及拥有 2 000 多个储蓄网点的邮政金融网，实现了由传统邮政向现代邮政的转变；在全省建成了 79 个设施一流的邮政综合生产楼和邮件处理中心；建成了中国邮政中南物流集散中心，开通了以郑州为中心，辐射全省主要城市的“米”字形省内快速运递网，组建了各市、县同城物流配送网，形成了沟通城乡、连通全国的综合物流配送网络。河南邮政成为集实物传递、信息传输、货币流通于一体的现代网络型服务企业。

全国重要的邮政枢纽

河南省会郑州是全国重要邮政枢纽之一，位于京广和陇海两大铁路干线和 107、310 公路干线交汇处，南来北往、东去西行的邮件大多在郑州中转，在全国邮政网络中起着举足轻重的作用。1986 年投产的郑州邮政枢纽大楼，为缓解邮政生产场地不足，实现邮政生产机械化和自动化打下了良好的基础。为提高邮政全网的运行效益，河南邮政加大对郑州邮政枢纽的建设步伐，于20世纪90年代建成汽车邮件转运站、航空邮件转运站和邮件处理中心，并在2000年成立郑州邮区中心局。到20世纪末，全省3个二级邮区中心局和6个三级邮区中心局相继成立，形成了以郑州为中心，辐射各省辖市及郑州经转40多个县市的邮件处理集散中心。郑州邮区中心局担负着5条6对火车邮路、5条6趟一级干线汽车邮路、18条二级干线汽车邮路接发的任务，昼夜接发火车64趟，日接发邮件量6万余袋，在全网中发挥了重要的作用。2006年10月，中南集散中心主体工程建设完工，成为连接全国五大集散中心的枢纽。

▲ 先进的自动包裹分拣设备

邮政网路建设

1978年，河南省共有邮电局所2 442处，邮路总长度11 604千米，农村投递路线17.39万千米。1980年前，邮政运输主要依靠铁路客运，公路、航空运邮所占比重较小。20世纪80年代初，位于京广、陇海两大铁路干线枢纽的省会郑州，邮件中转量跃居全国首位，邮件接发量仅次于北京、上海。1985年，为缓解火车运力不足，当时的邮电部开辟省际汽车邮路，开通了郑州—西安、郑州—武汉省际长途自办汽车邮路，并有北京、石家庄、济南、合肥、杭州、南京、上海到郑州省际长途自办汽车邮路和汽车集装箱邮路。1986年，对邮件分拣封发体制进行改革，将以县邮电局或以指定转口局为封发基本单位改为以邮件分拣中心为封发单位，加快了邮件内部

▲ 现代化的邮件处理中心

处理时限。“七五”（1986 年—1990 年）期间，基本解决了邮件“运得出”的问题。全省扩建和新建邮政生产场地总面积和投资分别比“六五”（1981 年—1985 年）期间增长 3.47 倍和 5.46 倍，邮政生产场地严重紧张的局面得到缓解。1990 年，全省共有邮电局所 2 810 处，邮路总长度 50 418 千米，农村投递路线 16.98 万千米。

“八五”（1991 年—1995 年）时期，河南邮政通信设施建设和引进高科技步伐加快。郑州、新乡、安阳等 10 余个邮件处理中心和场地相继建成，引进安装了包裹、印刷品、信函等自动分拣设备，提高了邮件的综合处理能力。1995 年，开始建设邮政金融计算机绿卡工程，使营业网点的现代化水平进一步提高。全省邮路新增 2 万多千米、汽车 410 辆，邮运自主能力增强。在普件综合网的基础上，组建了以航空邮路和高速汽车邮路为主，同时，利用能达到时限要求的铁道邮路配合补充的快件网。1995 年，全省邮电局所 3 368 个，邮路总长度 70 154 千米，农村投递路线 17.26 万千米。

▲ 深入田间地头为农民提供邮政服务

“九五”（1996 年—2000 年）时期，邮电部提出“加快建设覆盖全国、联通世界、紧密衔接、统一协调、指挥灵敏、快速高效的现代化邮政通信网”的发展目标，邮政运输从被动依靠民航、铁路组织邮件运输，转变为按照各类邮件的时限要求，主动地综合利用航空、火车、汽车等各种运输方式。在全国邮政通信网实行邮区中心局体制的改革中，河南邮政于 1997 年组建了河南省邮政运输局，实行专业化管理。2000 年，全省 11 个邮区中心局成立，将邮件分拣封发集中在中心局处理，取消了各县邮政局的邮件分发功能。加大全省邮政网的技术层次和科技含量，实施了邮政金融计算机网的扩容与改造，建设了邮政综合计算机网和 GPS 卫星定位公众服务网，实现了全省邮政 800

▲ 投递员准备出班

多个邮储网点与全国邮储网点的通存通兑、报刊发行省际间的数据传输、特快专递跟踪查询、邮运车辆有效调度监控等。2000 年，全省共有邮政局所 3 411 处，邮路总长度 88 369.50 千米，农村投递线路 18.58 万千米。2003 年，河南邮政加快实物传递网和计算机信息网建设，网络得到进一步优化，组建了以郑州为中心，面向全省的邮政物流快速运递网；邮政电子汇兑网络覆盖全省所有县市，全省 2 041 个邮政储蓄网点全部实现全国通存通兑。全省共有邮政局所 2 788 处，邮路总长度 87 167 千米，农村投递线路 18.63 万千米。

2004 年—2008 年，通过加快营投网建设和邮运网优化，全省邮政网络运行效率和效益进一步提高。大力推进“旗舰店、精品窗口、示范窗口”建设，2008 年共建成 2 个省级旗舰店、13 个市局精品窗口、40 个县（市）局示范窗口，完善了服务设施，改善了服务环境；全省新建投递网点 44 个，改造投递网点 213 个，基本实现全省城市普邮投递段道电动自行车投递；2008 年，全省共有邮政局所 2 555 处，邮路总长度达 10.59 万千米，农村投递路线总长度 19.56 万千米。河南邮政在河南的经济、政治、文化发展中发挥着积极和重要的作用。

邮政信息化建设

▲ 自动信函分拣机

“八五”期间，河南邮政通信设施建设和引进高科技步伐加快。1992 年，开发研制挂号登单及包裹登单微机处理系统，邮政储蓄开始使用计算机。1993 年—1994 年，河南邮政实现了京广线邮运制单系统调通、报刊发行微机制签和数据传递、速递查询微机联网、邮政储蓄微机系统（绿卡工程）四网电子操作。邮政独立运营以来，河南邮政积极实施“科技兴邮”战略，实现了邮政“两网”（计算机网、金融网）、“三流”（实物流、信息流、资金流）资源的整合和产业升级，增强了企业核心竞争能力。1999 年，河南邮政综合计算机网工程开始建设，至 2001 年底，完成了全省各级广域网、局域网的联调、试运行以及数据库和中间件软件的安装调试工作并投入使用，集邮、物流、运递、报刊发行等多种业务上线运行。2000 年 10 月 9 日，河南邮政启用

"183 电子商务网站"，郑州市邮政局 185 客户服务中心通过验收并投入使用。2004 年 7 月 3 日，完成了 185 的升位工作，增强了 11185 综合服务能力。

▲ 河南邮政用信息技术打造现代邮政

2005 年 9 月底，全省共建成电子化支局网点 380 个、台席 538 个，结束了河南省邮政传统业务手工操作的作业模式。完成了邮区中心局生产作业系统、邮运指挥调度系统建设和系统 3.0 版本升级全国试点及推广工作，实现了总包邮件信息传输网络化、总包邮件处理条码化、总包邮件交接无纸化和档案查询电子化，在中国包裹投递史上首次实现了包裹投递自助化。

2006 年，河南邮政在全国邮政率先编制了"十一五"信息化发展规划并顺利通过了国家邮政局科技委组织的专家评审；建成了综合办公自动化系统、视频会议系统，完成了邮区中心局系统三次版本升级；新建电子化支局 1 000 个，新增台席 1 213 个，全省电子化支局总数达到 1 343 个；邮政连锁配送信息系统建设和推广应用取得重大进展，在国家邮政局考核中名列第一。

2008 年，对《河南邮政十一五信息化规划》进行了修订和完善。邮政代理保险系统实现了与 7 个保险公司系统的对接；邮政电子商务平台系统开通中国移动、中国联通等电信运营公司代放号和代缴费等 8 个自主开发科技项目取得突破，有力推动了业务的快速发展，提升了企业的管理水平。

邮政金融网络建设

河南邮政金融网络建设始于 1991 年，当年引进石家庄邮政科技开发中心研制的邮政储蓄微机系统，分别在开封和安阳 8 个邮政储蓄网点开通使用，初步实现了储蓄营业的微机辅助作业。1994 年，邮电部决定建立高起点的全国邮政金融计算机网络系统。河南省郑州市邮政局邮政金融计算机网络技术改造工程（绿卡工程）获邮电部批准。1995 年 9 月 6 日，郑州邮政绿卡工程主机房装修开工，11 月 10 日通过验收，开始主机安装和调试工作。1996 年 1 月 19 日，郑州邮政绿卡工程开通，成为继天津之后，全国第二个开通此项网络的城市。当年郑州邮政利用绿卡工程开办了代发工资业务。1997 年末，郑州邮政绿卡工程与全国 31 个省（区、市）的 50 个城市中心主机系统联网运行，联接全国 5 000 多个邮储营业网点和 1 000 台自动柜员机，用户凭邮储存折或储蓄卡（绿卡）可在全国任何一个联网邮储窗口和自动柜员机上办理通存通取业务。1998 年，郑州邮政储蓄利用绿卡工程又增开了代发工资、代缴水电费、电话费、寻呼台服务费、入账汇款、礼仪汇款等业务。1999 年，河南邮政绿卡工程一期建设完工，开通了郑州、新乡、洛阳 3 个城市中心。其中，郑州城市中心联接郑州市区 40 个网点、16 台 ATM，实现了与邮电部中心联网；新乡城市中心主机覆盖新乡、开封、商丘、周口、焦作、鹤壁、信阳等地区 236 个网点；洛阳城市中心主机覆盖洛阳、许昌、漯河、驻马店、信阳、三门峡、平顶山、南阳、济源 9 个地区 232 个网点。2001 年，建成河南绿卡省处理中心系统，年底，河南邮政金融处理中心联入全省 1 025 个邮储营业网点，实现了全国通存通兑。2002 年，完成绿卡网二、三期扩容工程，全省 2 041 个储蓄网点全部联入绿卡网。

▲ 现代化的邮政储蓄营业厅

2004 年 5 月 28 日，全省绿卡统一版本系统在全国邮政第一个上线成功。2005 年，完成了储蓄汇兑两网互通工程，全省 1 979 个邮政电子汇兑联网网点开通了账户与现金之间的三大类汇款业务，实现了储蓄与汇兑资金的合并使用；完成了邮储统一版本历史数据上线、银联卡 2.0 版本改造，完成了代理保险、开放式基金和邮储外币系统上线工作，在全国率先完成了 81 台统购 ATM 设备安装工作。2006 年，完成了邮政储蓄省处理中心扩容改造和储蓄主机的更换工作，主机处理能力大大提高；完成了中国邮政金融客户管理系统试点上线、电子稽查系统上线、智能令牌系统上线、国际金融业务上线等工作；银联交易成功率、系统无故障运行两方面指标居全国前列，在全国邮政储蓄系统安全运行年竞赛活动中综合排名居第一位。2007 年 3 月，河南省邮政信息技术局开通了 155 Mbit/s 灾备数据传输线路工作后，完成了金融灾备系统上线和初始化数据的导出和上传，金融灾备系统的实施有效地解决了储蓄系统数据无异地备份的问题，提高了全省邮政储蓄系统数据的安全性。2008 年，为提升邮政储蓄服务水平，增强邮政储蓄竞争实力，邮储银行对公业务、邮政储蓄信用卡、农民工卡系统等项目上线，并建设完成了一个数据集中、坐席管理集中、控制与维护集中、可灵活组网的邮政储蓄电话银行暨信用卡客服系统。2008 年 12 月 10 日，邮储银行 95580 电话银行开通使用。

第二节 邮政业务

1978 年以后，河南邮政除办理函件、包件、汇兑、发行等传统业务外，逐步恢复开办在“文化大革命”时期被停办的一些邮政业务，1978 年 10 月，国内集邮业务恢复开办。随着全国各类报刊的复刊和创刊，1980 年恢复报刊零售业务。随着河南省与世界各国通邮关系的日益增多，1982 年 2 月，增加洛阳、开封、新乡、安阳、南阳 5 个局为国际邮件经转局。为适应经济发展快节奏的需求，1983 年—1984 年，郑州邮政先后开办国际、国内特快专递业务。1986 年 2 月，恢复了中断 33 年的邮政储蓄业务。1987 年，河南可与世界各地通邮（除南朝鲜、南非及以色列 3 国），与 169 个国家和地区互寄包裹，当年 11 月，河南 10 个地、市局开办邮政快件业务，与全国 196 个大中城市办理互寄业务。1992 年，在巩固传统业务的同时，开办适应市场经济的商业信函业务。1996 年，河南邮政加快业务发展，狠抓轻型重点业务，开办邮购、商函等业务市场。1997 年，全省城市市区邮政营业处安装邮政业务多媒体查询台，特快专递开通 185 特别服务电话，开办邮票交易市场。

1999 年 12 月，河南邮政开办邮购业务，并在全国邮政率先开办了农资连锁配送业务，为农民配送急需的生产、生活资料。2000 年初，河南邮政将邮购业务纳入主业，作为农村支局（所）增盈的重要途径和邮政业务新的增长点。

2001 年 1 月 8 日，河南邮政开办了“国内快递包裹”业务。2002 年，河南邮政大力发展分销物流，以发展商品总代理、总经销为主要经营形式，以发展农资经销和配送为着眼点，全面拓展城乡物流分销和配送市场。截止到 2008 年，河南邮政已在全省建成 28 000 多个村级“三农”服务网点，成为农村流通体系中的一支重要力量。

2005 年，河南邮政将代缴农电费作为邮政金融服务“三农”的切入点，全省 113 个县（市）、1 532 个乡镇开办了代缴农村电费业务，累计开办户数 1 050.82 万户。2006 年 9 月 16 日，在全国邮政首家开办小额贷款业务，为广大农户和中小企业开辟了一条新的贷款渠道。此外，还开办了速递送汇、形象年册、邮政物流、邮送广告、代缴农村电费、名址库商函等新业务，使业务领域大大拓展，实现了企业规模与效益的同步增长。

河南邮政以邮票、明信片、商函等独特载体大力服务河南文化旅游产业发展。积极申报发行河南题材邮票，大力宣传河南历史文化、风景名胜、民间艺术、发展成就；通过举办邮票首发式实现“邮票搭台经贸唱戏”；大力发展邮资信封、景点邮资明信片、个性化邮品等业务，全省主要景区中 90% 使用了邮资明信片门票，每年为客户量身定制个性化邮品千余种。

改革开放 30 年来，河南邮政的规模效益稳步提高。2008 年，河南邮政业务总量 47.04 亿元，业务收入 46.17 亿元。业务收入较分营之初翻两番多，年均增幅达到 15% 以上，业务收入绝对值在全国邮政的排名由分营时的第 13 位上升到第 4 位，企业固定资产原值由分营之初的 20.33 亿元，增加到 40.06 亿元。

函件业务

函件主要包括信函、明信片、印刷品和盲人读物。其中，信函和明信片合称信件，是函件的主体，也是国家规定的邮政专营产品。1978 年，河南省函件业务量为 11 628.8 万件。此后，随着国家实行对外开放政策，国际间公私往来增多，函件业务开始稳步增长。1980 年—1981 年，先后恢复存局候领、代发广告、国内邮件回执和代收货价业务。1982 年 10 月 1 日，开办国际平常及挂号函件业务。1985 年 2 月 20 日，邮电部成立“南极长城站邮局”，同年 11 月 15 日，开始办理收寄中国南极长城站的信函明信片业务。1986 年 7 月 1 日，邮电部、国家物价局调整印刷品准寄范围，将原按印刷品交寄的业务性通知、稿件、订单、协议合同、提货单、请柬、照片、报表及印有“内部”字样的资料等改作信函交寄。1987 年 4 月，开办有声信函业务。1993 年，全省有 6 个地市邮电局配备了商函处理系统，为商业信函业务发展打下了基础。1993年还开办了邮资礼仪封卡业务。1995年4月，开办礼仪信函业务。1997年，全省各地陆续开办了企业拜年卡、回音卡、邮送广告等新业务。1998年，全省加大开发商业函件业务的力度，使函件的结构从以民用函件为主向以商用函件为主转变。1999年—2000年，开展全省范围内企事业单位名址征集活动，充实商业信函名址库，使全省商函数据库更好地适应业务发展需要。全面开展账单业务，省邮政局先后与省移动公司、省联通公司、省工商银行、省农业银行签订了账单业务合作协议。

▲ 邮政商函助力中小企业发展

2002年，全省邮政共开发邮资广告明信片1 800万枚，居全国第一位。完成企业金卡2 290万枚，占全国总印量的1/3。2004年，建成了拥有40万条组织机构信息、190万条个性化信息的名址信息数据库，建成了日制作量可达25万件的商函制作中心。2005年，全省邮政数据库营销全面启动，全省开发数据库营销客户2 508家。2006年，全省邮政贺卡收入突破亿元大关，名列全国第二位。

2007年，省邮政公司推行“省市合一”的专业化经营模式，河南省邮政函件局与郑州市邮政函件局进行整合。全省邮政共有10个市局建成了可为用户提供从业务受理到数据查询、打印封装、过戳邮寄“一条龙”服务的大型生产场地，全省一半以上市局建设了直复营销中心，初步形成了直复营销中心直接面向市场为用户提供“一体化”服务的新运作模式。2008年，全省函件专业初步建成一支年轻化、知识化的营销和管理队伍。截止到2008年底，共有专业专职营销人员729人，全省累计完成函件业务收入3.32亿元。

▲2006年9月19日，河南省银监局、河南省邮政局联合举行邮政储蓄开办小额质押贷款新闻发布会

邮政金融

邮政储蓄是经国务院、中国人民银行批准成立的金融机

构。它以国家信用为保障，以中国邮政为依托，具有点多面广、服务时间长、贴近居民生活的特点。1986年2月，全国邮政恢复开办邮政储蓄业务，郑州市为首批开办试点；6月，全省17个地（市）邮电局开办邮政储蓄；8月，全省县（市）邮电局全面铺开；到1986年底，全省开办邮储网点138个，储户10.06万户，邮储余额1 909万元，实现收入8.72万元。

1987年，全省为发展邮政储蓄业务，增设网点，开办定期定额有奖有息储蓄和汇兑转储蓄业务。1989年，在增办储蓄种类的同时，发展"保值储蓄"，邮储余额达11.20亿元，居全国首位。1990年，邮政储蓄由代办改为自办，为邮政储蓄的发展提供了机遇，当年全省邮储网点增加到1 593个，邮储余额达到18.21亿元，保持了全国第一。

1999年3月底，全省邮政储蓄余额突破200亿元，达到200.13亿元。2000年，全省811个绿卡网点实现了与全国2万多个邮储网点的通存通兑和省内异地交易。2002年，全省2 041个邮政储蓄网点全部连入绿卡网络，全省电子汇兑联网网点达到1 775个，数量居全国第一。2003年，全省邮政储蓄余额突破500亿元。

2004年，全省邮政充分发挥网络技术优势，加大绿卡发放力度，使全省邮政储蓄净增余额首次突破100亿元。2005年，全年邮储净增余额157.34亿元，创河南省邮储发展历史最高水平。全省113个县（市）、1 532个乡镇开办了代缴农村电费等中间业务，累计开办户数1 050.82万户，推动了邮政储蓄的快速发展。2006年，全省邮政储蓄余额达到927.48亿元，绿卡户数达到1 121.89万户，9月19日，河南邮政正式开办小额质押贷款业务。

2007年3月8日，全省邮政储蓄余额突破1 000亿元，成为全国第4个邮储余额超千亿元的省份。2007年6月14日，河南邮政"一卡通"兑现农民补贴启动仪式在驻马店遂平县刘庄村举行，河南省委书记、省人大常委会主任徐光春亲自为农民发放了"一卡通"绿卡。2007年6月22日，中国邮政储蓄第一个小额贷款营业部——"中国邮政储蓄银行·长垣县邮政局小额贷款营业部（魏庄）"成立，标志着小额贷款业务在全国的试点工作启动。全省邮政储蓄机构全面开办开放式基金代销业务，2007年累计代销基金65只，累计销售基金52.48亿元。2008年，全省邮储余额累计净增179亿元，是历史上增长最多的一年，余额总规模达到1 207亿元。全省邮储累计发卡501.96万张，累计绿卡户数达到2 154.20万户，居全国同行业第一位。全省所有市、县邮政部门全部开办小额贷款业务和公司业务，2008年共发放贷款56亿元，贷款结余35.79亿元，均居全国首位。

集邮业务

1978年6月，邮电部印发《关于恢复国内集邮业务问题的通知》。当年，郑州恢复集邮业务，设立集邮门市部，成为全国恢复集邮业务最早的城市之一。

1981年12月，中国集邮总公司河南省分公司成立，1982年4月改称河南省邮票公司，担负着全省集邮票品的计划、管理、供应工作。1982年12月，河南省集邮协会成立。1983年5月，《河南集邮》报创刊，7月，河南省首届邮展在省博物馆展出；11月，全国集邮展览河南省5部邮集获奖，其中，《新中国首日封》获金奖。1985年7月，《河南集邮》、《郑州集邮》报合刊为《中州集邮》报。

1986年4月，郑州郊区沟赵乡集邮小组成立，成为河南省第一个农民集邮组织。1990年，全省集邮协会会员发展到56 259人，团体会员达到1 113个。全省设地市级邮票公司18个，县级邮票公司2个，集邮网点158个，集邮业务人员406人，集邮业务收入1 424.69万元。

“八五”时期，为适应社会经济的发展，满足集邮爱好者需要，全省共设县级邮票公司19个、集邮门市部及集邮台席114个。1993年10月，邮电部对超过发行期的集邮票品实行放开价格随市场经营。1994年初，各级邮票公司更名为集邮公司，进一步理顺了省、地（市）、县级集邮管理体制。1995年，全省集邮业务收入突破5 000万元，达到5 359.35万元，集邮协会会员达61 481人，集邮爱好者近10万人。

1999年，河南省集邮票品实行省、市两级库存管理，省集邮公司统一开发，以销定产。2000年，全省200个集邮网点实现了微机预订、销售集邮票品，并利用邮政综合计算机网络信息平台建成华夏集邮网。

▲“老外”钟情南阳《汉画像石》邮品

2001年1月1日，按照经营与管理分离的原则，河南省邮政局对邮资票品的管理体制进行了改革，成立省邮政局邮资票品处和省集邮公司。

2001 年 11 月 1 日，全省集邮专业开始实施专业化经营改革，在全国同行业中率先模拟专业化公司运作。2003 年，全年完成集邮业务收入 2.67 亿元，较 2002 年增长 4.41%，增幅居全国第一。

2004 年，成功举办了《清明上河图》、《叶公好龙》、《司马光砸缸》等邮票首发式。强力推进集邮个性化服务，全省共制作个性化邮票 25.59 万版。河南邮政与《大河报》联合举办了“大河集邮论坛”，全年共举办 10 期，对宣传集邮文化起到了巨大的作用。郑州、开封等 6 地市成立了少年邮局。建立了高校、企业家和老年集邮协会，共有会员 15 万人、基层集邮组织 2 210 个。2005 年，成功举办了《玉兰花》、《鸡公山》、《洛神赋图》等邮票首发式，在全国首创行业年册和风光年册，瞄准集团客户，开发形象年册 15 万册，实施集邮“五大基础工程”，壮大集邮爱好者队伍，培育集邮市场。国家邮政局在河南召开了全国集邮工作会议，推广河南省集邮业务发展经验。

2006 年，河南邮政推进集邮营销体系建设。对集邮专职营销岗位实行业务经理、高级业务经理、客户经理、高级客户经理 4 级管理，将岗位工资和生产奖金与营销定额完成情况挂钩，同时建立岗位考核晋升制度。截止到 2006 年底，全省招聘专职客户经理 400 名，兼职客户经理 86 名。2007 年，全省集邮专业以“融入地方经济建设”的发展思路为指导，联合各级政府，把邮票发行融入当地招商引资、对外宣传、精神文明建设等工作，举办了《中国古代书法——楷书》、《千姿牡丹》、《东京梦华·盛世经典》等个性化邮票首发式。

▲2005 年 11 月 16 日，2005 年暨 2006 年新邮高峰论坛在河南邮政大厦举行

2008 年，河南邮政抓住奥运商机进行项目运作，全年实现集邮业务收入 2.89 亿元，增幅达 31.03%。围绕中国 2009 世界邮展的举办，积极做好与世界邮展相关的筹备、组织、

▲ 2008 年 11 月 3 日，中国 2009 世界邮展全国 60 城市巡邮启动仪式在安阳举行

协调工作。配合中国2009世界邮展60城市“巡邮”活动，组织17个省辖市举办了“巡邮”活动和集邮展览。2008年9月，在2008中华全国集邮展览上，河南省推荐的13部作品全部入选并获得奖项，其中获全国青少年最高奖大镀金奖加特别奖一部、金奖一部、大镀金奖两部、大银奖一部，是河南省历年来入选邮集最多、获奖类别最全、获奖奖级最高的一次。

小邮票助推河南文化大发展

改革开放以来，河南邮政一直努力通过邮票展示河南作为文化资源大省的潜在实力。老子、孔子、庄子、墨子荣登《中国古代思想家》邮票；嵩阳书院、应天书院入选《古代书院》方寸；《孔融让梨》、《古代书法——楷书》、《木兰从军》等河南题材邮票的发行，充分验证了河南无愧于文化资源大省的称号，有力推动了河南向文化强省跨越的进程；《社会主义建设成就》、《红旗渠》、《黄河水电工程》、《南水北调开工纪念》等邮票见证了河南自新中国成立以来在经济社会发展方面取得的伟大成就。自改革开放以来，共发行河南题材邮票30余套。河南题材邮票在推动相关产业发展、拉动旅游经济、弘扬传统文化、展示建设成就等方面发挥了积极作用。

▲ 2008年10月18日，中国开封第26届菊花花会暨《宋都览胜·盛世菊香》个性化邮票首发式隆重举行

同时，河南邮政还将集邮业务融入地方经济社会发展，结合当地人文风情，把文化内涵、核心价值以及外观设计巧妙融合，进行全方位的阐释和

▲ 2001年7月12日，河南省副省长张洪华（左二）、贾连朝（左一）等领导在申奥成功纪念邮票发行式上庆祝申奥成功

艺术化表现。郑州邮政局结合拜祖大典活动，开发了“根在中原”系列邮品；洛阳邮政局结合牡丹花会活动，开发了“千姿牡丹”系列邮品；周口邮政局结合老子文化，开发了“紫气东来”系列邮品；安阳邮政局结合世界文化遗产——殷墟，开发了“殷商国宝”系列邮品。为提升地方知名度，树立地方对外形象，河南邮政还为全省 18 个省辖市和 103 个县开发了具有本地特色的集邮文化礼品。

邮政物流业务

邮政物流业务的前身是邮政邮购业务。1994 年 9 月，郑州市邮政局成立邮购部，面向全国各地提供商品邮购服务，并通过邮购服务增加邮政函、包、汇业务量和业务收入。为发展全省邮购业务，1999 年 12 月，省邮政局下发《河南省邮政邮购业务管理办法（试行）》。2000 年初，河南邮政将邮购业务纳入主业。1999 年，河南邮政在全国率先开办了种子邮寄业务，利用邮政点多面广的网络优势，从服务农村、服务农民出发，同省种子管理、销售部门联合开办了农作物优良品种邮寄下乡业务，把农作物优良品种通过邮政渠道直接邮寄到农民手中。2000 年，全省邮寄种子 4 500 吨，全年全省邮购业务收入达到 3 496.19 万元，收入绝对值在全国邮政排名第二。

▲2006 年，遍布驻马店市的邮政服务“三农”连锁配送网点为广大农民选购农资产品提供了便利

2001 年 11 月，河南省邮政邮购局更名为河南省邮政物流局，作为河南邮政从事物流业务的专业局。2002 年，共有 260 家企业与河南邮政合作开展物流配送，全省城乡分销配送网络初具规模，组建了 2 万多人的城乡配送队伍。2002 年 9 月 7 日，省邮政物流局邮政超市开业。2003 年，河南邮政立足全国第一农业大省的实际，以“促进地方经济发展为宗旨”，围绕“农”字做文章，物流业务实现规模、快速发展。2003 年 5 月，河南中邮物流有限责任公司成立，当年，全省建立物流营业网点 100 个，基本覆盖了全省大中型专业批发市场，网络规模已覆盖全省 18 个省辖市和 113 个县市，顺利完成了北方网、华东网在河南的开通，辐射北方、华东

17 个省市的县以上城市。2004 年，北方网、华东网、南方网出口业务量均居全国前列。

2005 年，河南邮政全面贯彻落实中央和省委一号文件精神，加大邮政服务“三农”工作力度，全省新增“三农”服务网点 1.5 万个，聘请了 154 名农业技术人员，开发引进了“金大地”复合肥等适销对路产品，全年完成分销物流业务收入 5 220 万元，增幅 16.28%，收入绝对值在全国排名第二，获得 2005 年全国邮政物流业务发展一等奖。

2006 年，邮政服务“三农”工作赢得各级党政领导和相关部门的大力支持，全省 18 个省辖市和 108 个县（市）政府全部印发了支持邮政服务“三农”工作的文件。河南邮政按照“产品推介 + 配送”、“科技推广 + 配送”、“配送 + 分销”的运作模式，坚持自办与代办相结合，发展与规范相结合，采取“改造一批，新增一批，加盟一批”的办法，突出抓好连锁配送网点建设，重点抓好乡镇、行政村两级邮政“三农”服务点建设。2006 年 5 月 14 日，经商务部核准，河南邮政物流成为“万村千乡市场工程”试点企业。

▲2006 年 10 月 23 日，装运有 2 280 吨优质金大地复合肥的河南省首列金大地——南阳邮政服务“三农”专列驶入南阳

2007 年，河南邮政办理了“农业生产资料、日用品销售”的工商注册和税务登记，农资、快销品列为邮政主营业务。河南省委、省政府对河南邮政服务“三农”工作给予了肯定。省委书记徐光春在省邮政公司工作汇报上批示：“省邮政系统围绕经济建设中心，服务人民群众，充分发挥行业优势，做了大量富有创造性的工作，有力地促进了河南经济社会的发展，促进了和谐社会的建设。”2007 年，河南各级邮政部门共配送农资和快

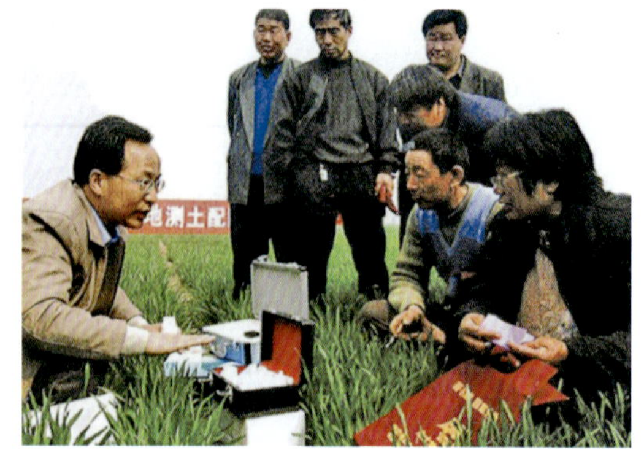
▲ 2006 年 3 月 23 日，河南邮政的农技专家为农民朋友讲解科学种田的知识

销品总额达到 15.5 亿元，荣获全国邮政农村物流专项奖一等奖。

2008 年，根据中国邮政集团公司《邮政速递物流省市一体化专业经营实施方案》，完成了速递与物流专业机构整合工作。河南邮政大力推进农村网络建设，完善农村邮政连锁配送体系，扩大服务“三农”范围，增加配送种类，2008 年业务收入 1.35 亿元。

报刊发行

报刊发行分订阅和零售两种。1978 年，全省发行报刊种类 606 种（报纸 105 种，杂志 501 种），期发 541.4 万份。全省平均每 17 人拥有 1 份报纸。1978 年以后，各种报刊陆续复刊、创刊，促进了豫版报刊发行量的增长。1987 年，全省报刊订阅种类增至 3 211 种，报纸期发 735.2 万份，杂志期发 848.7 万份，达到了报刊发行历史上的最好水平。1988 年—1990 年，由于纸张涨价等因素，已交邮局发行的地市报纷纷退出邮发，实行自办发行，邮发主渠道受到严重冲击。

▲ 2006 年 11 月 14 日，邮发报刊宣传日活动在省邮政通信广场举行

1991 年，省内邮发报刊仅有 127 种，发行全国报刊 2 940 种，全省报刊发行业务面临困境与挑战。为改变现状，全省各地（市）邮电局改变过去坐商经销只批大户的做法，积极占领图书市场，在发挥自办网点优势的基础上，征订、分送报刊到各个社会报刊零售摊点，同时，全省积极争取外地报刊分地印刷工作，先后有《人民日报》、《法制日报》等 17 家中央级报刊在河南分地印刷，缩短了见报时限。针对报刊发行体制与市场竞争不相

▲ 2005 年 12 月 2 日，在《不列颠简明百科全书》发行仪式上，何得乐先生为读者签名

适应的现状，省邮电管理局在洛阳市首开全国报刊发行体制改革之先河，解决收投脱节问题。为解决看报难和报刊短缺问题，调整作业计划，增加投递频次，制定报刊短缺退款办法及监督检查措施。在此期间，创新报刊封袋缝纫封口法，推进全国报刊封发技术的改进，并引进报刊发行微机处理系统。“八五”期末，全省各地（市）邮电局及40个县（市）邮电局均采用微机进行业务处理，实现了省际间报刊汇总要数联网及各发报刊局全省联网。1995年省内邮发报刊186种，发行全国报刊4 546种，全省订销报纸期发509.21万份，订销杂志期发488.01万份，比1990年分别下降19.44%和4.84%。

1996年，为改变城乡投递服务质量低的问题，全省邮政实行承诺服务制度，针对报刊短缺、住宅楼宇通邮难等热点问题，公开向社会承诺服务质量标准。1998年，试行投递体制改革，将原支局管理的投递、报刊发行、分发划出，设立收投局，使报刊收投合一，提高服务效率。1999年，全省推行报刊发行业务“收投合一，承包经营”体制和“收订无止期，投递无禁区”服务，当年实现城市楼宇具备通邮条件的15日内通邮，省会印刷的中央级、省级党报在省会实现早报早投，各地（市）和60%的县（市）当日见报，缺报少刊由订销局3日内补报，无法补报的15日内补偿，邮件丢损收寄局1月内赔偿。1999年—2000年，全省邮政报刊亭建设得到省委、省政府的大力扶持，邮政报刊零售网点建设纳入城市建设规划。截止到2001年底，全省共建成新型报刊亭2 700个。

▲ 风雨无阻送信函

2001年3月，成立河南省零售调拨中心，负责全省报刊、图书、音像制品的统一要数、统一结算、统一发运。为稳固邮发报刊主渠道地位，河南省邮政局先后对以《河南科技报》为代表的农村类报纸、以《河南商报》为代表的都市类报纸进行重点扶持，迅速扩大重点报纸的发行量，吸引众多自办发行报刊社回归邮发。2001年11月，河南省邮政报刊零售公司成立。2002年1月，河南省邮政报刊发行局整建制划归郑州邮区中心局。2003 年 9 月，河南省邮政发行局成立，11 月，河南省邮政报刊零售公司改名为河南省邮政图书报刊音像总公司，报刊零售业务由“一业为主”转变为图书、报刊、音像“三业并重”，同年 12 月，全省发行及报刊零售部门专业化经营工作全面启动。

2006 年 5 月，河南省邮政局完善“收投合一”体制。改革的核心由过去“以考核投递员收订报刊流转额为主”改为“以考核报刊收入为主”，引导收投人员收订高效畅销报刊，增强城市市场竞争力和满足农村普遍服务需要。为缩短报刊传递时限，提高邮发报刊市场竞争力，重新确定了报刊封发的基本单元，调整了分拣、封发和要数关系，通过对内部处理流程和转运环节的优化，实现了重点报刊订零同频次发运。郑州及距郑州 120 千米以内的省辖市实现了当日上午投递，其他省辖市实现了当日下午投递，多数县（市）城区重点单位实现了当日投递。全省有 101 个县实现了当日见报，当日见报率达 94%。2006 年 11 月 11 日，河南邮政报刊发行业务信息系统上线运行，全方位提高了生产处理效率和服务管理水平。

2007 年 7 月 1 日，河南省邮政公司实行了省发行局和郑州发行局省市一体化经营管理改革。整合后的省发行局既负责全省发行专业的经营管理，又直接参与郑州地区报刊发行业务市场的管理和开发。全省图书报刊音像专业累计完成业务收入 6 023 万元，图书收入绝对值列全国第一位。2008 年完成流转额 8.15 亿元，较 2007 年增长 1.25 亿元，绝对值居全国第 5 位，同比增幅达到 18.04%，居全国第 7 位。2008 年开发制作企业形象期刊 72.42 万份，居全国第一位，完成图书销售收入 1 308 万元，绝对值居全国第一位，全省累计完成报刊业务收入 2.88 亿元，较 2007 年增长 10%。

▲ 2007 年，周口市邮政局新建报刊亭 18 座，为市民购买报刊提供了便利

党报党刊发行

党报党刊发行属于邮政特殊服务的范畴。邮政是报刊发行的主渠道，河南邮政把以党报党刊为重点的报刊发行作为邮政工作的政治灵魂，提出

必须站在政治的高度来发展报刊发行业务。独立运营之后，河南邮政率先在报刊发行专业进行体制改革和机制创新，有力地促进了报刊发行业务的快速发展。在党报党刊发行方面，河南邮政采取“分层负责、分类营销、分时推进”的营销策略，党报党刊收订由收投部门负责人和专业专职营销人员主要负责，实行“重点报刊重点抓、重点报刊全员抓”。对于党报党刊，与报刊社结合，策划出操作性强的营销方案，实施方案营销。印发《投递员营销实用手册》，积极组织报刊营销培训，充分发挥收投局长、专业专职营销人员和收投人员的作用，分类实施项目营销，扩大党报党刊发行量。针对党报党刊时限性强的特点，采取分时推进的办法，按照党报党刊的时间要求有条不紊地推进，赢得发行的主动权，确保党报党刊收订目标的实现。为加快党报党刊传递时限，河南邮政两次发文对党报党刊传递进行提速，实现了全省 18 个省辖市和 106 个县（市）当天见报。全省党报党刊实现了每年稳中有升。《河南日报》连续多年稳定率达到 100%。在“十七大”和每年全国人大、政协“两会”召开之际，在第一时间利用 EMS，使参会的河南代表当天看到《河南日报》。中央、省级党报党刊等主要新闻媒体每年都给河南邮政发来感谢信，多次报道河南邮政改革发展成就和先进劳模事迹。

第三节　邮政服务

十一届三中全会以后，河南邮电在全省大力开展以“树邮电新风、创优质服务”为主题的系列服务活动，取得明显成效。河南邮政独立运营后，牢记“人民邮电为人民”的宗旨，坚持以通政、通民、通商为己任，认真履行党和国家赋予的普遍服务和特殊服务义务。河南邮政以市场需求为导向，创新服务手段，提高服务水平，为客户提供多元化、个性化服务。对城市和农村支局所进行规范化标准改造，改善用户的用邮条件和环境。

为了提高服务质量，河南邮政创新服务管理手段，建立了三级视检体系。推行社会监督机制，组成市、县、乡、村层层覆盖的社会监督体系。

在邮政网点公示服务承诺，设立投诉电话，建立了完善的服务情况定期汇报制度。河南邮政的服务质量和水平大大提高，在中国邮政集团公司组织的邮政用户服务满意度测评中连年名列前茅，在河南省政府组织的历次行风评议中均位居前列。

改革开放以来，河南邮政充分发挥行业优势，紧紧围绕省委、省政府的中心工作，服务地方经济社会发展，为实现中原崛起作出了积极的贡献。

唱响主旋律，深化服务理念

从2001年起，省邮政局将仪容仪表、服务用语、操作流程等编制成《河南省邮政营业优质服务操作规程》和《河南省邮政投递半军事化优质服务操作规程》两个标准规程，推行窗口站立微笑服务、投递半军事化管理。省邮政局将郑州花园路、新乡饮马口、偃师女子投递班等营投窗口的规范化操作制成光盘，组织全省播放、观摩，激励员工向先进学习。通过这一活动，全省营投窗口人员唱响了“服务是邮政的生命”主旋律，使“将心比心、用户称心”的服务理念融入到每个员工的每一次服务活动中，全省营投窗口服务水平得到迅速提升。

创建“百佳文明示范窗口”

自2001年起，河南邮政在全省开展了“百佳文明示范窗口”评选活动。这项活动是礼仪站立微笑服务及投递半军事化管理的深化和延续，是规范服务行为，塑造外部形象，打造邮政品牌的关键措施。2001年评选出郑州市纬五路储汇中心、新乡市平原路邮政营业班、洛阳偃师邮政局女子投递班等分别代表邮政营业、邮储营业、邮政投递的100个窗口为“百佳文明示范窗口”，以后每年省邮政局都对这些“百佳文明示范窗口”进行两次考评，6年间共取消12个单位的“百佳文明示范窗口”称号，新增郑州市邮政局邮政广场所等12个优秀服务单位为“百佳文明示范窗口”，保持了典型的先进性和代表性。“百佳文明示范窗口”评选活动的开展，为河南邮政增添了一道亮丽的风景线。

编印《河南邮政服务手册》

2005年3月，为指导和规范全省邮政营业、投递和11185热线三大窗口的服务行为，省邮政局组织编印《河南邮政服务手册》。该《手册》对局容局貌、服务人员言谈举止到投诉处理时限和流程进行了规范。为检验《手册》的学习效果，2005年10月，省邮政局举办了首次“河南省邮政营业规范化服务模拟操作比赛”，18套比赛试题由省邮政局将300多个用户投诉和日常检查中窗口服务经常出现的问题归纳、梳理编写而成，试题紧扣国内、国际邮件处理规则，融法理与情理、规章与人性化、服务与规范化为一体，重点考核营业人员的灵活应变能力，体现“以人为本，客户至上”的服务理念。一些比赛还被制成光盘，在全省邮政系统进行播放学习，为推动全省窗口人员学业务、提高规范化服务水平起到了积极的作用。

▲11185热线

向社会公开邮政服务承诺

2005年4月28日，省邮政局结合省政府行风评议工作，重新修订印发了《河南省邮政局关于向社会公开服务承诺内容的通知》并在媒体进行公布。服务承诺内容如下：

一、邮政服务窗口公布投诉监督电话，主动接受社会监督。实行“首问负责制”，一般投诉3个工作日内答复，重大投诉7个工作日内答复，做到热情接待、耐心解释、事事有落实、件件有回音。

二、具备《中华人民共和国邮政法实施细则》规定投递条件的住宅楼房，自用户办理手续之日起，7个工作日内实现投递。

三、确保省内省辖市（城区）之间互寄的特快专递邮件实现次日递，郑州印刷交邮局发行的日报，郑州市区实现上午递、省辖市区实现当日递

（报社未按时供报及其他不可抗力因素除外）。

四、用户订阅的报刊发生短缺，本着“有报补报，无报退款”的原则，本埠报刊3日内补送、15日内退款，外埠报刊15日内补送或退款。

五、自受理用户查询给据邮件之日起，在下列时限内答复：本市、县内互寄的邮件15天；本省内或各省之间互寄的邮件30天（青海、新疆、西藏60天）；特快专递邮件省会局之间及省内互寄的为6天，其余为15天。并公布河南省邮政局服务监督电话和邮政服务投诉网站。

开展邮政窗口规范化服务达标活动

2006年，为把河南邮政建设成“社会形象一流”的现代服务企业，省邮政局在全省开展了邮政窗口规范化服务达标活动，提出三年内城市100%的邮政窗口、农村95%邮政窗口达标。在硬件建设上，全省邮政依照《中国邮政企业形象管理手册》的各项标准，做到局所主体标识、局名时间牌、席位标识牌、信箱（筒）、柜台、厅内环境和用品用具管理等13个项目的统一规范。全省在营投窗口投入资金8 700多万元，新建、改造网点796个，新增和更新信箱（筒）520个，配备用户书写台421个、座椅273张，文件柜、架格513个，发放标志服装1 569套，使营投窗口形象焕然一新。在软件建设上，把服务软实力的提升作为规范化服务达标的核心，修订规范化达标标准，重点把“普通话、标准服务用语、三声一唱、站立迎送、双手接递、微笑服务”等礼仪项目和营业员实操业务技能作为硬条件纳入考评。为解决基层职工缺少业务培训书籍的问题，翻印《国内邮件处理规则》、《国内邮件处理规则答疑》、《国内特快专递邮件处理规则》、《国际特快专递邮件处理规则》、《邮政资费手册》

▲ 窗口营业人员互相交流服务经验

共 39 900 册，保证窗口人员人手一册。在全省 18 个市局组织全员业务培训 96 次、巡回礼仪培训 115 次；举办了 22 场规范化服务礼仪大赛，营投人员参训率达到了 100%。截止到 2008 年，全省共有 2 563 个城乡邮政局所达标，其中县以上城市局所达标 807 个，达标率 100%，农村支局所达标 1 736 个，达标率 98%，全省邮政窗口服务形象得到明显改善。

旗舰店、精品窗口、示范窗口

2008 年，河南邮政大力推进“旗舰店、精品窗口、示范窗口”建设，在郑州、新乡各建成 1 处“省级旗舰店”，每个市局建成 1 处“市级精品窗口”，每个县局建成 1 处“县级示范窗口”。郑州、新乡两家旗舰店集业务介绍、演示、办理等多种功能为一体，总体布局合理，流程顺畅，服务环境优雅、舒适，无论是硬件建设水平还是软件服务能力在同行业中均处于领先水平。

▲ 设施一流的郑州邮政旗舰店

畅通投诉渠道，解决热点难点问题

从分营之初到 2008 年，河南邮政明确了“首问负责制、有报补报、无报退款”等 10 项邮政服务承诺内容，在全省 18 家媒体和 2 743 个营业窗口进行公布。开通了 183 用户投诉网站，成立河南邮政用户投诉中心，24 小时受理用户投诉；从全省各地人大、政府、新闻、消协和社会各界聘请 50 名省级社会监督员，

▲ 2006 年 6 月 26 日，河南省邮政局局长杨海福做客省人民广播电台，参加《政府在线》——“政府行风热线”直播节目

对营业、投递窗口实行暗查，广泛走访用户，对邮政服务进行监督。

2001 年—2003 年，河南邮政先后对 54 个县局进行了专题检查和走访，对用户投诉较多的县局进行整顿规范。从 2000 年起，各级视检部门多次开展“走千家、访万户”活动，共走访用户 81 950 户。为严防信箱漏开、杜绝“大肚子”信箱事件的发生，省邮政局每年开展一次全省性的信箱试片投放行动，累计投放试卡 32 017 张，清查面达到 100%，保证了投入信箱（筒）邮件的传递时限。2001 年起，全省在 45 173 个行政村、2 047 个农村支局所设置、喷涂了 48 817 幅服务项目公示牌，公示内容包括服务项目和收费标准、用户自愿使用原则、监督电话等项目。

2006 年起，河南邮政在全省积极推行许昌、濮阳等局的管理经验，多次集中开展收发室大走访活动，加强对收发室邮件的管理。2007 年 8 月，省邮政公司出台《邮件报刊妥投妥收协议书》，该协议从“妥投邮件范围、接收方式、错投和无法转交邮件的处理、收发章印模备案、邮局与收发室双方责任”等方面进行了规范。省邮政公司印制 100 万份统一格式的新协议，实行全省统一签订。当年有 15.4 万家单位重新与邮政部门签订 30.8 万份妥投协议，将邮件投递责任风险控制在最小范围。

▲ 河南省邮政局召开邮政服务社会监督员会议

邮电分营以来，全省邮政通信质量不断提升，邮政服务质量综合满意度连续 10 年位居全国前列；2004 年以来，连续 5 年获得国家邮政局（中国邮政集团公司）通信服务质量奖；2007 年、2008 年荣获中国邮政集团公司通信服务质量一等奖，在河南省政府组织的行风评议中，河南邮政均位居前列。

三级视检体系建设

从 1999 年起，河南邮政相继制定、修订完善了《河南省邮政视察监督检查工作制度》、《河南省邮政业务三级视检体系考核评比奖罚办法》、《河南省邮政质量管理岗、监控岗履职检查制度》、《河南省邮政局专业局（公司）视检（稽查）考核评比办法》，明确了各级视检机构的职责，规范了视察工作制度和检查质量考评标准、激励办法，制定了《河南省邮政通信生产管理办法、违章操作违规经营内部处理处罚办法》、《河南省邮政服务质量考评办法》、《河南省关于对省邮政局各专业及管理部门有关通信质量、服务质量责任追究办法》等制度，明确了各级各部门负责人、各环节监控人员的直接责任和管理责任，制定了违章指挥、违规操作处理处罚标准，强化了责任意识，管理和监控层次更加清晰。

2000 年，河南邮政提出了“三分精力抓发展，七分精力抓管理”、“向管理要效益，以管理促发展”的工作方针，制定了《河南省邮政业务三级视检体系管理办法》等 6 个办法，在全省邮政建立了视检体系网络，逐步完善和规范了视察工作制度，实现对企业全业务、全过程、全网络的监控。三级视检体系是以综合视察为中心，专业检查为重点，生产班组和分支机构日常检查为基础，包括省、市、县三级管理职能的一个复合型质量保证体系。2000 年，省邮政局和 18 个市局相继成立了独立的视察机构，县（市）局成立了业务检查室。

从 2000 年起，河南邮政以“邮政管理年”活动为起点，实施基础管理达标工程，迅速扭转了管理工作落后的局面，培育基础管理“6 佳市局、10 佳县局、20 佳农村支局”先进典范，大幅度提升了邮政整体管理水平，全面整治“三低一跨”（低面值销售邮资票品、低资费收寄邮件、低费率异地接办报刊、跨界揽收邮件）违规经营行为，邮政经营秩序得到规范。河南邮政独立运营 10 年来，全省综合视察部门共对 972 个市局次、2 524 个县（市）局次和 11 586 个农村支局进行了各种形式的视察检查，共查堵跑、冒、滴、漏资费 336.79 万元，纠正了 37 个单位的不规范经营行为；共为企业追缴发行欠款 6 991.04 万元，处理储汇悬记账款 1 054.3 万元，清交企业间集邮欠费 200.4 万元，查处并没收个别单位非法所得 200 多万元；纠正虚列专业收入 609.13 万元，查处业务资金违规存入个人存折款额 876.21 万元，挽回直接损失 1 050.09 万元；对发现的问题限期整改。

服务河南经济社会发展

河南邮政立足农业大省的省情，充分发挥农村网点多、覆盖面广、品牌信誉好的优势，把服务“三农”视为自身义不容辞的责任，作为寻求发展的广阔天地，大力发展农村各类邮政业务。在全国率先开办农资连锁配送业务，从农民急需的生产资料、生活资料配送入手，开辟绿色通道，引进名优产品，维护了农民的权益。聘请了 150 多名农业技术专家，在配送质优价廉农资产品的同时，把技术培训也一起送到农民手中。截止到 2008 年，河南邮政在全省建

成28 000多个村级“三农”服务网点，成为农村流通体系中的一支重要力量。针对商业银行农村网点收缩的现状，河南邮政在全国邮政首家开办小额贷款业务。截止到2008年，累计发放小额质押贷款29.36亿元，发放小额信用贷款11.66亿元，为广大农户和中小企业开辟了一条新的融资渠道。

河南邮政以历史文化、风景名胜、民间艺术等为选题，积极申报发行河南题材邮票63套、195枚；与地方政府联合，先后在16个省辖市举办了规模宏大的邮票首发式，成为地方政府开展招商引资、宣传自己的有效载体。大力发展邮资信封、景点邮资明信片等业务，全省主要景区中九成以上使用了邮资明信片门票。

充分发挥网络优势，通过发展现代物流业为各类企业提供现代化的综合物流服务，有力推动了地方经济发展。建成了中国邮政中南物流集散中心，开通了“米”字形快速物流运递网和各市、县同城物流配送网，实现了与全国六大区域网的对接。旗下的河南中邮物流公司已成为河南省功能最强大、网络最完善、服务优势最明显、技术最先进的物流企业，业务规模居全国第四位，其中快货业务连年保持全国同行业第一。

成千上万的中小企业是河南省县域经济的主力军、城乡就业的主渠道和“富民强省”的重要途径，在河南国民经济和社会发展中发挥着重要作用。河南邮政针对全省中小企业由于普遍存在营销难、产品流通难、结算融资难等问题，利用名址信息库和先进技术设备，积极为中小企业提供直复营销一条龙服务。截止到2008年，全省已有2 000余家中小企业使用了直复营销商业信函，已有4 180余家中小企业成为邮政速递、物流业务的固定用户。开办邮政小额贷款和定期存单小额质押贷款业务，有效缓解了中小企业资金压力。邮政储蓄银行开办的对公业务，为中小企业提供了账户开立、存款和多种支付结算等多项方便快捷的邮政金融服务，加快了资金周转速度，为中小企业开辟了结算融资的新渠道。

第四节　企业文化建设

改革开放以后，河南邮电部门坚持物质文明建设和精神文明建设一起抓，在狠抓业务发展的同时，着力改善邮电服务，提高职工队伍素质，促进行业精神文明建设。河南邮政独立运营以来，继续强化企业文化建设，积极开展精神文明创建活动，充分发挥典型示范作用，企业物质文明与精神文明同步发展。培育了开拓创新、勇争一流的企业精神，营造出团结、和谐、向上的浓厚氛围。坚持以人为本构建和谐邮政，积极推进“人才强邮”战略和全员素质提升工程，始终坚持把员工利益放在第一位，使广大员工共享企业改革发展成果，实现了广大员工与企业的共同发展。

实施人才强邮战略

1998 年底，全省邮政员工从整体结构上看，年龄偏大，文化层次较低，知识及专业技术老化，专业人才匮乏，全省邮政大专以上学历 2 376 人，仅占在岗职工总数的 11.9%。干部职工队伍素质和人才现状与市场经济发展、现代企业管理和现代通信技术要求极不适应。分营后，河南邮政积极推进人才强邮战略，加强高层管理人员、高层专业技术人员、高层营销人员三支队伍建设，紧紧抓住培养、吸引、用好人才三个关键环节，从邮政发展实际出发，建立灵活的人才引进机制，扩大对外招聘的范围和层次。

1999 年，在原省邮电技工学校的基础上，组建了河南省邮政培训中心和 6 个地市局培训中心，以两级培训中心为依托，在全省范围内大规模开展培训活动，以“提高综合素质，增强三种能力（综合管理能力、市场拓展能力、资本运营能力）”为目标，在全省开展各级各类管理人员的培训。1999 年 5 月，河南邮政出台了《河南省邮政职工教育管理办法》，引导鼓励职工参加函授、自学考试、远程教育等形式的学历教育。1999 年 10 月，河南邮政在全省邮政系统建立了中青年人才信息库，对优秀的中青年人才分批进行强化培训。2000 年 5 月，选派 113 名中青年干部到基层挂职锻炼。此外，河南邮政不断加强高校毕业生接收工作，截止到 2001 年，共接收高校毕业生 552 名。

▲ 河南邮政员工进行拓展训练

2002 年—2003 年，河南邮政采取多种形式广招人才，对企业急需的邮政金融、市场营销策划、广告和物流管理、计算机软件开发、邮品设计等高级人才，面向社会公开招聘。对于应届高校毕业生，采取主动与省内外知名高校联系、在人才信息网上发布招聘消息等方式，吸纳优秀大学生来河南邮政建功立业。河南邮政出台了《河南邮政企业聘用管理人员办法》、《河南邮政企业聘用客户经理办法》和《河南邮政企业聘用技术人员办法》，加快管理、营销、技术人才三支队伍的建设步伐，按照建设学习型企业的要求，推进“全员培训工程”。

2004 年，河南省邮政局、省邮政工会出台《关于进一步实施“职工素质工程”的意见》，在全省深入开展“创建学习型组织，争当知识型职工”活动。对处级干部进行工商管理培训，对高级营销人才进行理论和实践培训。鼓励技术人员岗位成才，对信息技术局骨干实行岗位晋升，调动技术人员的积极性。对高层次经营管理及后备人才，通过多个岗位转换、交流、挂职锻炼等形式，提高他们的经营管理水平和驾驭全局能力。对专业化公司（局）急需的经营管理、市场营销等岗位进行内部公开竞聘，对专业专职客户经理、高级客户经理面向社会公开招聘。出台了使用具有原始大专学历劳务工办法，鼓励企业在“双定”方案范围内，优先使用具有原始大专学历的劳务工。全年全省邮政已使用具有大专学历劳务工 624 人。

▲ 2006 年 3 月 29 日，河南省邮政局组织《商务礼仪》知识考试

2006 年，河南邮政开展了涵盖各层次、各专业、各工种的、形式多样的培训，举办了处级干部现代管理知识讲座，组织实施了县（市）局长、农村支局长等一系列培训，完成了 1 819 名客户经理、大客户管理及业务宣传人员的远程教育营销知识培训和近两万名窗口人员的岗位培训。面向社会招聘了企业急需专业的优秀大学生，全省共招聘本科以上毕业生 547 人，其中硕士研究生 32 人。实施“三千工程”，建成“河南邮政

▲ 2006 年 1 月 19 日，新乡市邮政局举办窗口人员规范化服务模拟比赛

千名人才库”，评选了千名优秀营业员和千名优秀投递员。

2007年，河南邮政完成了18个省辖市局电教设备的配备工作。聘任省、市两级培训师586名，有效地解决了内部师资问题，聘请国内知名专家为中高层经营管理人员授课。加大人才引进力度，全省引进处级干部2人，面向社会公开招聘营销及管理、技术人才153名，接收应届研究生、本科生344人。

2008年，为优化人才队伍，河南邮政在全省范围内实行中层领导（科级干部）和一般管理岗位竞聘上岗，完善干部交流培养机制，省邮政公司机关部（室）、省专业公司（局）将20%岗位作为长期交流岗位，并在全省范围选拔优秀人才到交流岗位上工作学习。加强对大学生的培养，组织81名大学生到县（市）局交流挂职。截止到2008年，全省邮政有800余名大学生进行了挂职锻炼，其中200余名走上了科级及以上领导岗位。2008年共举办各级各类培训班122期，达13 632人次，7月，在全国营业支局（所）长知识竞赛中，河南邮政有14人获奖，是全国邮政获奖名额最多的一个省。2008年接收应届研究生、本科生539人，全省邮政大专以上学历员工占比达到39%。

▲ 2008年8月7日，河南省邮政公司举办全省营业支局（所）长知识竞赛

精神文明创建工作

▲ 2003年10月，河南省邮政局举办庆祝独立运营5周年文艺汇演

邮电分营后，河南邮政紧紧围绕邮政通信发展这个中心，积极推进精神文明创建工作。1999年5月，成立“河南省邮政部门精神文明建设工作领导小组”，印发了《全省邮政系统创建文明行业实施意见》，加强对创建活动的领导。各单位紧密结合通信生产和企业文化建设的实际，制定具体的实施方案，深入开展创建

工作。截止到2001年，全省邮政部门共有省级文明单位17个，市级文明单位67个，县级文明单位35个，全省邮政共有4个青年集体被授予全国青年文明号，46个青年集体被授予省级青年文明号。2002年，河南邮政印发《全省邮政系统进一步加强创建文明行业的通知》，创建工作取得了丰硕的成果，全省邮政县级以上文明单位达到128个。

2004年，河南邮政印发了《关于创建省级文明单位，建设先进系统的通知》，明确了精神文明建设的指导思想、总体目标和主要目标，将各单位精神文明创建工作列为考评年度优秀企业的重要指标。2004年，全省邮政县级以上文明单位达到193个。2005年，省邮政局获得了“河南省五一劳动奖状”。省邮政局申报的《邮政与电力合作服务三农的电费管理变革》，获得了第二届全国通信行业企业管理现代化创新成果二等奖、第十二届全国企业管理现代化创新成果三等奖。2006年，全省邮政省级精神文明单位已达23个，市级以上精神文明单位已达116个，已获得国家级“青年文明号”10个，省级“青年文明号”72个。

▲ 2008年6月11日，郑州市邮政局召开职工运动会

2008年，省邮政公司被中华全国总工会授予“全国五一劳动奖状”；郑州邮区中心局、驻马店市邮政局获河南省“五一劳动奖状”。新乡、安阳、驻马店、平顶山市局和林州、汤阴、禹州、固始、沈丘等5个县（市）局成功创建“省级文明单位”，全省邮政系统省级文明单位达到30个。截止到2008年，河南邮政先后共有103个集体被团省委命名为河南省青年文明号，有12个集体被团中央命名为国家级青年文明号。全省邮政共涌现出市级以上精神文明单位117个，其中省级文明单位30个。河南省邮政公司被省委、省政府授予文明单位称号。

培育开拓创新、勇争一流的企业精神

2002年，河南邮政把开展向王德武同志学习与落实《公民道德建设实施纲要》结合起来，弘扬王德武同志的敬业精神、拼搏精神、创业精神、团队精神，使干部职工树立坚定的理想信念和爱岗敬业精神。2003年，河南邮政坚持以人为本的理念，大力建设“学习型”企业文化，全面提升邮政队伍整体素质。2004年，河南邮政把“弘扬求真务实、真抓实干作风”作为新形势下企业文化建设的核心，制定了《省邮政局领导干部和省邮政局机关带头真抓实干狠抓落实的实施意见》，并在全省树立起兰考县坝头支局这一实干经验的典型。2005年，河南邮政在全省开展学习郏县局创业精神，加快邮政业务发展。2006年，河南邮政涌现出了一个集传统美德与时代精神于一体的先进典型——赵海菊。赵海菊八年如一日义务照顾烈士父母的事迹和崇高精神，在社会上引起强烈反响，展示了新时期河南邮政职工奉献社会，服务人民的高尚精神风貌。

▲ 举办先进事迹报告会

通过认真学习身边的先进人物，大力弘扬忘我拼搏的王德武、创新发展的徐景玉、奉献社会的赵海菊和艰苦创业的郏县邮政局、坝头支局等先进典型的精神，在全省形成了爱岗敬业、干事创业的良好氛围，培育了开拓创新、勇争一流的企业精神，打造了一支适应现代企业发展的高素质职工队伍，为企业发展提供了强大的精神动力。

开展职工之家建设

独立运营以来，河南邮政高度重视职工之家创建工作，明确提出“建家就是建企业、建家就是促和谐”的理念，加快推进职工之家建设，改善一线职工生产生活条件，积极构建和谐企业。2004年，对全省邮政“职工之家”创建工作进行了摸底，修改完善了《河南

▲ 长垣县丁滦支局职工小家厨房

省邮政系统“职工之家”验收标准》，全省邮政共有 8 个单位被评为“全国模范职工之家”。2005 年，省邮政局提出要为职工办 10 件实事的要求，全省邮政有 1 682 个农村支局（所）通过建立职工小食堂、发放伙食补贴、附近单位就餐等形式解决了职工就餐问题。2006 年，河南邮政制定了《河南省邮政系统模范职工小家创建标准》，为职工小家配备冰箱、安装空调，统一更新配置生活用品用具，统一建设食堂、活动室、浴室、休息室，切实改善了农村基层员工生产生活条件。在全省邮政范围内进行了第一次模范职工小家创建检查验收，167 个支局（所）被授予“全省邮政系统模范职工小家”荣誉称号，20 个市、县局通过“模范职工之家”检查验收。截止到 2008 年底，河南邮政系统共建成“全国模范职工之家”10 个、“全国模范职工小家”3 个、“河南省模范职工之家”16 个、“省国防邮电系统模范职工小家”113 个。

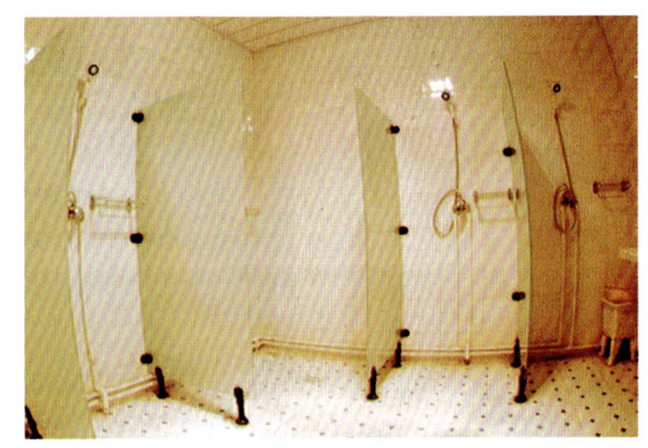

▲ 南阳邮政局收投服务站职工浴室

开展“三保证三关爱”活动

2006 年 12 月，为增强企业凝聚力和向心力，积极构建和谐邮政，省邮政局党组印发了《关于在全省邮政系统开展“三保证三关爱”活动的通知》，制定了《河南省邮政局“三保证三关爱”活动实施办法》，决定自 2007 年 1 月 1 日起，在全省邮政系统开展以“保证所有职工家庭生活水平高于当地居民最低生活保障标准，保证所有职工子女都能上得起学，保证所有职工都能看起病，关爱职工家庭，关爱先进人物，关爱

▲ 2008 年 8 月 4 日，全省推广邮政系统帮扶困难职工经验现场会在郑州召开

残疾人员”为主题的“三保证三关爱”活动。《实施办法》以对困难职工、职工子女上学、职工看病等的补助和对职工家庭、职工父母、劳动模范的关爱为主要内容，对活动的基本内容、人员范围、资金来源、基金管理、补助标准和审批程序等都提出了明确要求，建立健全了各项管理制度。全省邮政广大干部职工踊跃参与，共有34 492 名职工参加了活动，活动参与面达到100%。活动管理委员会办公室收到职工缴纳及活动捐款共296 万余元。各级领导干部为活动捐款10.3万元。2007年1月1日，“三保证三关爱”活动正式启动。各级邮政工会作为活动的日常管理部门，对职工生活工作情况进行深入、细致地走访调查，建立起规范的档案资料，对符合条件的职工及时申报补助。同时省邮政工会还与省信息技术局联合开发了“三保证三关爱”网上信息系统，通过网络实现基础档案资料录入、补助申报和审批，规范了操作程序，提高了补助申报和兑付速度，确保符合补助条件的员工能够及时申报，及时领取补助。全年全省邮政兑付“三保证三关爱”活动资金317 万余元，受益员工达5 116 人次，资助困难员工家庭学生406 名，为全省邮政54 名员工（家属）实施了免费白内障手术。活动的开展有效解决了员工家庭生活难、就医难、就学难等实际问题，建立完善了企业帮扶救助体系，增强了职工抵御风险的能力，得到了全省邮政员工和社会各界的广泛好评，提升了邮政企业的社会形象。新华社《国内动态清样》对此活动进行了专题报道，省委徐光春书记对此批示：“解决民生问题是最大的政治，改善民生是最大的政绩。河南省邮政公司认真贯彻落实科学发展观，在全省邮政系统创造性地开展了‘三保证三关爱’活动，建立了帮扶救助困难员工的长效机制，为构建社会主义和谐社会探索了一条新路。”省长李成玉也作出批示，要求在全省进行总结推广。2008 年6 月，河南邮政对“三保证三关爱”活动实施办法进行了修订完善，拓展了活动范围，提高了补助标准。2008 年8 月，省总工会组织召开了全省60 多家大中型国有企业参加的推广邮政系统帮扶困难职工经验现场会。《求是》杂志、《新华每日电讯》等多家媒体先后对活动进行了报道。截止到2008 年底，全省邮政累计兑付“三保证三关爱”活动资金977 万元，

▲ 慰问邮政职工家属

受益员工总人数达到 10 693 人次，累计支出“六落实”活动资金 145 万元，受益离退休员工达到 9 365 人。

河南省邮政公司获“全国五一劳动奖状”

▲ 2008 年 4 月 28 日，省邮政公司荣获“全国五一劳动奖状”

独立运营以来，河南邮政始终坚持科学发展观，坚持以人为本，不断改革创新，使企业经济效益稳步提高，综合实力显著增强，社会形象大幅提升，走出了一条具有河南特色的邮政改革发展之路，为推动地方经济社会发展作出了积极贡献。省邮政公司连续 9 年被省政府评为目标管理优秀（先进）单位、党风廉政建设责任制优秀单位，被省委省政府授予文明单位称号，2005 年荣获“河南省五一劳动奖状”，2008 年 4 月 28 日，在河南省庆祝“五一”国际劳动节大会上，省邮政公司被中华全国总工会授予“全国五一劳动奖状”。

荣获河南省“改革开放 30 年卓越贡献国有企业”称号

2008 年 12 月 19 日，在省发改委、国资委、广电局、中小企业局、团省委联合开展的“改革开放 30 年国企 30 家民企 30 人”评选活动中，省邮政公司被评为“河南省改革开放 30 年卓越贡献国有企业”。组委会对河南省邮政公司的颁奖词是：“体制在变，机制在变，人民邮电为人民的服务宗旨和责任感永不改变。”

POST

第十章

邮政管理

概述

改革开放30年来，邮政行业管理经历了3个历史阶段。

邮电合营时期（1990年—1998年）

1990年5月，河南省邮电管理局按照邮电部《关于设置通信行业管理机构的通知》，成立河南省邮电管理局通信行业管理处。1995年4月，经河南省第八届人民代表大会常务委员会第十三次会议通过，《河南省通信管理条例》颁布施行。河南省通信行业管理部门依照《中华人民共和国邮政法》和《河南省通信管理条例》，对邮政行业进行监督管理。

独立运营时期（1998年—2006年）

邮政独立运营后，顺应邮政“政企合一”体制建立了行业管理机构，依据《中华人民共和国邮政法》、《中华人民共和国邮政法实施细则》、《河南省邮政条例》（2005年7月1日颁布），对邮政行业进行管理，维护国家利益和用户合法权益。1999年，河南邮政设立行业管理处，各地（市）邮政局成立了行业管理科。2001年12月，经省政府批准，河南省邮政行业管理办公室暨河南省邮政执法大队成立，对邮政速递市场进行管理，维护邮政的信函专营权，打击非法经营信函业务的行为，保护国家信息安全；对集邮市场进行管理，维护集邮市场秩序，打击非法预售、预订集邮票品和非法经营邮票行为；对邮政用品用具进行监督管理，打击非法生产和销售行为。

政企分开时期（2006年起）

2006年9月，河南邮政实行政企分开，新成立的河南省邮政管理局履行政府监管职能。

第一节　政企合一时期的邮政管理

1990 年 5 月，河南省邮电管理局贯彻邮电部《关于设置通信行业管理机构的通知》，成立河南省邮电管理局通信行业管理处，邮政行业管理职责开始得以行使。1999 年，河南省邮政局独立运营后，成立河南省邮政局行业管理处，各地（市）邮政局成立了行业管理科，全省配备专职行管人员 38 人、兼职行管人员 217 人。

标准信封生产监制

1994 年 12 月，河南省邮电管理局印发《关于 1995 年 1 月 1 日实行标准信封有关问题的通知》，全省各级邮电机构自 1995 年 1 月 1 日起，实行 GB1416-93 国家信封标准，邮政营业窗口即日起向用户提供品种齐全的标准信封。开展标准信封宣传活动，并在报纸上公布各地区申领监制证书的厂商名单，协同工商、技术监督部门对本地区信封生产、销售、使用情况进行检查，杜绝假冒、伪劣信封的生产和销售。到 1995 年 7 月末，全省各地（市）邮电局共公布申领信封监制证书的印刷厂 84 家。

1995 年 8 月，河南省邮电管理局配合河南省技术监督局对全省生产标准信封的厂商进行统一复验。1995 年底，全省生产标准信封的厂商达到 114 家，其中被复验的厂商 85 家。对生产信封不合格和到期未复验的，取消生产资格，收回监制证书；对没有监制证书的生产厂商或冒用、盗用监制证书的生产厂商，给予行政处罚。

邮资票品市场管理

1996 年，河南省邮电管理局通信行业管理处根据邮电部、国家工商行政管理局《个人经营集邮票品管理办法》的有关规定，对全省邮票市场进行全面调查，发现全省非邮政部门开办的集邮摊点117处，对其进行了处罚。1997年，郑州市的集邮市场由1个发展到4个，集邮摊点发展到400多个。郑州市邮政局行管部门对“马路市场”、无照经营和低面值出售邮票等现象进行了专项整治。2003年，河南邮政行业管理部门会同公安部门依法查处假邮票10万枚、违规经营邮票5万枚，低面值邮资封12万枚，有效地维护了企业和用户的合法利益。

速递市场管理

2002年，非法经营的速递公司严重侵害了邮政企业的专营权。河南邮政行业管理部门加强对速递市场的管理和检查，全年出动2 117人次，下达行政处罚和整改通知书295份。2004年，全省通信行业管理部门以打击“三低一假”为目标，全面整顿邮政经营（市场）秩序，全年执法巡查12 220人次，取缔非法速递公司21家，维护了市场秩序。

《河南省邮政条例》颁布施行

2005年5月26日，《河南省邮政条例》经河南省十届人大十六次会议审议通过，7月1日正式施行。《河南省邮政条例》是河南省在邮政方面出台的第一部邮政地方性法规，它的颁布施行填补了河南邮政史上的空白，在河南邮政的发展史上具有里程碑意义。《条例》共分6章45条，规定了河南邮政企业要承担普遍服务义务，明确了地方政府为确保邮政提供普遍服务应采取的保障措施。《条例》赋予了河南邮政行业管理部门对擅自经营邮政专营业务和经营伪造、变造的邮资凭证或经营国家禁止流通的集邮票品的行为的执法处罚权，各级政府对邮政部门应当给予政策优惠和政策扶持。

《河南省邮政条例》的颁布实施为邮政执法提供了法律保障。2005年，全省行业管理人员共执法巡查19 347人次，巡查寄递市场5 772人次，查处“黑速递”518个次，纠正违规使用邮政标志6处。巡查邮政用品用具市场1 230人次，对842家大宗用户使用的12.08万个信封进行检查，合格率99.6%，对1 267个支局（所）出售的特快封套质量情况进行检查，合格率100%。在分拣部门，对235个县局、889个城市邮政支局（所）收寄的24.49万封普通用户使用的信封质量进行了检查，合格率83%。

第二节　政企分开后的机构设置与队伍建设

2006年9月12日，根据《国务院办公厅关于印发省（区、市）邮政监管机构设置主要职责和人员编制规定的通知》，原河南省邮政局实行政企分开，成立河南省邮政管理局，履行全省邮政行业管理职责。

河南省邮政管理局机构设置

依据《关于设立河南省邮政管理局的通知》，河南省邮政管理局为副厅级单位，内设3个处：综合处、普遍服务处、市场监管处。河南省邮政管理局内设机构为正处级，核定人员编制为16名。

推进党风廉政建设

在党风廉政建设方面，一是认真贯彻落实党风廉政建设各项规定，完善行业监管、党风廉政建设、民主决策、干部考核、资金管理和资产管理等五个方面的制度；二是深入开展反腐倡廉教育，促进领导干部廉洁自律、遵纪守法，增强拒腐防变能力；三是围绕中心，服务大局，切实加强执法监察、效能监察和廉政监察，加强政风行风建设；四是强化监督，确保权力正确行使。

开展精神文明创建工作

2008年，为加强机关精神文明建设和行业青年文明号创建工作，河南省邮政管理局制定了《河南省邮政管理局2008年精神文明建设工作要点》、《河南省邮政管理局2008年文明单位创建方案》，印发了《河南省邮政业青年文明号管理办法》、《河南省青年文明号考核标准》等相关办法，进一步规范河南省邮政业青年文明号创建活动，并指导省邮政公司完成了国家级青年文明号和省级青年文明号的申报和复核工作。2007年和2008年，河南省邮政管理局连续保持“省级文明单位”荣誉称号并通过年底考核。

河南省快递协会成立

2007年10月11日，河南省快递协会在郑州成立。河南省快递协会由6家快递企业发起，首批申请加入协会的快递经营单位86家，参与面广，代表性强，充分体现了河南快递企业加强行业自律、规范市场经营秩序的愿望。首届会员大会审议通过了《河南省快递协会章程》，选举产生了第一届理事会。

第三节　邮政普遍服务、特殊服务监督

河南省邮政管理局按照国家邮政局建立“政府监管、企业内控、社会监督”三位一体监督体系的要求，结合实际探索建立了省邮政管理局监管、省邮政企业内控、社会监督员监督的普遍服务监督体系，在促进邮政普遍服务均等化方面切实加强管理。同时，积极争取扶持政策，优化邮政企业发展环境，服务邮政行业发展。

制定规章制度，规范监督行为

2006年8月，制定了《河南省邮政管理局邮政普遍服务和特殊服务监督检查制度》、《河南省邮政管理局邮政普遍服务、特殊服务质量监督检查制度》、《河南省邮政管理局邮政普遍服务、特殊服务监督体系管理办法》，并根据国家邮政局《普遍服务监督管理办法》制定了实施细则，使普遍服务监督工作有章可循。

建立基础设施台账

2006年，河南省邮政管理局组织开展了邮政普遍服务、特殊服务基本情况调查，建立了全省邮政普遍服务、特殊服务基础设施台账。在日常监督检查时，适时对网点分布状况进行抽查，及时掌握增减变化情况，做到实时监督，动态管理。通过对18个省辖市邮政局上报后的数据进行汇总、整理，建立了较为完善的全省邮政普遍服务、特殊服务基础设施台账。有关做法在国家邮政局邮政普遍服务监督管理座谈会上作了经验交流。

开展普遍服务专项监督检查

2008年，河南省邮政管理局以邮政网点、邮件时限、服务质量和机要通信安全为重点开展了专项监督检查。

开展邮政普遍服务基础设施信息调查，掌握增减变化信息。2008年，全省邮政企业共增加邮政营业网点27处（其中增加28处，撤销1处）。

开展省内邮件时限监测。2008年10月，组织全省邮政特邀监督员开展了省内邮件时限监测活动，共交寄平信3 048封、挂号信1 062封，上报有效测试信件4 034封，占寄信数量的98.15%，省内信件传递时限达到相关指标要求。

组织开展用户贴用自带邮票邮件抽样监测。2008年7月，制定抽样监测工作实施方案，成立了专项检查小组。检查人员自备普通邮票、纪特邮票和邮资信封，分别对平顶山市、信阳市、安阳市的15个邮政支局进行了包裹、挂号信函、挂号印刷品的试寄抽样监测。试寄的26件自贴票邮件有20件办理了收寄手续，占77%，其中13件挂号信件、挂号印刷品全部收寄，13件包裹收寄7件，占54%。

组织开展纪特邮票销售检查。省邮政管理局工作人员和邮政特邀监督员在《抗震救灾 众志成城》、《第29届奥林匹克运动会开幕纪念》、《北京2008奥林匹克博览会开幕纪念》、《奥运会从北京到伦敦》、《北京2008年残奥会》等重点邮票发行当日，对全省75个邮票销售窗口进行了监督检查。监督结果表明，大多数邮票销售网点的预定票和零售票供应都能满足集邮爱好者的需求。对邮票首日封发行不及时、部分邮票销售窗口服务环境差等问题，提出了整改措施。

开展特殊服务专项监督检查

开展机要封装用品执行情况检查。2008年3月，与河南省国家保密局联合成立机要封装用品专项检查小组，对省机要通信局收寄的国家秘密载体封装用品进行了为期10天的专项检查，共抽检21个单位交寄的机要邮件622件，达到标准件的占95.18%。

开展机要用户满意度调查。2008年10月，对驻郑州的15家重点机要通信用户（省级以及省直单位10家，市级单位3家，垂直管理单位2家）开展入户调查。河南省机要通信服务在保密安全、营投服务等方面工作到位，措施得力，为确保党和国家秘密载体安全传递提供了保障。

开展党报党刊发行监督检查。在2008年度党报党刊大收订期间，省邮政管理局联合省直有关单位组成督导组，对各省辖市的党报党刊收订工作进行督导，实现了《人民日报》、《求是》杂志、《河南日报》发行量“稳中有升”的目标。

服务邮政企业发展

开展农村通邮调研。2007年8月，按照国家邮政局安排，成立农村通邮情况调研领导小组，制定《河南省邮政管理局农村通邮情况调研工作方案》，组织人员对新县、巩义、西峡等5个平原、山区、半山区、滩区不同类型的县以下农村地区开展通邮调研工作，调研报告上报国家邮政局。

支持邮政企业参与“万村千乡市场工程”。2007年9月，联合省商务厅发文，对邮政企业参与“万村千乡市场工程”建设提出具体落实意见，为邮政企业参与农村商品流通、加快农村邮政业务发展、服务社会主义新农村建设创造了条件。

加强城镇居民楼房住宅区邮政信报箱群（间）建设。2007年12月，

省政府办公厅印发《关于加强城镇居民楼房住宅区邮政信报箱群（间）建设意见的通知》，通知要求，从2008年1月1日起，新建的城镇居民楼房、住宅区信报箱覆盖率要达到100%，2008年底各省辖市城镇居民楼房、住宅区信报箱整体覆盖率达到50%以上。

开展示范村村邮站建设试点工作。2008年5月，会同省农业厅对河南省5个农业部确定的新农村建设示范村（场）村邮站建设进行实地调研，提出选址、人员配备、运营经费、营业管理等方面的意见。

加强邮政特邀监督员管理

2007年7月，国家邮政局在河南省的市、县政府机关、新闻单位、消费者协会、学校、社区聘请30名特邀监督员，承担监督全省邮政业服务质量和服务水平、邮政业经营秩序、邮政监管执法工作的职责。为加强对邮政特邀监督员的管理，河南省邮政管理局制定了《河南省邮政管理局特邀监督员管理办法（暂行）》。

2008年7月，国家邮政局在河南省新聘特邀监督员59名（其中普遍服务30名，邮票销售18名，快递市场5名，机要通信3名，邮资凭证印制3名）。至此，全省邮政特邀监督员总数达到89名。

2008年8月，河南省邮政管理局对全省邮政特邀监督员实行“划区组织、分层管理”，将全省监督员划分为6个区域协作组和18个省辖市小组，使社会监督管理工作进一步加强。2008年，全省监督员共上报监督检查报表3 503份，监督检查服务网点1 388个，走访各类用户1 778个。

第四节　邮政市场监管

河南省邮政管理局成立后，按照创新“政府监管、行业自律、社会监督”的要求，秉持“服务创造价值，管理赢得尊重”的理念，不断探索市场监管模式，争取政策支持，为行业发展创造良好的法制环境、政策环境、市场环境。

创新监管模式，完善管理制度

2007 年，河南省邮政管理局创新了“两集中，三结合”的监管模式，制定了“六项制度”，为邮政市场监管工作的开展奠定了良好基础。“两集中”是将行政许可权、行政处罚权向上集中，实行处、局两级审查；“三结合”是将政府监管、行业自律、社会监督三个方面紧密结合起来，对市场进行有效的监督。“六项制度”是《快递企业统计制度》、《突发事件报告制度》、《经营秩序定期通报制度》、《违法违规行为警示制度》、《禁限寄物品指导目录及窗口验视制度》和《行政执法案卷评审制度》。

加强行业自律，推进诚信建设

2007 年 10 月，河南省快递行业协会发起签定自律公约的倡议。经与全省 26 家重点快递企业协商，针对快递业经营秩序方面存在的突出问题，提出了 5 个方面 12 项自律措施，并对违约行为认定、监督和处理做了详细明确的规定。加强行业自律，增强社会责任感，推进行业诚信建设。

加强部门协作，形成监管合力

2007 年，河南省邮政管理局与省政府法制办公室、省禁毒委员会、省发展和改革委员会等部门建立了行政协作关系，开展了多项行政协作活动。一是与省国家安全厅、省工商行政管理局联合下发文件，要求各市场经营主体严格落实国家邮政局与国家安全部《关于加强邮路寄递物品安全监管工作的通知》精神；二是与河南省禁毒委员会就全省寄递企业的禁毒培训达成合作，要求企业严格执行收寄验视制度，把好收寄运递关口；三是与省工商行政管理局商定，凡新注册快递企业必须先行到省邮政管理局申报登记。部门行政协作关系的建立，为邮政监管工作的开展和邮政快递业的发展创造了良好的社会条件。

2008 年初，河南省邮政管理局与省反恐怖工作协调小组、省公安厅、省国家安全厅、省邮政公司等共同成立邮路反恐领导小组，确保奥运期间邮路安全。

河南省邮政业消费者申诉受理中心成立

2008 年 4 月，河南省邮政业消费者申诉受理中心成立，负责河南省邮政业消费者申诉的受理工作，包括邮政业消费者申诉、举报、批评、建议等相关问题的转办、催办、督办、结案、回访；解答消费者关于邮政业相关法律、法规、规章及规范性文件的咨询；处理相关部门转办的邮政业服务质量问题，全国统一特服电话 12305。2008 年共受理消费者有效申诉 119 件，其中邮政普遍服务 26 件，快递申诉 93 件（含社会快递公司）。12305 申诉受理工作成为协调企业和消费者关系的窗口，维护了邮政业消费者的合法权益。

联合开展统计调查，组织服务质量测评

2008 年，河南省邮政管理局对快递企业开展调查摸底，委托河南省统计调查总队对 10 家网络型快递企业和未纳入邮政监管范围的快递企业进行调查核实，掌握了 10 家网络型快递企业的组织结构情况、14 家未纳入邮政监管范围快递企业的基本情况。此外，对河南省内 15 家快递企业服务质量开展测试，从电话预约、上门时间、现场收寄、收寄信息、网上查询等环节对实寄测试进行状态描述，按环节专题通报测试结果并进行点评。在国家邮政局委托北京零点研究咨询集团对全国 20 个城市、12 家网络型快递企业开展的快递服务满意度调查中，郑州快递服务总体满意度为 65.4 分，排名第九；公众满意度 68.7 分，排名第七；实测满意度 62.1 分，排名第十。

开展快递服务标准达标工作

2008 年，河南省邮政管理局按照政府指导、协会组织、企业自愿、严格标准、公平公开的原则，开展了《快递市场管理办法》的宣传贯彻和快递服务标准达标工作。达标工作确立了“三个重点，两个结合”，即以企业组织资质、整治生产现场、规范作业流程、建立和完善企业服务安全基础制度为重点，将达标活动与企业自律相结合，与《快递服务》标准和《快递市场管理办法》的落实相结合。

快递服务标准达标工作夯实了企业管理基础，提高了社会形象，为企业发展创造了条件，快递企业特别是民营快递企业开始走向“服务设施统一化、服务流程标准化、服务管理规范化”。截止到2008年底，全省17家重点网络快递企业有15家达标，达标率为88.24%。

快递企业备案

2008年，河南省邮政管理局对全省快递企业实行备案制度。一是在《河南日报》上发布公告，要求全省所有经营快递业务的企业按规定时间到河南省邮政管理局办理备案手续；二是要求46个没有取得合法工商登记的快递经营单位依法办理了工商登记；三是对企业名称、经营范围进行了规范；四是对擅自经营进出境信件的快递企业依法予以纠正或取缔。对备案中各快递企业提供的加盟代理协议、安全运营协议、格式合同等进行审查，对发现的问题及时予以纠正。全年对全省30个快递企业的391个经营单位进行了备案。

检查邮政用品用具市场

2007年10月，河南省邮政管理局在全省开展“做标准企业，出标准产品”邮政用品用具产品质量检查活动，分别对5家信封生产企业、1家用品用具生产企业生产的特快专递封套、国内（国际）信封7个品种进行抽查，对国内、国际包装箱的4个品种进行现场检查；在郑州邮区中心局随机抽查信封1 599件，总体合格率为85%。2008年，对全省52个邮政用品生产单位进行普查，重点检查9家印制企业生产的信封、邮件包装箱和速递封、机要信封及机要信封用纸情况。对于质量检测不合格的企业，下发了整改通知书。

APPENDIX

附　录

- 邮电机构沿革示意图
- 企业简介
- 领导名录
- 人物访谈
- 大事记
- 河南通信业重要统计资料

邮电机构沿革示意图

河南省通信管理局
河南省邮政管理局
联通与网通组成新联通
河南电信收购C网
中国移动通信集团河南有限公司
河南省邮政储蓄银行
河南省邮政公司
河南省邮政管理局成立
GSM
CDMA
中国网通（集团）有限公司河南省分公司
中国电信集团河南省电信分公司
中国铁通集团有限公司河南分公司
中国通信集团河南省通信公司
C网开通联通公司运营
政企分开成立中国电信集团河南省电信公司
「吉通通信」
「网通通信」
组建河南省通信管理局
移动剥离成立河南移动通信有限责任公司
铁道通信信息有限责任公司河南分公司
国信融入中国联通
分离国信寻呼
河南省邮电管理局
邮电分营成立河南省邮政局
河南省邮电管理局
河南联通
河南省邮电管理局收归邮电部垂直领导
2008年
2007年
2006年
2005年
2004年
2003年
2002年
2001年
2000年
1999年
1998年
1997年
1979年

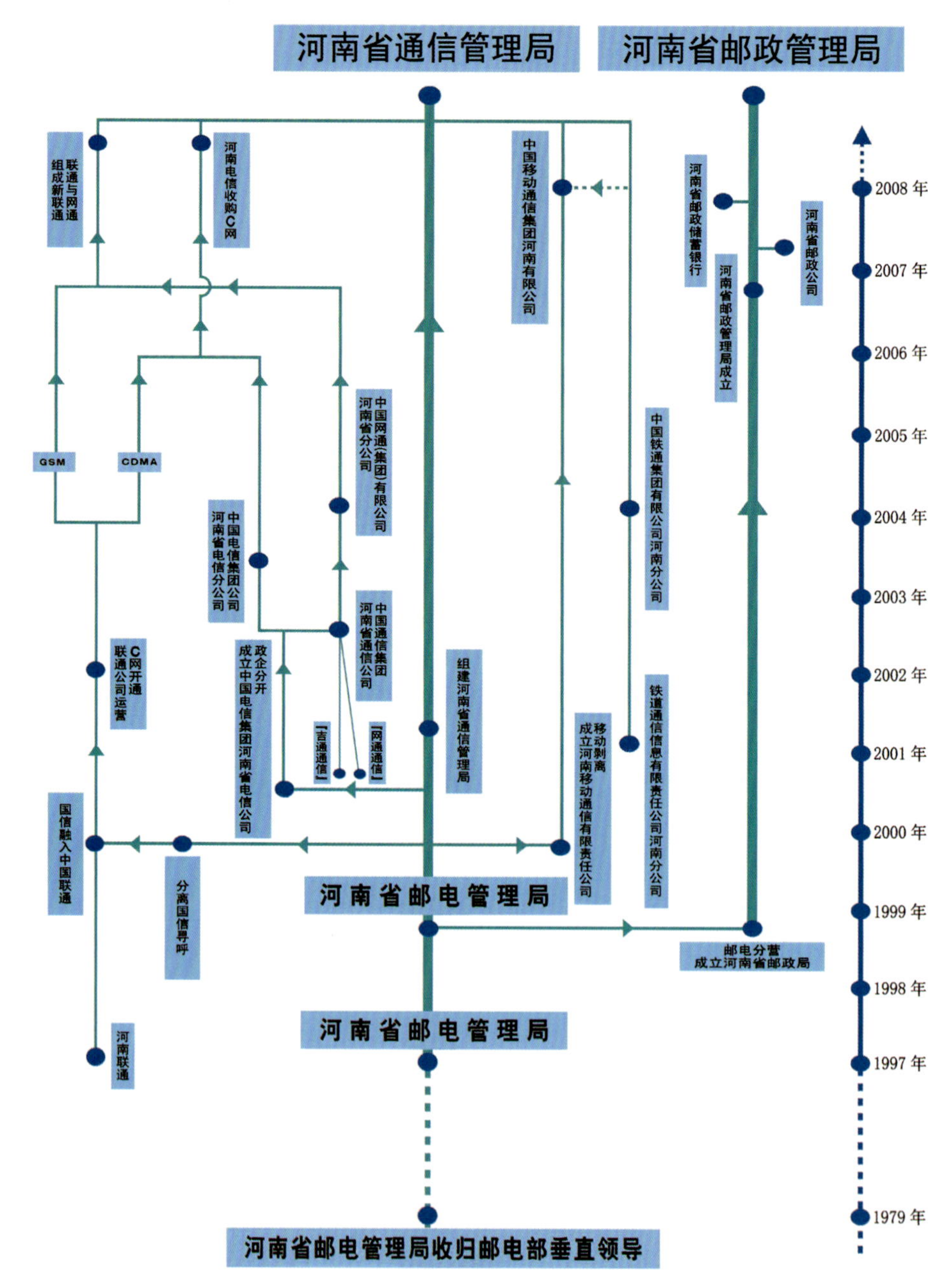

中国联合网络通信有限公司河南省分公司

2008年10月30日，中国网通（集团）有限公司河南省分公司与中国联通河南省分公司重组合并为中国联合网络通信有限公司河南省分公司。

▲ 中国联合网络通信有限公司河南省分公司

中国联合网络通信有限公司河南省分公司拥有固定资产300多亿元，建成了宽带网、移动通信网、骨干传输网、交换网、接入网等基础网络和通信支撑网络。经过原网通和原联通多年的工程建设，河南联通建成光缆总长度近23万皮长千米，骨干网出口带宽320 Gbit/s，省内总带宽670 Gbit/s，GSM移动通信基站11 200多座，通信网络覆盖全省。现拥有本地电话用户近1 600万户（其中固话1 200多万户，小灵通340多万户），宽带用户近300万户，GSM移动通信客户800多万户。2008年实现业务收入112亿元。

中国联合网络通信有限公司河南省分公司拥有GSM数字移动电话业务、WCDMA移动业务及相关移动增值业务；国际国内长途电话、本地网电话、智能网业务；基于通信网的语音、数据、图像及多媒体通信与信息服务；各种带宽的接入服务；网络元素出租业务；提供与通信、信息服务相关的系统集成、技术开发、技术服务、信息咨询、广告、通信设备销售、设计安装、培训服务等。河南联通省分公司下辖 18 个市级分公司、113 个县级分公司、2 032 个支局所、3 500 个自办营业网点，共拥有正式员工 21 000 余人。

中国联合网络通信有限公司河南省分公司凭借通信技术优势，追求优质服务。坚持以市场为导向，以效益为中心，统一规划网络建设，科学利用网络资源，注重发挥通信技术优势和全业务运营优势，保持持续、健康发展，努力为社会提供综合、便利、有特色的电信服务。

中国联合网络通信有限公司河南省分公司于 2008 年 11 月 14 日启动了“宽带与移动网畅通工程”，12 月 25 日又启动了“网络与渠道双覆盖工程”，同时拓展规划远程教育系统，在建设完成近 5 万个远程教育终端接收站点的基础上，与省委组织部共同开展远程教育“百万入户”工程，推进“四位一体”技防体系建设，并以平安城市建设为切入点，推出了“宽视界”、“神眼”、“居家卫士”和“平安互助”四位一体的技防平台规划方案，推动了视频业务的开展。

中国联合网络通信有限公司河南省分公司重视精神文明创建工作。首先是加强新公司理念、企业文化的宣传教育，转变工作作风；其次是开展了“加强思想作风建设，促进新公司持续健康发展”的主题教育，大力整合新公司的企业文化，开展团队宣言有奖公开征集活动，开展劳动竞赛和技能大赛活动，员工的综合素质能力得到了提高；最后是加强党建工作，抓好文明单位创建活动。2008 年，河南联通共有 4 个先进基层党组织、6 名优秀共产党员受到集团总部表彰。河南联通积极承担社会责任，组织抗震救灾工作，共向地震灾区捐款 334.61 万元，收缴特殊党费 72.59 万元，河南联通抗震救灾救援队被省总工会授予“河南省工人先锋号”称号。截止到 2008 年底，河南联通共有全国文明单位 1 个，全国精神文明创建先进单位 2 个，省级文明单位 94 个，全国青年文明号 16 个，省级青年文明号 131 个，创建中国联通模范职工之家 2 个、中国联通模范职工之家 7 个。在 2008 年度全省民主评议政风行风问卷测评及综合考核中，河南联通位列公共服务行业第三名，并先后被中国质量协会授予“全国用户满意企业”称号，被中国通信企业协会授予“全国通信行业用户满意企业”称号。

中国联合网络通信有限公司河南省分公司以“客户的事情是最大的事情”为企业核心价值观，明确了“员工与企业同成长是不断的追求”的价值取向，树立了“盘资源、择制度、树品牌、酿文化，为提高企业的核心竞争力而奋斗”的战略目标。

中国联合网络通信有限公司河南省分公司在企业组织架构上建立了以客户为中心、以市场为导向的组织体系，按市场前台、后台支撑、职能管理、移动网络公司 4 类划分，省公司共设置 51 个单位。前台聚焦客户，后台强化支撑，职能管理体现融合，提高企业服务，做好专业化运营的能力，提高对移动网络的专业化支撑力度和企业的管理效率。

中国移动通信集团河南有限公司

河南移动通信有限责任公司的前身是河南省移动通信局，1994 年 10 月成立，受省邮电管理局电信处领导。1997 年 4 月，河南省移动通信局改组为省邮电管理局的直属单位，隶属省邮电管理局领导。1999 年 8 月 16 日，中国移动通信集团河南有限公司正式成立，同年 10 月 28 日在纽约、中国香港成功上市，成为中国移动（香港）有限公司的全资子公司。

公司注册资本 43 亿元，前期主要经营移动语音、数据、IP 电话、多媒体和互联网等业务，拥有“全球通”、“神州行”、“动感地带”等知名品牌。1999 年成立初期，公司客户规模 135 万户，网络容量 270 万户，年运营收入 17.5 亿元。经过 10 多年的快速发展，截止到 2008 年底，公司客户总量超过 4 000 万户，网络容量突破 6 000 万户，网络覆盖率达到 99.9%，资产规模突破 300 亿元，累计上缴税金 200 多亿元。

植根中原，加快发展。作为一个主导电信运营企业，中国移动河南公司构建了一个“开放、合作、共赢”的产业价值链，投巨资建成了世界一流精品网络，手机漫游 200 多个国家和地区，让最先进的信息技术在河南得到广泛应用；丰富多彩的业务满足了多层次、多样化的消费需求，改变了人们的生活和工作方式；深入推进政务信息化、企业信息化和家庭信息化，研发了政务通、警务通、银信通、烟信通、财信通、校信通等一大批应用项目，为全省500强企业量身定制了一揽子信息化解决方案；率先在国内推出定制手机模式，得到国内同行的竞相仿效；发端于河南的“短信风暴”，孕育了移动梦网商务模式；首家面向全国发行手机报。

▲ 中国移动通信集团河南有限公司

正德厚生，臻于至善。作为一个负责任的企业公民，中国移动河南公司以完善的企业公民体系，自觉履行企业的社会责任、经济责任、环境责任，从帮困助残到爱心捐款，从抗击非典到黄河抢险，从“村村通工程”到“大学生百村行”，从志愿服务北京奥运到远赴四川抗震救灾，都有中国移动河南公司的身影；从爱心接力到爱心图书馆，从绿箱子计划到太阳能基站，从“欢乐新农村”5项行动助建新农村，到“您好，新河南！”三大工程加速中原崛起，中国移动河南公司先后获得了“全国五一劳动奖状”、“全国诚信企业”、“全国用户满意服务企业”、“全国精神文明建设工作先进单位”、“河南省十大优秀慈善企业”等600多项荣誉称号。第三代移动通信（3G）牌照发放后，中国移动河南公司更是通过承载我国信息通信领域第一个具有自主知识产权的TD-SCDMA网络制式。公司以信息化促进中原崛起，与社会和谐成长，实现了又好又快的发展，在河南实现新跨越的历史进程中，发挥着越来越重要的作用。

中国移动河南公司以创新求发展，以优势再创新优势，以无所不在的“泛在”网络、无所不能的“泛能”业务，持续为社会创造新的价值，为建设美好新河南注入新的活力！

中国电信集团公司河南省电信分公司

中国电信集团公司河南省电信分公司是隶属于中国电信集团公司的全资国有企业，在全省设有分公司。河南电信网络是新建网络，拥有超过4 000 Gbit/s 带宽的骨干网，60 Gbit/s 国际出口带宽，在基础网络资源方面拥有雄厚实力。

▲ 中国电信集团公司河南省电信分公司

河南电信秉承“用户至上，用心服务”的经营理念，追求优质服务，取信于客户。根据市场需要，河南电信可以为广大客户提供移动通信、卫星通信、国际国内长途电话、本地网电话、智能网业务；数据、图像及多媒体通信与信息服务；各种带宽的接入服务；网络元素出租业务；提供与通信、信息服务相关的系统集成、设计安装等业务。能够针对家庭、政企和个人客户提供量身定做的各种信息化服务。

2008 年，随着电信体制改革的不断深化，河南电信完成了对移动网络的迁转重组工作，为企业全业务经营奠定了坚实基础。坚持守法经营，认真实践聚焦客户的信息化创新战略，较好地完成了全年预算任务，确保了企业的健康快速发展。

诚信经营是河南电信立企之本。“合作、创新、创业、高效”是企业运行宗旨，河南电信将进一步强化市场意识，通过管理创新、机制创新和技术创新，与时俱进，加快发展，以更高品位的服务满足社会各界多样化、个性化的需求。

中国铁通集团有限公司河南分公司

中国铁通集团有限公司河南分公司的前身是铁道通信信息有限责任公司河南分公司，成立于2001年2月28日。2004年1月20日，经国务院批准，铁道通信信息有限责任公司由铁道部移交国资委管理，更名为“中国铁通集团有限公司”，同年8月28日，中国铁通集团有限公司正式挂牌成立，河南铁通也正式更名为“中国铁通集团有限公司河南分公司”。2008年，中国铁通河南分公司并入中国移动河南分公司。

河南铁通在全省设有17个地市分公司、3个通信段以及业务支撑中心、工程公司、教育培训中心共23个基层单位，共有工程技术人员1 498人，其中高级技术职称65人，中级技术职称326人，初级技术职称1 107人。

▲ 中国铁通集团有限公司河南分公司

河南铁通成立后，在“立足铁路、服务运输、面向社会、市场经营”的16字方针指导下，始终坚持“以服务赢得市场，以质量塑造品牌，以差异化增强竞争力”的经营理念，在确保铁路通信畅通的基础上，大力开拓公众电信市场，用改革创新的思路、求真务实的作风，把企业工作与行业发展、社会发展紧密结合起来，按照“全新铁通，全心服务”的理念，在立足为铁路服务的同时，以市场为导向，不断追求管理创新、技术创新、服务创新，与各电信企业精诚合作，全面提高服务质量，实现了速度与效益、数量与质量、规模与结构、投入与产出的协调统一。

河南铁通在长期为铁路运输提供通信服务的实践中锻炼了队伍，丰富了经验，有着为大客户，特别是跨地区行业客户提供高品质服务的基础和实力，可提供固定网本地电话、国内国际长途电话、IP 电话、数据传送、互联网、视讯、卡类、呼叫中心、虚拟专网、网络托管等多项基础和增值电信业务服务。

河南省邮政公司

河南省邮政公司是隶属于中国邮政集团公司，负责全省邮政通信网建设、业务经营的社会公用企业。截止到 2008 年，河南省邮政公司下辖 18 个省辖市邮政局、113 个县（市）邮政局，全省邮政共有 4 万余名员工，2 538 个邮政局所，开办有邮政金融、函件、集邮、报刊发行、速递、物流、电子商务等数十种业务，成为一家集信息传递、物流配送和资金流通为一体的现代通信企业，承担着普遍服务、特殊服务和商业性服务的任务，在推动河南经济社会发展中发挥着不可替代的重要作用。

▲ 河南省邮政公司

按照国务院邮电分营改革方案，1999 年河南邮政开始独立运营。分营之初，河南邮政面临的状况是基础薄弱、亏损严重，发展十分困难。

独立运营 10 多年来，在省委、省政府和邮政集团公司的正确领导下，在各级地方党委、政府的关心支持下，全省各级邮政部门认真贯彻落实邓小平理论、“三个代表”重要思想和科学发展观，积极响应省委、省政府“加快两大跨越，推进两大建设”和“大力发展现代服务业”的号召，坚持以发展为第一要务，积极拓展业务领域，不断深化企业改革，加强核心能力建设，先后经历了“艰苦创业、快速健康发展，深化改革、创新体制机制，科学发展、提升能力和效益”三个阶段，使河南邮政的通信面貌发生了巨大变化。2008 年，河南邮政完成业务总量 47.04 亿元，业务收入 46.17 亿元。业务收入较分营之初翻两番多，年均增幅达到 15% 以上，业务收入绝对值在全国邮政的排名由分营时的第 13 位上升到第 4 位，企业固定资产原值由分营之初的 20.33 亿元，增加到 40.06 亿元。累计新增生产办公场地面积 58 万平方米。经过 10 年的创新发展，河南邮政基本实现了“业务结构合理、管理科学规范、基础设施健全、信息技术先进、经济效益稳定、社会形象一流”的战略目标，成为一个行业领先、社会认可、员工自豪、充满生机与活力的现代化服务企业。河南邮政在经营发展、体制机制创新、技术创新、管理创新等方面的经验多次在全国邮政系统推广。河南邮政的发展成绩被业内称为“河南现象”。

分营以来，河南邮政坚持以服务地方经济社会发展为宗旨，主动将邮政发展融入河南经济社会发展大局，赢得了各级党委、政府领导的高度重视和社会各界的好评。省邮政公司分别荣获“全国五一劳动奖状”、“全国精神文明建设先进单位”、“河南省改革开放 30 年卓越贡献国有企业”等荣誉称号，连续 10 年被省政府评为目标管理优秀（先进）单位，连续 4 年被评为“全省政风行风建设先进单位”。河南邮政改革发展成就引起了省委、省政府领导和有关部门的高度关注，省委政策研究室多次组织人员到河南邮政调研，撰写的《介绍一家在服务地方发展中成长壮大的中央企业》、《河南邮政文化创意产业异军突起》和《以人为本，勇争一流——河南邮政公司做好职工思想工作促进企业快速发展的调查》等调研报告，在省委内部刊物发表，引起很好的反响。2007 年第 24 期《求是》杂志专门刊发了《邮政事业在改革发展中大有作为》的文章，系统总结了河南邮政的成绩和经验。

领导名录

河南省邮电管理局		
姓　名	职　务	任职时间
严正刚	党组书记、局长	1978年8月—1979年2月
高继明	党组成员、副局长	1978年5月—1979年2月
	党组书记、局长	1979年2月—1983年8月
赵　维	党组书记、局长	1983年3月—1985年5月
	党组副书记	1985年5月—1986年9月
林钧华	党组书记	1985年5月—1986年9月
杨贤足	党组书记、局长	1986年9月—1990年8月
师继光	党组书记、局长	1990年6月—1994年1月
杨占富	党组书记、局长	1994年1月—1997年12月
	党组书记	1997年12月—1998年8月
楚俊国	党组成员、副局长、局长	1995年3月—1997年12月
		1997年12月—1998年8月
	党组书记、局长	1998年8月—2000年7月
吴希圣	党组成员、副局长	1978年5月—1983年12月
武百英	党组成员、副局长	1978年8月—1980年10月
吴　起	党组成员、副局长	1978年8月—1983年12月
黄巨厚	党组成员、副局长	1978年8月—1983年12月
张锡九	党组成员、副局长	1979年3月—1983年12月
姚士玺	党组成员、副局长	1979年3月—1983年12月
刘德臣	党组成员、副局长	1979年3月—1983年8月
郁宝舜	党组成员、副局长	1979年3月—1988年11月
陈秉义	党组成员、副局长	1983年8月—1985年6月
孔德义	党组成员、副局长	1983年8月—1995年12月
赵振明	党组成员、副局长	1985年5月—1995年12月
罗会霖	党组成员、副局长	1988年9月—1998年12月
冯新生	党组成员、副局长	1995年12月—1997年12月
杨步军	党组成员、副局长	1995年12月—1998年8月
李文林	党组成员、副局长	1998年8月—2000年7月
权　浩	党组成员、副局长	1998年8月—2000年7月
杨海福	党组成员、副局长	1998年8月—1998年12月
原建国	党组成员、副局长	1999年6月—1999年7月
赵东生	党组成员、副局长	1999年6月—2000年7月
李尚印	党组成员、工会主席	1988年8月—1998年12月
吴永健	党组成员、纪检组长	1992年8月—2000年7月

河南省邮电管理局（政企分开后）

姓　名	职　务	任职时间
权　浩	副局长（主持工作）	2000 年 7 月—2001 年 2 月

河南省通信管理局

姓　名	职　务	任职时间
权　浩	党组书记、局长	2001 年 2 月—2007 年 11 月
白保君	党组成员、副局长、纪检组长	2001 年 2 月—2004 年 7 月
宋灵恩	党组成员、副局长	2001 年 2 月—2008 年 2 月
	党组书记、局长	2008 年 2 月起
王建文	党组成员、副局长	2004 年 7 月—2007 年 8 月
冯建国	党组成员、专用通信局局长	2003 年 12 月起
赵会群	党组成员、纪检组长	2008 年 2 月起

中国电信集团河南省电信公司

姓　名	职　务	任职时间
楚俊国	党组书记、总经理	2000 年 7 月—2002 年 10 月
李文林	党组成员、副总经理	2000 年 7 月—2002 年 10 月
赵东生	党组成员、副总经理	2000 年 7 月—2002 年 10 月
吴盘根	党组成员、纪检组长、工会主席	2000 年 7 月—2002 年 10 月
方一明	党组成员、副总经理	2001 年 3 月—2002 年 10 月
郑先成	河南电信实业有限公司总经理	2000 年 12 月—2008 年 5 月

中国网络通信集团公司河南省通信公司

姓　名	职　务	任职时间
楚俊国	党组书记、总经理	2002 年 7 月—2004 年 6 月
沈明才	党组书记、总经理	2004 年 6 月—2004 年 9 月
李文林	党组成员、副总经理	2002 年 7 月—2003 年 4 月
赵东生	党组成员、副总经理	2002 年 7 月—2004 年 9 月
方一明	党组成员、副总经理	2002 年 7 月—2004 年 9 月
赵　趋	党组成员、纪检组长、工会主席	2002 年 10 月—2004 年 4 月
	党组成员、副总经理、纪检组长、工会主席	2004 年 4 月—2004 年 9 月
冯仕军	党组成员、副总经理	2004 年 4 月—2004 年 9 月
侯金萍	党组成员、副总经理	2004 年 6 月—2004 年 9 月

中国网通（集团）有限公司河南省分公司

姓　名	职　务	任职时间
沈明才	党组书记、总经理	2004 年 9 月—2008 年 10 月
赵东生	党组成员、副总经理	2004 年 9 月—2008 年 11 月
方一明	党组成员、副总经理	2004 年 9 月—2007 年 2 月
赵　趋	党组成员、副总经理、纪检组长、工会主席	2004 年 9 月—2008 年 11 月
冯仕军	党组成员、副总经理	2004 年 9 月—2008 年 11 月
侯金萍	党组成员、副总经理	2004 年 9 月—2008 年 11 月
张国贤	党组成员、副总经理	2007 年 2 月—2008 年 11 月
郑先成	党组成员	2008 年 8 月—2008 年 11 月

中国联合通信有限公司河南分公司

姓　名	职　务	任职时间
刘清林	总经理	1997 年 2 月—1999 年 12 月
王连成	总经理	1999 年 12 月—2000 年 12 月
	党委书记、总经理	2000 年 12 月—2003 年 12 月
	党委书记	2003 年 12 月—2004 年 7 月
王祖益	党委副书记、总经理	2003 年 12 月—2008 年 11 月
马树章	副总经理	1997 年 2 月—2000 年 7 月
高　伟	副总经理	1998 年 11 月—1999 年 11 月
苏玉卓	副总经理	2000 年 5 月—2000 年 12 月
	党委委员、副总经理、纪委书记	2000 年 12 月—2008 年 2 月
方　刚	副总经理	2000 年 8 月—2002 年 12 月
王宗亮	副总经理	2000 年 12 月—2001 年 6 月
	党委委员、副总经理	2001 年 6 月—2008 年 11 月
华豫民	党委委员、副总经理	2002 年 11 月—2008 年 5 月
	党委委员、副总经理、纪委书记	2008 年 5 月—2008 年 11 月
娄国庆	党委委员、副总经理	2002 年 11 月—2004 年 7 月
邵广禄	党委委员、副总经理	2005 年 3 月—2006 年 11 月
朱常波	总会计师	2006 年 4 月—2008 年 11 月
	党委委员、总会计师	2006 年 5 月—2008 年 11 月
张宣吉	党委委员、副总经理	2008 年 2 月—2008 年 11 月

中国联合网络通信有限公司河南省分公司

姓　名	职　务	任职时间
王祖益	筹备组组长	2008 年 11 月起
张宜军	筹备组副组长	2008 年 11 月起
赵东生	筹备组成员	2008 年 11 月起
王宗亮	筹备组成员	2008 年 11 月起
赵　趋	筹备组成员	2008 年 11 月起
华豫民	筹备组成员	2008 年 11 月起
冯仕军	筹备组成员	2008 年 11 月起
侯金萍	筹备组成员	2008 年 11 月起
朱常波	筹备组成员	2008 年 11 月起
张国贤	筹备组成员	2008 年 11 月起
郑先成	筹备组成员	2008 年 11 月起

中国移动通信集团河南有限公司

姓　名	职　务	任职时间
原建国	党组书记、总经理	1999 年 8 月起
苗俭中	党组成员、副总经理	1999 年 8 月—2006 年 2 月
武志群	党组成员、副总经理	1999 年 8 月起
张宏森	党组成员、副总经理	2000 年 10 月—2007 年 6 月
张洪兴	党组成员、纪检组长	1999 年 11 月—2000 年 8 月
	党组成员、工会主席、纪检组长	2000 年 9 月—2003 年 11 月
	党组成员、飞达公司总经理	2003 年 12 月—2007 年 12 月
黄　庶	党组成员、副总经理	2003 年 12 月起
杨冠强	党组成员、工会主席、纪检组长	2003 年 12 月—2007 年 6 月
	党组成员、副总经理	2007 年 7 月起
崔国平	党组成员、工会主席、纪检组长	2007 年 7 月起
蔡志强	党组成员、飞达公司总经理	2008 年 7 月起

中国电信集团公司河南省电信分公司

姓　名	职　务	任职时间
吴盘根	党组书记、总经理	2002 年 10 月起
卢志立	党组成员、副总经理、纪检组长	2002 年 10 月起
史　升	党组成员、副总经理、工会主席	2002 年 10 月起
张宣吉	党组成员、副总经理	2008 年 11 月起

中国铁通集团有限公司河南分公司

姓　名	职　务	任职时间
刘学孔	党委副书记、总经理	2001 年 2 月—2005 年 6 月
傅恒昌	党委书记	2001 年 2 月—2005 年 6 月
李树才	党委书记、总经理	2005 年 6 月起
冯思磊	党委委员、纪委书记、工会主席	2002 年 11 月—2007 年 8 月
吴同刚	党委委员、副总经理	2004 年 9 月—2007 年 8 月
	党委委员、纪委书记、副总经理、工会主席	2007 年 8 月起
朱惠忠	党委委员、副总经理	2001 年 3 月—2003 年 11 月
刘学法	党委委员、副总经理	2001 年 9 月—2003 年 1 月
孙晓斌	党委委员、副总经理	2003 年 7 月起
高国安	党委委员、副总经理	2003 年 7 月—2006 年 10 月
		2008 年 11 月起
韩云路	党委委员、副总经理	2006 年 10 月—2008 年 11 月
田安阶	党委委员、副总经理	2007 年 8 月起
任开胜	党委委员、总会计师	2001 年 9 月—2005 年 3 月

河南省邮政局（公司）

姓　名	职　务	任职时间
罗会霖	党组副书记、副局长	1998 年 12 月—1999 年 7 月
	党组书记、局长	1999 年 7 月—2001 年 3 月
	党组书记	2001 年 3 月—2001 年 12 月
杨海福	党组成员、副局长	1999 年 1 月—2001 年 3 月
	党组成员、局长	2001 年 3 月—2001 年 12 月
	党组书记、局长	2001 年 12 月—2007 年 1 月
	党组书记、总经理	2007 年 1 月起
吕家进	党组成员、副局长	2001 年 3 月—2004 年 3 月
宋英忠	党组成员、副局长	2001 年 12 月—2007 年 2 月
	党组成员、副总经理	2007 年 2 月—2007 年 11 月
	党组成员、邮储银行省分行行长	2007 年 11 月起

王小东	党组成员、副局长	2004 年 9 月—2007 年 11 月
张力扬	党组成员、副局长	2004 年 9 月—2007 年 2 月
	党组成员、副总经理	2007 年 2 月起
李玉杰	党组成员、副总经理	2007 年 11 月起
李尚印	党组成员、工会主席	1999 年 12 月—2002 年 9 月
张兴安	党组成员、纪检组长	1999 年 7 月—2002 年 9 月
郭用福	党组成员、纪检组长、工会主席	2002 年 9 月—2007 年 2 月
	党组成员、副总经理	2007 年 2 月—2008 年 4 月

河南省邮政管理局

姓　名	职　务	任职时间
杨汉振	党组书记、局长	2006 年 8 月起
訾小春	党组成员、纪检组长、副局长	2006 年 8 月起
丁　平	党组成员	2006 年 9 月起

改革开放初期的河南通信业

——访原河南省邮电管理局局长赵维

赵维在河南通信业工作了50多年，亲历了河南通信业30年的改革和发展变迁。他说，改革开放30年，河南通信从无到有，从社会发展的薄弱环节到成为国民经济的基础性产业之一，佐证了国家通信行业改革的成功。

党的十一届三中全会以后，商品经济大潮风起云涌，社会对作为基础设施的电信业提出了强烈的需求。然而，由于历史欠账太多，当时的河南通信能力十分落后，基础设施薄弱，成为制约社会经济发展的短板和瓶颈。“六五”期间，河南通信业艰难起步，发展缓慢。虽然如此，这一时期为后来的河南通信业发展奠定了良好的基础。

早期发展微波传输，缓解通信能力不足

面对经济迅速发展与通信能力严重不足的巨大反差，河南邮电部门解放思想，转变观念，把适应经济发展作为首要任务，确立了加快发展、适度超前的发展战略。为了缓解当时通信能力不足，河南微波通信率先在省内建设了第一条郑州至焦作960路微波电路。随后，河南微波通信建设了郑州至新乡至濮阳、郑州至安阳至鹤壁、郑州至平顶山至南阳等4条省内微波干线，借助国家一级干线的建设，在河南境内形成了“米”字形微波电路网络。当时，微波通信不仅担负起省内长途通信的任务，还担负着北京至华南、华东、西南的广播电视、新闻报纸、照片传真以及专网通信、抗洪救灾等多种通信任务，为经济建设发挥着重要作用。

打铁还需自身硬，河南通信在改革中快速发展壮大

1983 年 3 月，赵维任河南省邮电管理局党组书记和局长。

河南邮电首先积极开展内部清理、整顿、改革、提高工作，采取"重点整顿、普遍进行、分类指导、分级负责"的方法，对全省 135 个邮电企业进行了整顿，邮电企业面貌有了明显好转，呈现出了生机和活力。第一，领导班子逐步实现知识化、年轻化、专业化。第二，建立健全了企业各项管理制度。第三，经济效益明显增加，1984 年收支差额比整顿前的 1981 年增加 273.03%。

其次，落实邮电经营承包责任制，克服分配上的"大锅饭"现象，推行 9 项制度改革。在管理体制上，将过去由省局直管到县局改变为省局管地市局，地市局管县局；在经济核算上，改收支差额管理为利润管理，建立以通信总量为中心的经济核算体系；实行固定资产拨改贷、投资包干责任制和招投标办法；实行局长负责制试点工作，为领导制度改革积累经验；扩大企业自主权；在人事制度上，实行干部任期制；采取各种集资方式，加快通信建设步伐；全面完成邮电企业由生产型向生产经营型转变。这些改革举措以通信建设为中心，上能力，求发展，收到了明显成效。

引进万门程控电话项目，电话"飞"进百姓家

为了缓解市话装机难问题，市话的建设和发展作为河南通信的薄弱环节得到优先安排，尽可能满足社会需求。1983 年，全省市话净增 9 590 户，全省私人电话发展到 400 户，待装机用户有所减少，私人电话需求旺盛。20 世纪 80 年代初，河南通信积极探索，大胆引进世界最先进的程控交换技术，开始筹建河南省第一个万门程控交换局。当时就有人提出质疑：地处内陆的郑州要不要上万门程控交换局？技术、资金等问题怎么解决？那时，随着社会经济的发展，人们对通信的需求越来越旺盛，加快通信业的发展已成为社会共识。河南省委、省政府非常重视，多次听取工作汇报，时任省长何竹康殷切希望河南邮电做好通信技术引进工作，不仅全部批准了申报外汇额度，还在土地的使用上给了最好的地段和最大的优惠政策。时任邮电部副部长朱高峰对河南省引进万门程控项目多次作出重要指示。经过几年的论证和引进，1987 年 7 月，郑州市在全省率先开通政一街市话五分局万门程控电话。该工程投资 400 万美元，引进比利时 S1240 程控交换机，采用数字传输设备。该局开通当日就安装电话 7 000 部。之后，

全省迎来了引进程控设备的建设高潮。在当时看来，无论从资金、技术或者其他方面讲，这都是一个非常大胆的设想。

“六五”计划是河南通信发展跨出的第一步

赵维说，“六五”是改革开放后的第一个五年计划，对于后来的邮电发展起着十分重要的作用。从观念上看，人们对通信的认识已经发生了很大变化，服务对象已经从党政军拓展到经济和社会各个领域。那一时期，河南邮电收入每年都以两位数字增长，超过河南经济增长速度。到1985年“六五”结束的时候，河南邮电主要通信能力和业务总量都实现了突破，全省基础通信网初步建成，电话用户迅猛增长，通信业整体实现了扭亏为盈，河南通信业的建设与发展跨出了重要一步，为“七五”、“八五”、“九五”高速增长创造了良好条件。

（刘冰洋整理）

忆河南通信大发展起步阶段

——原河南省邮电管理局局长　师继光

我于1990年8月至1994年1月间任河南省邮电管理局党组书记、局长。

我到任的1990年是“七五”计划的最后一年，当时河南邮电的通信能力远不能适应河南经济发展的需要。全省仅有电话20万部，电话普及率不及全国平均水平的1/2。

河南省委、省政府对邮电通信发展高度重视。为了改变通信状况，迎接将于1991年举办的首届少林国际武术节，省政府领导作出重要指示，要求加快通信建设步伐，对所有涉外宾馆进行专用程控电话交换机改造，并引进移动通信。

加快邮电通信发展，成为全省上下的共识。1990年12月5日，省政府常务会议专题研究了河南邮电的发展问题。会上我做了工作汇报，谈了“八五”期间全省邮电建设的主要目标。12日——14日，省政府召开的全省邮电工作会议提出了“统筹规划、超前发展、分工负责、各方支持”的邮电建设“十六字”方针和具体政策措施。邮电部部长杨泰芳同志出席了这次会议，并于会后深入邮电企业调研。省委副书记吴基传同志对于会议的组织和会议精神的贯彻落实，都给予了大力支持和具体指导。副省长刘源同志代表省政府在会上做了主题报告。由省政府召开邮电工作会议，在当时全国各地是凤毛麟角。会议的召开，以及会议提出的“十六字”方针，对于河南邮电发展产生了巨大的促进作用。

会议之后，河南各地竞相呈现政府支持邮电发展的良好局面。有的地方政府直接投资，有的无偿划拨土地，建邮电生产用房。河南邮电部门也积极行动起来。那一段时间，我看到了全省邮电职工“硬着头皮、厚着脸皮、磨破嘴皮”抓发展的劲头。省邮电管理局党组审时度势，提出“大胆负责、超前发展”的经营方针，采用“借钱买鸡、下蛋换钱”的方法，举债发展邮电事业。在一次邮电工作会议上，我向地市邮电局的同志们传达了省局党组的意见：胆子要大一点，为了快速发展通信事业，负债是值得的。

1991 年 3 月，河南邮电业务总量中电信所占比例首次超过邮政。到 1993 年底，河南邮电业务总量为 12.2 亿元，电信业务总量为 8.85 亿元，占 72%。在此期间，郑州长途通信枢纽新大楼、京汉广架空光缆、京汉广直埋光缆、徐郑光缆、郑西光缆、郑州到各地市的公众分组交换网等相继完工。1991 年，郑州市开通 900M 移动电话。1993 年，河南开通 900M 移动通信的地市已达 15 个。全省本地局用电话交换机实现了由人工到自动、由模拟到数字的两个质的飞跃。

这一时期，河南省邮电管理局党组决定，在发展主业的同时，开展多种经营，加快第三产业的发展，转换企业经营机制，增加职工福利。这一举措，是解决系统内部富裕人员问题的有益尝试。当时，我们提出通过多种经营，每个职工每月增加 50 ～ 100 元的收入。1992 年，省、市邮电企业都纷纷成立三产公司，与邮电脱钩，引入竞争机制，开放终端设备，经营市话装机、非话业务、公用电话、无线寻呼以及邮政业务延伸、外围服务等。1992 年 9 月 18 日，河南省飞达通信开发有限公司成立，主要经营卫星、微波、移动通信和市话、长途、用户交换以及同轴电缆、光纤、闭路电视等设计、施工、现代通信技术服务、咨询、国内外先进电子产品和通信设备等业务。杨泰芳部长为公司的成立提了“通信飞达、经济腾飞”八个字。截止到 1993 年底，河南省邮电多种经营企业发展到 300 多家，产值和营销额突破 2 亿元。

我任职时的河南省邮电管理局党组是一个团结战斗的集体，大家共同干事创业，互相支持，使河南邮电的发展取得了应有的成绩。

三十年的跨越式发展

——原河南省邮电管理局局长　杨占富

1985年，我调到河南邮电部门工作，2003年退休。在河南工作近20年的时间里，我经历和见证了河南邮电通信业从小到大、从弱到强的发展过程。

改革开放初期，河南通信业相对落后，通信线路是高杆明线，通信技术利用载波甚至是小同轴，无线通信采用模拟微波等技术。由于设备容量少、质量差，打电话时听不清楚对方说话，通话时需要大声喊。于是，有人形象描述人们打电话时的尴尬情景："解开扣子，摘掉帽子，钻进桌子，喊破嗓子。"

当时全省的设备制式主要采用模拟技术，信阳地区和全省其他县级以下用户使用的大多是磁石电话，通信能力严重不足，安装电话需要等很长时间。那时，别说一些落后偏远地区，即便是省会郑州，装电话也要等一年到一年半时间。

20世纪80年代，为了解决通信建设的资金问题，河南省邮电管理局主要领导与香港地区联系，接收其拆下来的纵横制二手设备。同时，积极利用政府贷款，引进国外程控设备。1984年，郑州首先利用国家贷款引进程控设备，开始建设首个万门程控电话局。

1988年，开封、洛阳等9个地市准备推广程控电话。我带队到北京与加拿大北方电讯公司进行谈判，谈判过程非常艰难。对方认为，当时其他国家没有类似设备，我们一定会进口他们的；他们还认为，当时河南主管邮电的副省长刘源非常支持发展通信，如果这次谈判不成功，我们就无法向省政府交代。所以，谈判一开始，他们要价很高，坚决不肯降价。同时，我们也了解到，他们公司总裁不久要会见全国人大副委员长，如果这次合作不成功，会见也将没有意义。于是，我就电话向省邮电管理局局长请示，杨局长表示，"这样贵的设备我们买不起"。第二天，我们就给对方摊牌，说不谈了，要回郑州。对方见谈

判要告吹，只得认软降价。

这次引进的程控设备分别在开封、洛阳、鹤壁、新乡、焦作、安阳、濮阳、南阳、平顶山等 9 个地市相继安装开通。

这一时期，河南邮电固定资产增长很快。有人计算，当时洛阳万门程控交换设备的固定资产价值就相当于以往全省邮电的固定资产总和。

程控设备的开通基本解决了市话装机难问题，但影响通信发展的长途传输问题又显现出来。

那时的河南省内传输多采用明线载波，传输技术落后，传输电路较少。为此，杨贤足局长提出在河南境内构建"米"字形骨干传输网的设想，以京汉广、郑西和郑徐等国家一级干线为基础，郑州到濮阳、郑州到焦作等多条传输线路为骨干，构建一个以郑州为中心的省内传输网络。

随着通信的发展，为满足社会对长途通信的需求，后来河南邮电开始铺设光缆。铺设光缆的初期，传输网采用 PDH 技术，不具备迂回和转接功能，传输的速度和质量并不理想。为了满足组网需要，后来采用了先进的 SDH 技术，实现自动传输和自动转接，较好地解决了传输的瓶颈问题。为进一步解决传输的速度和质量问题，又引进了澳大利亚的设备，采用分组交换技术。1994 年，在分组交换的基础上，组建数字数据网，具备了数字传输转接功能，彻底解决了传输速度和质量问题。

20 世纪 80 年代后期，河南开始发展无线通信，实现通信手段多样化。当时开通的无线寻呼经历了数字、汉字和传输信息服务 3 个阶段，到了 2000 年以后，BP 机逐步退出通信市场。BP 机这种"来得快、去得快"的过渡性通信工具，在当时不仅丰富了人们的通信方式，也节省了通信成本。

在无线寻呼发展的同时，移动电话开始进入河南电信市场。1991 年，郑州市为迎接第一届国际少林武术节，开通了模拟移动通信，人们习惯称它为"大哥大"。"大哥大"采用 900MHz 模拟移动通信技术，引进美国摩托罗拉设备。移动通信因为方便、快捷，很快赢得消费者的欢迎。

程控交换和数字传输技术的广泛采用，再加上移动电话丰富了通信手段，基本解决了装机难和打电话难的问题，为河南邮电通信业进入大发展奠定了基础。

1990 年前后，随着信阳在全省最后一个甩掉"摇把子"而直接进入程控时代，全省实现了交换程控化、传输数字化，网络规模迅速扩大，技术水平上了一个新台阶。

随后，河南邮电通信业的发展开始向农村拓展。农民居住分散，点多线长，发展农村电话困难很大。为了争取政策支持，我陪同财政部驻河南专员办的领导深入农村，实地考察通信基础设施状况。当时，很多农村通信机房还是土坯房，墙体裂缝最宽的地方可以伸进一个拳头。参加考察的领导非常吃惊，感叹说："没想到农村通信基础设施这么差！"经过有关部门批准，农村通信房屋修建费用被列入企业成本科目。

同时，国产设备广泛上网运行，降低了设备价格，节约了建网成本。解放军信息工程学院邬江兴教授与河南邮电工程技术人员紧密合作，成功研制开发了"HJD—04"程控交换机，并率先在河南通信上网应用，不但打破了国外厂商对程控交换机技术的垄断，开始改变了设备制式"七国八制"的局面，而且节约了网络建设成本，加快了河南通信业的发展。

移动电话在这一时期也完成了从模拟到数字的过渡，手机用户规模迅猛扩张。1994 年，开始在全省范围内建设第二代移动数字通信网络。1996 年建成开通，手机市场火爆，用户成倍增加。GSM 网络开通当年，网络扩容了 3 次才满足社会的需求。

从 1992 年开始，河南邮电业务收入连续 5 年增长超过 50%，这样长期保持高速发展的速度在全国是前所未有的。到 1997 年底，河南邮电业务收入远远超过翻三番的发展目标，实现翻七番，是 1978 年的 100 倍。

从我在河南邮电工作的实践来看，突出的体会有三点：一是紧跟国家改革和开放的步伐，紧盯市场，坚持发展不动摇；二是重视人才的培养和技术的进步；三是正确运用统计数据，准确预测和把握发展方向和投资方向，保障了通信企业健康发展。

河南邮电的改革和发展

——访山东省人大常委会委员、
原河南省邮电管理局局长楚俊国

编　者: 楚总，您亲历了河南邮电的改革发展过程。请您简单介绍一下河南邮电改革发展所取得的成绩。

楚俊国: 改革开放初期，邮电通信不能满足社会经济发展的需求。当时人们的通信方式主要是书信和电报，电话主要服务于党政军和企事业单位，线路是高杆明线，电话还是落后的磁石电话“摇把子”，人们安装电话、打电话需要排队等候，通信业与整个国家经济发展相比是落后的，成为制约社会和经济发展的瓶颈。

党的十一届三中全会以后，党中央、国务院确定了优先发展电信业，并出台多项扶持邮电发展的政策，特别是河南省委、省政府按照党中央、国务院的“十六字”方针，制定了“统筹规划、超前发展、分工负责、各方支持”的扶持政策，为河南邮电大发展提供了政策保障。

河南邮电广大干部员工解放思想，抢抓机遇，充分依靠各级政府和社会各方的支持，深化企业内部改革，用足、用活、用好国家扶持邮电发展的一系列政策。科学规划，大胆负债经营，加快通信网络建设。在企业内部，实施局长负责制、经济核算制等多种措施。经过河南邮电几代人的努力，河南邮电实现了跨越式发展，取得巨大成就。1999 年 9 月率先在全国实现省、市、县、乡四级政府上网。到 2001 年，河南电信固定电话交换机容量超过 1 400 万门，客户规模 1 150 多万户；以光缆为主，数字微波和卫星通信为辅的大容量、高速率的传输网纵横中原大地；本地电话网、长途交换网、宽带数据网、分组交换网、多媒体通信网已经覆盖全省城乡，互联网省内带宽达到 5 Gbit/s。1997 年—2001 年，河南电信的业务总量和业务收入增幅连续 5 年居全国第一。可以说，河南电信业为河南的对外开放和经济社会的发展奠定了坚实的基础。

编　者：您主持河南邮电工作期间，既是河南邮电大发展时期，也是改革任务繁重的时期。请问楚总，您是怎样处理好改革与发展关系的？

楚俊国：我认为河南邮电取得长足发展的一个重要因素就是坚持改革不动摇。从邮电分营、寻呼剥离、移动分离、政企分开到电信重组等一系列的电信改革，我们坚持了统一思想认识，认真调查研究，严格执行政策，做好思想政治工作，党、政、工、团齐抓共管，保证了这一系列的改革顺利进行。在改革的过程当中，仍然将业务发展放在首位，将稳定职工队伍作为重心。当时的省邮电管理局班子认真领会贯彻中央有关邮电的改革精神实质，处理好改革与发展的关系，正确执行信息产业部和省委、省政府的决定，坚持“以改革促发展，以稳定和发展确保改革”，在省、市、县三个层面做了大量艰苦细致的工作，最终达到改革顺利进行、职工队伍稳定、企业快速发展的目的。

编 者：河南邮电实现跨越式发展的内在动力是什么？

楚俊国：实现跨越式发展，思想观念转变是第一位的。正是有了思想解放，河南邮电负债经营，保证了跨越式发展有充裕资金，正是有了思想解放，大胆引进国外先进技术和设备，提供了跨越式发展的技术支持。同时，我们的邮电干部员工发扬“三种精神”，即勤奋学习、深入基层、求真务实、乐于奉献的焦裕禄精神；战天斗地、艰苦奋斗的红旗渠精神；面对困难，坚定信心、坚持不懈、千方百计克服困难的愚公移山精神。正是全省邮电干部员工牢固树立了这“三种精神”，我们才具有河南邮电跨越式发展的内在动力。

成绩来之不易。这是河南邮电人在党中央和省委正确领导下，围绕一个中心（市场），趟着一条成功路（苦干），树立一个信念（发展是硬道理），一路走过来的；是省邮电管理局历任领导班子解放思想、抢抓机遇、真抓实干、艰苦创业的结果。说明了我们河南邮电人不甘落后，河南邮电人勤奋，在艰苦的条件下靠自己的奋斗能够实现跨越式发展。

编 者：河南省提前两年基本实现了邮电部指定行政村村村通电话的目标。请问楚总，河南邮电采取了什么措施保障了这一目标实现？

楚俊国：1995 年，邮电部制定了到 2000 年全国实现行政村村村通电话的目标。1998 年，河南邮电管理局制定了全省行政村村村通电话的方案。这一方案得到省委、省政府大力支持。

当时，要完成到 1998 年底基本实现行政村村村通电话的目标，一年内需装 4 万多部电话，困难很大。特别是贫困和深山区，点多线长面广，施工环境恶劣，建设资金不足，困难更大。员工思想认识也不尽一致。省局党组认为，河南是个农业大省，农民装了电话，信息量大了，农村致富路宽了广了，富裕步伐加快了，我们企业发展的前提自然就有了。

河南基本实现行政村村村通电话工程，得到地方政府和社会各界的大力支持。卢氏县一个乡村装交换机时，村里没有地方放设备，农民把村庙里供奉的神像请出去，腾出地方，把真正的“致富之神”——设备“请”进去，实现了行政村通电话。许多县乡政府领导亲自挂帅，调动各方面力量，组织农民挖沟架线，托运设备，保障了行政村村村通电话工程的顺利实施。邮电的员工加班加点，日夜奋战在施工一线，因地制宜，想方设法，采取有线无线多种接入方式，确保了年底这一目标的如期实现。河南在全国率先完成这一目标。

编　者： 楚总，您在河南邮电工作时间长，对河南邮电感情深厚，请您为我们提几点希望和寄语。

楚俊国： 我在河南邮电工作 38 年，见证了河南邮电改革和发展所取得的辉煌成就，这是几代河南邮电人辛勤努力的结果。希望河南邮电通信业认真落实科学发展观，转变发展方式，加快发展步伐，建设和谐通信行业，更好地服务于河南经济社会发展，为中原崛起、河南振兴作出新的更大的贡献。

（徐志明、石繁亮整理）

改革开辟新天地　二次创业展宏图

——访原河南省邮政局党组书记、局长罗会霖

编　者： 从 1998 年邮电分营到现在已经整整 10 年时间，回顾这一段经历，邮电分营给您的人生带来了哪些变化？

罗会霖： 自从参加工作以来，我一直从事电信工作。1998 年邮电分营时，我已经 59 岁了，按照邮电分营的原则、专业对口和年龄，我应该分到电信顺利退休，安享晚年。然而，1998 年 12 月 25 日，我却意外地接到国家邮政局任命，担任新成立的河南省邮政局局长一职。邮电分营之初，邮政亏损严重、基础薄弱、发展困难。1998 年底，河南全省邮政业务收入只有 10.05 亿元，亏损却高达 9.85 亿元，负债 14.8 亿元，而原邮电局 48% 的人员分到了邮政，却只分到邮电时期 15% 的资产。分营后全省 18 个省辖市局中 13 个没有综合生产办公场所，113 个县（市）局中 89 个没有综合生产办公场所。因此，分营领导小组研究决定让我担此重任。时任河南省委书记马忠臣、省委组织部长黄晴宜还专门就此找我谈话。既然组织这么信任我，我一定把超期服役的这最后一班岗站好。

编　者：作为河南邮政的决策者，当时您如何看待邮政的发展前景，对邮政的发展有信心吗？

罗会霖：来邮政后我做过很多调查，从国外邮政发展情况和我国经济社会发展情况分析，邮政在现代市场经济中仍然大有可为。一方面，美国、德国等发达国家的邮政发展证明，信息技术发展和市场经济活跃，并未使邮政这种传统行业消失，反而会为邮政发展带来更大的发展空间；另一方面，邮电分营为邮政发展提供了体制上的保证，建立了邮政独立运行的体制，使邮政企业有了人、财、物，责、权、利相结合、相一致的自主经营体制，为邮政事业的发展注入了强大的动力与活力。改革开放更是给邮政的发展带来了广阔的市场和发展空间。同时，邮政事业的发展得到了国家的重视和支持，更多的人有更多的精力去抓邮政、研究邮政、发展邮政。所以虽然困难很多，但我始终认为邮政大有希望，因此我对邮政的前途充满了信心。我认为所有的困难都是暂时的，只要我们找准了路子，方法对头、措施得力，就一定能渡过难关。

编　者：面对分营初期的困难局面，您和河南邮政的领导班子如何带领干部职工走上二次创业之路？

罗会霖：改革开放最根本的意义在于实现了思想的解放。1999 年是河南邮政最困难的时期，部分县局发不下工资，干部职工情绪低落，因此，首先要稳定人心，解放干部职工思想，锤炼员工的艰苦奋斗意志和树立必胜的信心。1999 年—2001 年，我们在各种会议上反复强调，全省邮政干部职工要高唱三支歌——《国际歌》、《团结就是力量》、《敢问路在何方》，响亮地提出要进行二次创业。在全省开展了“企业靠我发展，我靠企业生存”、“党政工团齐动员，我为扭亏作贡献”大讨论活动，省局党组成员到各地就“为什么扭亏”、“为谁扭亏”、“怎样扭亏”等问题与职工进行宣传和讨论，组织了“热爱邮政、奉献邮政”先进事迹报告团，赴地市局巡回报告，叫响了“不靠天、不靠地、全靠自己争口气”，“苦，但不干更苦；难，但不干更难”，“干了就有希望，不干就没有一点希望”等催人奋进的口号，使干部职工逐步树立起正确的世界观、人生观和价值观。在这些观念的引导下，全省邮政干部职工澄清了观念，坚定了信心，树立了市场意识，开始到市场经济的大潮中寻找生存的空间。

编　者：在二次创业的过程中，河南邮政如何实现了快速发展？

罗会霖：分营把邮政推向了极其困难的境地，只有发展才是解决邮政问题的关键所在。邮政是传统国有企业，职工的铁饭碗意识相当强烈，最受人诟病的就是“官商、坐商”做派，因此治理这个病是第一要务。我们从转变职工过去那种“等、靠、要”的依赖思想入手，大力创新，树立服务观念。根据河南省情和市场的变化，打破传统保守的业务发展思路，不断拓展邮政业务领域，大力发展商业信函、邮政快递、邮政金融和现代物流，并下决心建设为上述新业务服务的电子计算机网络平台，服务河南经济社会发展。业务的不断创新，结构的合理调整，满足了用户多样化、多层次的需求，河南邮政实现了快速健康发展，迎来了发展的春天。

编　者：基础管理是企业快速健康发展的保障，独立运营初期，在加快发展的同时，河南邮政怎样完成了由粗放型管理向集约型的转变？

罗会霖：独立运营以后，原来“邮电合一”体制下，邮政管理粗放，制度不适应市场经济等种种弊端充分暴露。是给有病的身躯穿上华丽的外衣掩盖起来，还是把这些脓包挤掉刮骨疗伤？我们领导班子下决心进行整顿，推出了一系列管理措施。加强财务管理，把有限的资金用于综合计算机网、绿卡工程、185 客户服务中心、183 电子商务网站、GPS 和土建工程项目的建设，为企业长远发展打基础。建立了以综合视察为中心，专业检查为重点，班组、局所专兼职检查员日常检查为基础的三级视检体系，实行视检工作派出、派驻制和责任制，使服务热点问题得到有效控制，邮政服务质量有了明显提高。

编　者：河南邮政改革发展离不开各级邮政企业和干部、职工的努力拼搏，您采取了哪些措施来调动他们的积极性？

罗会霖：我们改革计划经济形态的计划下达模式和分配上的平均主义大锅饭，从而极大地调动了企业和职工的积极性和创造性。在计划下达上，我们坚持“不看计划看市场，不看增长看市场，不鞭打快牛，突出效益”的原则和“不唯上、不唯书、只唯实”的精神，根据各市人口、GDP、财政收入、城乡居民存款等指标，科学合理地制定发展计划。这种实事求是看市场的工作作风，充分调动了各级邮政企业加快发展的积极性，给企业的发展带来了无限生机。在分配制度改革上，我们把职工利益放在第一位来考虑，积极实行工效挂钩办法，将新增效益工资与业务收入超计划绝对值、国有资产保值增值率、收支差额计划完成率挂钩考核，将职工基本工资与本岗工作挂钩，将奖金与业务营销业绩挂钩，打破了分配上的平均主义，通过多劳多得，大大激发了全体干部职工的工作热情，进而在企业上上下下形成共谋发展的合力。

编　者：在您主政河南邮政的三年时间里，除了加快发展、强化管理、深化改革外，还有哪些是河南邮政二次创业的关键因素？

罗会霖：我认为这个关键因素就是人才。人才是第一生产力，只要有了适应企业发展的人才，我们的各项战略目标都能顺利实现。

编　者：您是如何盘活人力资源的？

罗会霖：开局之初，河南邮政全体职工中大专以上人员仅占 15.2%，懂管理、懂技术、会营销的人才更是屈指可数。独立运营后的第一年，我们就提出企业再困难也要立足长远，加大邮政人才队伍建设，为二次创业打基础。当时，首要解决的就是下大力抓好高级管理人才、高级技术人才、高级营销人才的培养。为了加快培养高级管理人才，1999 年我们把全省邮政系统全日制院校毕业生和在职脱产学习 2 年以上、取得大专以上学历且专业对口、有培养前途的中青年干部集中起来进行了系统培训，建立了“河南省中青年人才信息库”。2000 年从“人才信息库”中挑选出的 113 名中青年干部到县局副局长岗位上挂职锻炼，科级岗位大学生到市局任副局长。为了加快培养高级技术人才，我们启动了“专业技术人才工程”，从“人才库”中选拔出 142 名适合做技术工作、专业对口的骨干，有针对性地进行了专业技术的强化培训，考核合格者，集中安排到省、市两级专业技术岗位，建设了一支具有现代应用技术推广和开发创新能力的高层次专业技术人才队伍。在高级营销人才培养方面，我们重点加强营销人员研究分析市场变化、市场策划和市场开发能力的培训，逐步形成了一支适应市场需要的邮政营销队伍。通过两年多的努力，职工的精神面貌、企业的通信能力等和分营时相比都发生了巨大的变化，为河南邮政长远发展奠定了坚实的基础。

（徐来燕整理）

在河南联通初建的日子里

——原中国联合通信有限公司河南分公司总经理　王连成

1999 年 12 月初，中国联通总部领导找我谈话，让我出任中国联通河南分公司总经理。领导语重心长地说："联通正处在创业阶段，河南联通任务艰巨，的的确确很难！一定要先把网络建起来。"并说"你敢不敢立个军令状，在 2000 年前让河南联通的容量突破 100 万门？"

中国联通河南分公司 1997 年 5 月注册成立。成立之初，一缺专业技术人员，二无固定办公场所，最早筹备的时候，河南联通就几十个人，而且连 1 千米属于自己的传输线路都没有。1999 年 5 月，河南联通 GSM 一期工程建成，也仅开通了郑州、洛阳两个城市，网络容量 4 万门，覆盖也不到位。传输线路都是靠租借杆路挂缆连起来的，支离破碎，安全没有保证，是非常脆弱的"半张网"。河南联通建设两年多才做到 4 万门，现在一年就要做到 100 万门！企业情况又是这样，投资要扩大几十倍，怎么不难！谁都知道，总公司开完第一次工作会议，我背回来的是一笔 30 多万元的工资罚款，因为我们没有完成任务！

当时，河南联通要发展，必须建自己的传输线路。需要建设传输网，但我们没有这方面的项目计划。当时，我就认准了一条：看准了的事情，就要果断去干，不能怕冒风险，担责任。于是，建传输网的决定"拍板"了。我那时脑子里只有一个主导思想，就是突破一切障碍建网！建网！最多的时候，工程协作单位有 2 万多名工程建设人员同时在全省各地挖沟，半个月就敷设了近 1 000 千米！到 2000 年底，我们的传输网已突破了 1 万千米。2000 年 4 月，我们工程进展顺利，在 4 个月时间内开通了 7 个城市的 GSM 网，38 万门容量。在那一段时间里，我和班子的其他同志全部心思就是工程质量、进度、开通，一项一项地布置工作，一个环节一个环节地紧盯不放，几乎走遍了全省各个工程项目施工点，没休过一个星期天。

初建的河南联通面临着建设与发展的很多困难，需要解决的问题很多。最关键的是要加快发展，在发展中解决问题。为了 30 多亿的投资，我们要一个一个银行找贷款，不厌其烦地跟他们谈联通的发展、思路、前景以及财务状况。就这样，到 2000 年底，河南联通顺利建成并开通了

GSM 二期、三期工程，使 GSM 网络容量由 4 万门一下子提高到 106 万门，增长了 25 倍；网络覆盖由 2 个城市扩大到 18 个城市，河南省全境全部开通了 GSM 移动电话业务；发展用户达到 48 万户，增长了 11 倍；在骨干传输网建设上，省内二级干线长途光缆建成了 2 400 多千米，本地传输网也达到了 10 000 千米，还建成了 200 多千米的城市通信管道；相继开通智能网预付费业务、165 互联网、193 长途和 IP 电话新业务。同时，我们在较短时间内完成了定责、定岗、定编的“三定”工作，修订完善了综合、计划、财务、人事、工程建设、运行维护、党风廉政建设、审计监察等方面 60 余项管理制度，扭转了“机构不完善、制度不健全、管理不到位”的被动局面。

2001 年，河南联通把发展作为主线，在继续完善“五个完整”的基础上实施“两个转变”，即由工程建设型转变为市场经营型，由投资效益型转变为管理效益型。到 2001 年底，全省 18 个地市建成了省内二级干线 SDH 光缆传输网，以京广、陇海铁路为轴线，进行对称整齐的环路建设，形成了“五个环”。当年，河南联通 GSM 网的用户突破了 100 万。

河南电信监管事业八年探索之路

——河南省通信管理局局长　宋灵恩

2001 年 3 月，河南省通信管理局组建成立。按照组织安排，我任副局长、党组成员，成为电信监管队伍中的一员。八年来，亲身经历了省通信管理局由诞生到成长、由懵懂到成熟的嬗变过程，见证了我省电信监管事业从无到有、从“摸着石头过河”到严格依法行政、促进科学发展的历程。

2001 年，电信市场正处于打破垄断、引入竞争的初期，河南省有六家基础电信企业和数十家专用通信网单位、数百家增值电信企业，情况十分复杂，监管任务十分繁重。而电信监管力量十分薄弱，既缺乏工作经验，又没有有效监管手段。面对困难和挑战，局党组迎难而上，从转变思想观念、加强监管队伍建设、宣传贯彻《中华人民共和国电信条例》、规范通信市场秩序着手，在较短的时间内打开了工作局面。组织编制《河南省电信业“十五”规划》，切实加强了全省电信业的宏观指导；对全省电信资费进行结构性调整，取消了市话初装费和邮电附加费；组织省各基础电信运营公司共同签订《河南省公用电信网间互联公约》和多项互联协议，为互联互通工作奠定了基础；逐步实现电信网码号资源合理分配，规范了“120”短号码的使用；制定下发《河南省互联网上网服务营业场所管理实施办法》，牵头开展了互联网上网服务营业场所专项整治活动；建章立制，切实加强机关建设，加大教育培训力度，着力提高干部综合素质。

2002年—2005年，我省同全国一样，随着电信市场的逐步放开，市场竞争日趋激烈，各种矛盾相互交织。互联互通障碍、通信建设纠纷一度成为焦点问题。在省政府和信息产业部的大力支持下，我们把保证公用电信网互联互通和公平接入、规范通信建设秩序作为工作的重中之重，采取了一系列措施：与省各基础电信运营公司签订了《河南省电信网间互联互通工作目标管理责任书》，组织开展全省电信网间百日畅通工程、电信网间联合拨打测试月和治理整顿通信建设市场、互联互通秩序和电信资费等活动，举办全省电信运营企业负责人法制专题培训班，建立电信运营企业违规责任人法制学习考试和省、市电信运营企业总经理联席会、互联互通例会、互联互通障碍每周零报告等制度。2003年，国务院办公厅转发了信息产业部等六部门进一步加强电信市场监管工作意见，最高人民法院出台了审理破坏公用电信设施刑事案件具体应用法律若干问题的解释，为依法治理电信市场提供了有力的政策法律支撑。我们以此为契机，及时制订贯彻落实措施，对破坏互联互通、扰乱通信建设秩序的企业和当事人依法依规进行了严肃处理，全省电信市场互联互通形势趋于稳定，因通信建设引发的纠纷逐步减少，政府监管、行业自律、社会监督的电信监管体系基本确立，公平公正、有效有序的电信市场环境初步形成。

2007年，在电信市场秩序逐步规范的基础上，我们适时调整管理工作思路，把工作的重心由调节企业之间的关系逐步调整到调节企业和用户之间的关系上，把电信监管的重点从规范电信市场秩序逐步转移到引领行业加快发展、提升电信服务水平和服务质量上。引导省各电信运营公司坚持以科学发展观为统领，把发展的注意力转移到加快行业转型上，把竞争的注意力转移到提高服务质量上，把管理的注意力转移到建立现代企业制度上，进一步提高发展的质量与效益。进一步加大服务质量的监管力度，相继开展了“畅通网络、诚信服务”、互联网接入服务市场专项整治、电信服务“评优帮差”等一系列活动。2008 年，新的局党组成立后，牢固树立“服务大局、服务民生、服务行业”的理念，不断改进管理方式，创新管理手段，在促进行业平稳较快发展的同时，认真履行社会管理和公共服务职责，努力为促进经济发展、维护社会稳定、改善人民生活提供良好的通信服务。将行业发展融入全省经济社会发展之中，主动围绕省委、省政府工作部署，建立健全应急通信保障体系，加强网络信息安全管理，落实网络信息安全责任制，确保了汛期和奥运会、拜祖大典等重大活动期间全省通信畅通和网络信息安全，维护社会和谐稳定。坚持以人为本，加快推进自然村村村通电话工程和行政村通宽带工程，着力解决垃圾短信息等电信服务热点、难点问题，努力推动电信资费水平的降低，切实改进电信服务质量。河南省通信管理局被省政府授予 2008 年度完成责任目标优秀单位，被评为 2008 年度全省党风廉政建设责任制工作先进单位、河南省依法行政示范单位。

省通信管理局成立以来的八年，是电信体制改革不断深化的八年，也是电信监管不断加强、行业实现平稳较快发展的八年。2008 年，全省业务总量、业务收入、电话用户总数分别比 2001 年增长了 6 倍、2.5 倍、4 倍；全省长途光缆线路长度、局用交换机和接入网设备容量、移动电话交换机容量分别是 2001 年的 2 倍、2.2 倍、8.1 倍；电话普及率比从 2001 年初增加了 38.1 部 / 百人，电信综合价格指数比 2001 年下降了 64.6%，广大用户从电信改革发展中得到了越来越多的实惠。八年来的电信监管实践使我们深深体会到：

1. 加强电信监管是行业健康发展的保障。近几年全省电信业持续快速协调健康发展离不开公平公正、规范有序的市场竞争环境，而公平公正、规范有序的市场竞争环境又离不开高素质的电信监管队伍，离不开完善的市场监管手段和科学的监管措施。8 年来，我省电信体制改革力度之大、矛盾问题之多、市场竞争之激烈前所未有，正因为有了卓有成效的电信监管，全省电信业发展之快、用户享受的通信服务之优之廉也是前所未有的。

2. 电信监管必须坚持公平、公正、公开的原则。打破垄断、引入竞争、促进发展是电信监管的根本目的，坚持公开、公平、公正是电信监管的基本原则。只有坚持大小企业一视同仁，新老企业一样对待，对市场上存在问题进行秉公查处，才能真正树立电信监管部门的权威，才能确保电信监管取得良好的效果。

3. 电信监管必须坚持服务大局、服务民生。作为国民经济的基础性、先导性产业，电信行业已经深入到国民经济的方方面面，与广大人民群众的生产生活密不可分。电信监管工作只有主动融入到全省经济社会发展大局之中，促进行业进一步加快发展、不断提高服务能力和服务水平，推动全省经济发展方式转变，使全省广大电信用户真正享受到满意的信息通信服务，才能赢得社会各界的大力支持和广大人民群众的认可。

4. 电信监管必须坚持法制、技术、经济、行政等手段多管齐下。电信监管工作既要加强宏观指导、营造良好环境、促进行业加快发展，又要加强市场管理、严格依法行政、保护电信用户合法权益；既要调整企业与企业之间的利益关系，又要调整企业与用户之间的利益关系；既有互联互通、共建共享等技术问题，又涉及电信资费、网间结算等经济问题。只有综合运用法制、技术、经济、行政等手段，不断加大监管协调力度，才能促进公平竞争，维护市场和谐稳定。

5. 电信监管必须坚持政府监管、行业自律、社会监督相结合。行业自律是企业守法经营、自觉规范经营行为的基础，社会监督是政府监管的重要补充。在加强政府监管的同时，只有充分发挥通信行业协会、互联网协会等行业中介组织在加强行业自律方面的自我约束作用，新闻媒体等社会各界在反映用户意见、表达社会诉求等方面的独特监督作用，才能形成企业守法经营的有效约束机制，营造良好的市场环境。

八年的电信监管之路艰辛而又充实。回顾过去，倍感欣慰；展望未来，任重道远。伴随着电信监管法律法规和政策的进一步完善和电信监管环境的进一步优化，我们相信，在工业和信息化部、河南省委省政府的正确领导下，在社会各界的大力支持下，河南通信业一定能够在新的发展阶段续写更加壮丽的篇章！

创新是企业发展的不竭动力

—访中国移动通信集团河南有限公司总经理原建国

编　者：河南农业人口比较多，收入相对比较低，不如江浙一带有好的经济基础。但 10 年来河南移动发展非常快，业绩在中国移动集团公司名列前茅。企业发展过程对其他企业来说应该是有借鉴作用的。

原建国： 对于一个企业来讲，要不断地向前发展，确保它的领先地位，我认为它的理念、机制、创新等方面，都要自觉地置身于社会经济发展的大格局中去考虑。反之，它会付出很多的代价，效果也很差。河南移动所有营销或者经营的策略，都是紧紧围绕着河南经济发展大的策略和格局来进行的。

比如说 2005 年，国家和省里面提出建设社会主义新农村，河南移动第一个在全国提出开展“欢乐新农村”活动，送文化、信息下乡。省里提出“郑汴一体化”后，我们率先取消郑州和开封两地之间的漫游费用。作为一个企业，要想想政府关注什么，民众关心什么，经济发展中的热点是什么、难点是什么，企业怎样能够利用这些关键环节去发展自己，为社会作出贡献。

所以，从这个角度讲，企业一定要考虑先有客户价值，才有企业价值。不管你做什么事情，要放到经济发展这个大格局中，要先考虑为社会作贡献，这样的企业才有价值。

编　者： 河南移动是一个讲求创新的企业，但创新离不开一个优秀的团队，在这个团队背后有一个什么样的后台支撑体系？

原建国： 这 10 年当中，我们在打造学习型企业方面做了努力。2000 年，我们就明确地提出要打造学习型企业，就是要提升员工的学习能力、提升员工的悟性。利用一年半的时间，投资 1 000 多万，包括对县分公司营业部的主任集中起来进行 EMBA 的培训，可以说我们走在前列。

目前在企业内部，我们建立了扎实有效的培训体系，全省有内部培训师 1 000 多名，每一年都有培训的规划和具体措施，包括培训内容的调查、培训课程的安排。我认为企业的学习能力是企业核心竞争力的重要方面，一个企业有很强的学习能力，才会具有很强的创新能力。因为企业有较强的学习能力，才能不断地去开拓思路，研究一些新的问题，去制定一些新的措施，去培育和满足客户的需求，才能通过各种创新来提升企业的发展。

编　者： 作为河南移动的掌舵人，如何评价河南移动公司走过的这 10 年？

原建国： 河南移动公司已经成立 10 周年了。最近我在反思，如果用 8 个字来讲的话，就是"浮想联翩、感慨万千"。河南移动的发展是一个艰苦创业、开拓创新的过程，是依靠大家的艰苦创业或者叫二次创业的精神走过来的。公司上市以后，其实走的也是一条开拓创新的道路，通过树立一些正确的理念来促进公司各个方面的发展，这是我自己的感受。

同时，我和河南移动的每一位员工也心存感恩。第一是感恩 4 000 多万的客户；第二是感恩河南经济的快速发展，为河南移动的发展提供了一个巨大的空间；另外，也要感恩河南移动将近 3 万名员工；感恩我们的竞争伙伴，是因为竞争伙伴的存在和竞争，才使河南移动公司必须在改革、管理、发展、服务等各方面不断地向前迈进。

编　者： 2008 年中国电信业进行了又一次重组，3G 时代即将到来，国内外通信行业的变化给河南移动带来了什么影响？

原建国： 客观地讲，河南移动这几年的快速发展有主观的因素，也有客观的因素，比如说移动技术的发展、市场经济的发展、客户的广泛需求以及国家政策的支持等，我们抓住了这些机会，促进了公司的发展。

现在河南移动面对多方面的考验：第一是客户的发展速度在放缓；第二是因为资费在不断地下降，客户的贡献度也在逐步降低；另外进入 3G 时代，我们正在面临多方面的全新的挑战，特别是如何创新商业模式。

编　者： 这也应该是河南移动变革的好时机。

原建国： 对。这几年河南移动发展得很好，可以说是一枝独秀，但是现在面临着很多考验，迫使我们必须更多地去思考、去应对。我倒觉得这是个好事情。

我在 2007 年就提出了"由经营机会向经营能力转变"。随着新的形势、新的竞争格局的变化，依靠机会是不可能的，而且这些机会往往还可能成为你思想上的一种包袱，会制约你的发展，所以以后的发展更多的就是靠能力。这里面最基本的能力就是对客户的需求分析、把握的能力，对客户需求满足的能力，善于发现别人没有发现的新市场，开发产品的能力，发现新机遇的能力等。

编　者： 您觉得未来若干年电信行业的发展趋势是什么？谁会成为整个产

业链条中的主导？

原建国：未来电信业的发展，继续发挥重要作用的就是信息业务这一块。它不是人和人之间通信的问题，它是一个包括人和人、人和机器、机器和机器的信息沟通，是方方面面无处不在、无处不有的，任何人都离不开的。将来社会的发展，必然是移动信息来完成人们的所有工作，或者叫做移动信息强有力地帮助人们工作，我认为它将来的发展趋势一定是这样的。

因此，运营商也好，设备制造商也好，或者是其他的第三方也好，在这个信息化的价值链条上，它的主导地位不是谁想做就能做的，谁在模式上创新一步，领先一步，谁就会引领这个行业向好的方面发展。

（闫永整理）

新融合　新机遇　新发展

——中国联合网络通信有限公司河南省分公司总经理　王祖益

2008年10月15日，根据国家对电信体制改革的部署，中国网通红筹公司和中国联通红筹公司合并成立中国联合网络通信有限公司（简称中国联通）。2008年10月29日，河南网通与河南联通重组融合，成立了中国联合网络通信有限公司河南省分公司。

作为宽带通信和信息服务提供商，河南联通拥有固定电话、宽带、小灵通、移动电话等综合业务的优势，并肩负国家抗灾救灾、应急通信、党政专用通信等普遍服务义务，同时拥有省内最大规模的固定通信和宽带网络，拥有世界上应用最广泛的WCDMA移动通信业务，光缆达到24万皮长千米，形成了国家一级干线和省内光缆物理架构传输安全、管理高效的网络架构体系，光缆线路覆盖了市、县、乡及98%的行政村。

河南联通作为信息化建设的主力军，1998年在全国率先基本实现全省行政村村村通电话。1999年又率先实现省市县乡四级政府上网，完成了河南省信息港平台建设。2004年完成了“河南电子政务”网络建设，完成了省政府“金税、金关”工程，中小企业上网工程，远程医疗视频监控工程等。2005年建成的全国农村党员干部现代远程教育系统先后荣获全国信息化应用优秀成果金奖和国家科学技术进步二等奖，为河南金融、保险、证券、交通、文化教育、广播电视等各行各业提供网络支撑服务。

河南网通与河南联通融合重组后，我们认为“1+1 ＞ 2”的协同效应开始显现，团队领导能力获得提升，业务综合市场拓展能力逐步释放，企业竞争力不断提高，员工产生新的动力，客户服务口碑等得到好评。在此基础上，“1+1=1”，企业重组融合心相连、情相通、情归一，实现了文化融合。

为了尽快形成新的、统一的企业文化，河南联通强化逐级培训、专项培训，培训的重点是实战方案和案例，并通过督查、督办提高企业执行力，保证总经理调度令、督办单到期办结率100%，督办答复率100%，领导批示件一步到位。

河南联通坚持“客户的事情是最大的事情”，切实实践“为你做得更多，为你做得更好，服务没有终点”的“红逗号服务”精神，时刻站在客户的角度，为客户提供更为丰富的、全方位、多层次的通信服务，全面满足广大客户的综合信息服务需求。

2008年，针对群众意见主要集中在窗口服务、业务收费、网络覆盖、垃圾短信等方面的情况，河南联通组织开展了“金牌服务迎奥运，服务社会尽责任”，“话费清晰透明消费”，“新联通，新网络”，“垃圾短信专项整治”、“双畅通、双覆盖”工程等行动，采取措施实现网络和服务的双升级。

通过统一服务体系建设，实现了所有营业厅、客服热线等服务窗口的全业务服务，进一步提高了客户办理业务的方便度。通过推广一卡充、网上营业厅服务，为客户提供新型服务手段，在营业厅提供双屏服务，帮助客户选择合适的产品，让客户明明白白使用联通业务。

实施“双畅通、双覆盖”工程，提高通信质量。“双畅通”工程就是通过采取系列措施，进一步提升宽带、移动网络质量。通过实施线路整治、宽带设备优化等工作，提升宽带上网速度与稳定性，通过优化移动网络，进一步改善网络深度覆盖与语音质量，提高手机用户感知。

融合后的河南联通为建立起一支目标一致、文化统一、团结高效的团队，公司给员工创造了一个互动、宽松、积极、活跃的工作环境，建立了一个公正、公平、公开的评价体系，形成了“以业绩论英雄，干好者上、干不好者下”的业绩导向，让那些想干事、会干事、干成事的员工在各自的岗位上发挥出自己最佳的状态。在薪酬上，公司实施“向生产经营一线倾斜”的倒金字塔结构模式，即县分公司薪酬＞市分公司薪酬＞省分公司薪酬。同时，为了坚持指向市场客户，公司创新经营管理，实践“最小营销服务单元”服务模式，科学实施人力资源优化配置，推进人员结构调整，分流职能部门人员至市场一线，充实企业服务社会的力量，促进产品业务快速发展。

新联通融合之时，正赶上国家3G牌照的发放，河南联通面临着新发展和机遇。河南联通不断加快3G建设，2009年新建3G基站1 863座，到年底3G基站将超过7 000座，3G网络也将逐步覆盖到全省所有县城、4A级以上景区和重要交通干线。

在2008年—2013年的5年内，中国联通计划在河南投资400亿元，用于信息通信基础建设，主要建设3G网络、扩大宽带网络覆盖、提升网络性能和优化网络结构，力争到2013年底，使WCDMA网络覆盖全省城乡，新建宽带用户接入速率提高到16 Mbit/s以上，城市重点区域实现光纤到户，农村区域宽带入户率超过15%，建成河南宽带综合信息高速公路网络。

在这5年内，河南联通还大力推行电子政务、电子监察、应急联动和指挥、万村百万农民上网、信息下乡和信息惠农、企业信息化推广、电子商务、交通物流业信息化、综合教育信息化、城乡公共卫生信息、人力资源和社会保障、城乡综合管理信息化系统等12项服务社会、造福民生的工程。

作为国内整合全业务品牌的电信运营商，中国联通将“沃”品牌划分为“沃•3G”、“沃•家庭”、“沃•商务”、“沃•服务”4个板块，从而使得整个品牌结构具备更高的整合度和可识别度。河南联通为把“精彩在沃”延伸并简化为多、快、好、酷。多，即客户多，漫游国家多，终端多；快，即上网快，下载快；好，即信号好，服务号，音质好；酷，即时尚，越用越省。

WCDMA技术的成熟度和得天独厚的网络速度优势，无论从产品到业务，从价格到服务，河南消费者将会选择音质清晰、画面逼真、视频流畅、功能实用、操作便捷的3G终端产品，包括无线上网卡、手机上网、可视电话、手机电视、手机音乐、手机报、手机搜索等在内的精彩业务。

“3G、全业务、宽带多媒体”是河南联通的市场主导产品业务，也是通向未来信息化通信的必由之路。

聚焦客户　天翼振翅起航

——中国电信集团有限公司河南省电信分公司总经理　吴盘根

南北分拆后的中国电信集团公司在2002年7月22日开始在河南筹备组建分公司。2003年5月17日正式开始运营，对社会开放业务。“河南电信公司可以说是白手起家，从办公选址、组织架构、人员组织到业务开展，全部从零起步。但是我们走过来了，而且走得相当扎实。”

成立之初，河南电信公司拥有河南省内70%的一级干线光纤资源，业务种类延续了中国电信集团公司的经营范围，在全省范围内经营，覆盖全省18市。

面对刚刚组建的队伍、全新的形势、全新的市场，我们秉承中国电信‘用户至上，用心服务’的传统，在河南建立全新的经营、管理、用人机制，通过与社会各方的广泛合作，‘编织’电信优质网络，促进地方经济发展。在公司的经营管理上，我们重点抓了网络建设、队伍建设和社会服务三个方面的工作。”

我们认为河南电信公司要发展壮大首先要有一支能够干事创业的员工队伍，要有一张能够支撑各项电信业务的、基本完善的电信网络，还要有能够为社会提供优质高效服务的支撑体系。因此，河南电信公司首先通过社会招聘形式录用了电信行业300多优秀人员，组成公司中坚力量，为公司长远发展奠定了坚实的人力智力基础。为确保员工队伍有明确发展目标，河南电信公司制定了“依靠两个领先、实施双驱动，通过三创，达到三高”的公司发展战略，为企业发展和员工队伍建设指明了方向。同时，加大了员工队伍培养力度，通过培训、交流、帮带等多种形式，迅速建成了一支能战斗、业务强、技术精、懂经营的干部员工队伍，为企业近年来的快速发展提供了坚实的智力支持。

在网络建设上，河南电信采用最新的技术手段，不断创新组网方式，科学规划全省电信网络，新建光缆干线 7 000 余千米，全省光缆总长度 7 万多千米，开通长途业务电路，电话交换机容量、宽带用户端口容量迅速提高，基本满足了快速发展的业务需求。特别是 2008 年 6 月开始，公司进行了大规模移动网络建设及优化工作，确保了目前移动网络质量较划转前有了大幅提升，实现了 3G 业务在全省的顺利推广。

河南电信公司把服务作为立企之本，不断加大改善服务的工作力度，继 2004 年推出服务体系建设活动，2005 年又推出品牌建设活动，并向社会提出了“四不、四确保”的企业承诺（不多收客户一分钱，确保透明消费；不忽视一件客户投诉，确保客户满意；不违背一项服务承诺，确保服务品质；不放过一起违规事件，确保依法经营）。通过一系列措施应用，使得服务质量不断提升，在连续两年的行风评议工作中，我们的名次不断提升。截止到 2008 年 10 月，河南电信公司已在全省 70 多个县设置了营销中心，企业得到了跨越式发展，用户规模、企业收入迅速增长，企业效益指标在北方 9 省公司位居前列，资产收入率从 2004 年的第八，上升到 2007 年的第一。

2008 年 10 月 1 日，CDMA 网络正式转由河南电信公司经营，成为全业务的电信运营商。对河南电信公司是机遇也是挑战。100 多万网用户转网所引发的海量数据的迁徙在电信行业非常罕见，特别是这种先拆后整合的跨运营商 IT 割接所存在的技术难题在世界电信史上是绝无仅有的，更没有任何先例可供借鉴。”在割接前，河南电信公司为提升全业务支撑系统能力，进行了业务梳理和测试，营销套餐、业务规则、开通流程的配置，数据倒换与核对，计费对账，并开展了有关培训，组织测试演练，准备各项承接服务预案。在割接阶段，重点做好数据迁移、端到端业务测试及网络接口切换等。在割接后，河南电信努力做好系统运行维护，及时修复由于数据倒换引起的数据错误，做好由于割接可能引发的客户服务方面问题的处理工作。

针对普通消费者最为关心的 CDMA 交割后的资费政策、业务办理、客户权益等与自身利益息息相关的内容，河南电信印发了《过渡期 CDMA 客户服务标准》、《过渡期 CDMA 业务服务问答》。同时还对营业员、客服代表和客户经理等各类营销服务人员开展全面培训，做到人人都是“CDMA 服务小博士”，确保了 CDMA 网络迁移过程中客户服务的平稳过渡。

接手 CDMA 网络运营后，河南电信把加强网络信号覆盖作为工程建

设的首要任务，按照精品网络的要求进行统筹安排和规划：一是加强城市室内的深度覆盖，新建了一大批室外基站和室内直放站点；二是加快网络优化进度；三是加快解决县城以下区域的广度覆盖面不足的问题，优先保证县乡以下区域新增基站的数量。

河南电信公司进入全业务运营之后，实施了“聚焦客户的信息化创新战略”。第一，聚焦客户，重新审视三大客户群（政企、家庭、个人），添加移动元素要求。以客户为主线来分配资源，为客户提供一体化、差异化的综合信息产品和服务。第二，以信息化为手段，服务于产品创新，通过客户数据库创新等信息化手段提升客户价值。第三，在全业务融合上进行创新，在商业模式上创新，在组织与机制上创新。到 2008 年 12 月，河南电信“天翼”品牌的推出和 189 号段的正式面市，标志着河南电信已经以全业务运营商的新形象面对广大消费者，跨入了新的历史发展进程。“天翼”以互联网应用的移动通信为特点，在发挥辐射低、健康环保、抗干扰性好、通话质量好、保密性高、实际应用能力强等显著优点的同时，进一步融合移动网与固定网的全业务优势，为用户提供真正意义上的互联网手机服务，实现移动与数据互联网应用的融合与创新，为政府和企业提供基于全业务、信息化的融合服务，包括综合办公、总机服务、加密通信、全球眼、手机对讲等新业务。为满足家庭客户多元化通信需求，河南电信进一步丰富了家庭综合信息的内容。

2008 年，河南电信公司全年实现业务收入 11.7 亿元，用户 300 万户。作为市场的后入者，我们有压力，但更有信心，将更好地整合固网业务和移动通信业务的优势，提供更多差异化的融合通信产品和服务，为推动河南社会信息化建设作出积极的贡献。

根植中原沃土　服务中原崛起

——访河南省邮政公司总经理杨海福

编　者：改革开放 30 年来，河南通信业蓬勃发展，邮政作为通信业的重要组成部分，30 年来发生了怎样的变化？

杨海福: 1978 年，党的十一届三中全会后，河南邮政开始由生产型向生产经营型转变。伴随着祖国的改革开放，河南邮政焕发了新的生机和活力。尤其是 1998 年独立运营以来，河南邮政开始进入了飞速发展时期，用邮环境、网络规模、技术层次和服务水平都发生了质的飞跃。

1998 年 12 月 30 日，按照国务院邮电体制改革部署，邮电分营，河南邮政开始独立运营。独立运营之初，河南邮政基础薄弱、亏损严重、发展困难。全省 89 个县局、13 个市局和省局机关都没有办公场所，一些县局连职工工资都无法保障。独立运营 10 年间，河南邮政认真贯彻科学发展观，始终坚持以发展为第一要务，积极融入地方经济社会发展大局，大力推进业务创新、体制机制创新、技术创新和管理创新，实现了又好又快发展。截止到 2008 年底，全省邮政实现业务收入 46.17 亿元，较分营之初翻了两番，年均增幅达 15% 以上。企业固定资产原值由分营之初的 20.33 亿元，增加到 40.06 亿元，累计新增生产办公场地面积 58 万平方米。省公司连续 9 年被省政府评为目标管理优秀（先进）单位，荣获全国“五一劳动奖状”和“全国精神文明建设先进单位”称号。经过 10 年的团结拼搏、改革创新，河南邮政已经基本发展成为一个“业务结构合理、管理科学规范、基础设施健全、信息技术先进、经济效益稳定、社会形象一流”的现代服务企业。

编　者: 2008 年，河南省邮政公司被省发改委、省国资委等 6 单位授予“河南省改革开放 30 年卓越贡献国有企业”称号，河南邮政为何能获此殊荣？

杨海福: 正如评奖晚会上颁奖词中所说“体制在变，机制在变，人民邮政为人民的服务宗旨和责任感永不改变”。近年来河南邮政的成就主要体现在服务和发展两个方面。一是以服务为宗旨，助推经济社会发展。独立运营以来，河南邮政在认真履行党和国家赋予的普遍服务、特殊服务义务，不断提升邮政服务社会的能力和水平，满足社会各界个性化、多元化的用邮需求的同时，以服务河南经济社会发展为己任，充分发挥邮政行业优势，积极融入河南经济社会发展大局，植根于中原、服务于中原、发展于中原、兴盛于中原，已经成为助推河南经济社会发展不可或缺的重要力量。二是以改革为动力，促进企业又好又快发展。

邮政是一个网络型企业，既有专营业务，也有竞争性业务，独立运营以后，河南邮政传承的是各项邮政业务混业经营的传统经营模式，但随着邮政业务的扩张和发展的日益多元化，这种核算不清、竞争优势不明显的粗放型管理体制已经成为制约邮政发展的瓶颈。为了从根本上解决这一问题，建立快速适应激烈的市场竞争的管理体制，河南邮政大力推进专业化经营，并进行与之相适应的机制创新，实施人事、用工、分配三项制度改革，有效地调动了干部职工的积极性，逐步走出了一条持续高效发展的新路子。

编　者：这么多年来，邮政在服务地方经济发展方面发挥了哪些重要作用？

杨海福：邮政业务涵盖文化产业、金融保险、现代物流、商业流通等多个领域，在助推经济社会发展方面具有得天独厚的资源优势。独立运营以来，河南邮政响应省委、省政府大力发展现代服务业的号召，充分发挥行业优势，不断创新服务手段、拓展服务领域。

围绕省委、省政府大力发展现代物流的战略部署，我们借助河南优越的交通区位条件，充分发挥遍布城乡、联通全国的物流配送网络优势，大力发展邮政物流，建成了覆盖全省、连通全国的综合物流配送平台，实现了与全国各大邮政物流集散中心的链接，为各类企业提供现代化的综合物流服务，成为河南现代物流业的主力军。

根据河南文化旅游资源大省省情，我们充分发挥邮票、邮政明信片、商函、报刊等邮政独有载体作用，大力发展邮政文化创意产业，在助推河南旅游文化产业发展、政府对外宣传和招商引资活动中发挥了积极的作用。

积极响应党中央、国务院和省委、省政府服务“三农”号召，充分发挥邮政的品牌信誉和网络优势，不断开拓新的业务领域，以满足广大农民在商品流通、金融、文化领域的需求，积极服务“三农”，繁荣农村经济，扎扎实实地为农业增效、农村发展、农民致富服务。

编　者：众所周知，河南是全国第一农业大省，农业在国民经济中有举足轻重的地位，请您详细谈一谈河南邮政在服务“三农”方面都采取了哪些举措？

杨海福：邮政服务历来与农村、农业和农民息息相关。河南邮政2/3的职工和网点在农村地区。独立运营以来，我们立足河南农业大省实际，在全国邮政率先开办农资连锁配送业务，通过全省 28 000 个邮政“三农”服务网点，累计为农民配送质优价廉的各类农资 360 多万吨，有效地促进了农民增产、增收。经有关专家测算，仅优质良种配送一项业务就为全省农民直接节约成本 3 亿元。不断拓展邮政金融业务领域，大力开办质押贷款、小额贷款业务，通过邮政“一卡通”代缴农村电费、代发农民种粮直补金、新农保资金，使广大农民享受到了方便快捷的邮政金融服务。同时，我们还充分发挥报刊发行主渠道作用，及时送达党报党刊，广泛开展“送科技报刊下乡”和“送图书下乡”、“村民书柜建设”活动，对广大农民学习党的政策、掌握致富信息和科技知识、丰富精神文化生活发挥了重要作用。

编　者：如今老百姓都明显感觉到，邮政增加了许多现代化元素，劳动密集型的传统邮政是如何向现代服务企业迈进的？

杨海福：信息技术的飞速发展使人类生产、生活方式发生了巨大的变革，对人类社会产生了积极的推动作用。作为传统的劳动密集型企业，河南邮政始终致力于以信息技术改造传统邮政。独立运营以来，我们累计投资 40 亿元，用于信息化建设和实物网的改造提升。采用现代信息技术，建成了功能强大、技术领先的邮政计算机网和邮政金融网。开通电子化支局，为用户提供“一站式”服务，利用先进的计算机技术，提供集邮、报刊发行等多项邮政业务的网上服务，实现了传统邮政向现代企业的全面升级，方便了人民群众的多元化需求。

编　者：据我所知，2008 年您本人还荣获了“改革开放 30 年河南省功勋企业家”这一殊荣，您带领企业改革发展的宗旨是什么？

杨海福：这个荣誉并不仅仅属于我本人，而是属于河南邮政 6 万余名干部职工。河南邮政今天的成就，是全省邮政干部职工团结拼搏、艰苦奋斗的结果，凝结着每一位干部职工的智慧和心血。我参加工作后从县局基层岗位一步步成长起来，期间还曾担任辉县市委常委兼孟庄镇党委书记，对经济社会发展对改善民生，提高人民群众生活水平的重要性有深刻的认识和实践。邮政业是重要的社会公用事业，服务是邮政的宗旨，发挥邮政行业优势服务经济社会发展，为社会各界提供更加优质高效的服务是邮政的使命和责任，也是邮政赖以生存的根本。因此，河南邮政一切工作的出发点和着眼点就是植根中原沃土，服务经济社会发展。

另外，邮政在造福社会的同时，也要造福员工。企业发展、效益提高的落脚点是让广大邮政员工共享改革发展成果，提高广大员工的物质文化生活水平，尊重和保障广大员工的各种权利。独立运营以来，河南邮政始终坚持一心一意抓发展、一心一意抓管理、一心一意抓效益，全心全意为员工谋利益，在保证全体职工收入水平逐年提升的前提下，不断改善职工生产生活条件，建立了职工补充养老保险、大病互助保险等制度，在全省邮政系统建立“三保证、三关爱、六落实”帮扶救助困难员工长效机制，切实解除员工的后顾之忧，使员工的生活更加幸福、更有尊严，企业也更加和谐。服务河南经济社会发展、造福邮政员工是我们永远的追求。

（徐来燕整理）

倡导价值经营　推进科学发展

——中国铁通集团有限公司河南分公司总经理　臧学运

河南铁通自2001年成立以来，在“立足铁路、服务运输、面向社会、市场经营”的十六字方针指导下，在确保铁路通信畅通的基础上，大力开拓公众电信市场，全面提高服务质量，实现了速度与效益、数量与质量、规模与结构、投入与产出的协调统一。截止到2008年底，河南铁通固定电话从公司成立之初的5万部，发展到82万部，宽带用户从零起步，发展到28万户，年度总收入从2001年的2 309万元，发展到2008年底的6.78亿元，用户规模和市场收入实现了快速增长。臧学运说，这些成绩来之不易，特别是在传统语音业务下滑、宽带发展放缓、重组尚未能够有效拉动收入增长的不利情况下，河南铁通克服种种困难，取得了可喜成绩。

社会市场良性发展的格局基本形成

河南铁通在市场发展上，把大力发展宽带业务和各项新业务作为创收增盈的关键点，在积极盘活既有资源的基础上，集中力量做优重点区域、培育亮点业务、主攻重点客户、推进企业转型。臧学运认为，河南铁通宽带业务和新业务的收入占整体业务收入的比例逐年上升，同时，紧紧抓住对商企、行业集团客户的发展不放松，改善了用户结构，增加了业务收入。

在经营管理上，河南铁通坚持“知实情、出实招、干实事、求实效”的工作作风，不断健全规范市场发展的管理机制。河南铁通通过不断调整基层经营布局，优化基层营销组织的人员配置，在全省各单位推进了“三自一包一考核”经营管理模式和“营销、运维、服务、管理”4 项职能细分改革，强化了自主营销体系建设，优化了地市营销组织结构，明确了区域经营部的职能定位，建立起了与市场发展相适应的组织管理模式。

铁路市场持续发展的局面强势不减

作为与铁路部门关系最密切的通信运营企业，铁路市场业务是河南铁通总体业务重要部分。臧学运说，近几年，河南铁通在铁路系统大幅压缩通信业务成本的严峻形势下，从各个层面主动加强与铁路局的沟通协调，切实加强铁路市场营销体系建设，不断深化落实客户经理负责制，逐步完善“180”服务热线的流程管理和故障管理，主动找出客户需求点，有针对性地开展服务，按期超额完成了铁路运输通信业务量，铁路市场收入逐年增加。

围绕铁路生产力布局调整和大面积提速后通信安全保障工作面临的新形势、新要求，河南铁通从适应铁路信息化建设的需求出发，主动跟进铁路信息化建设的步伐。臧学运说，河南铁通为适应铁路信息化要求，加快进行相关设备升级、无线调度命令传送、红外通道改造等工作，初步建成了“技术先进、结构合理、功能完善、经济适用、安全可靠”的综合通信服务网络；从满足铁路运输安全的需求出发，建立了 4 级安全生产责任体系和安全生产奖惩机制，完善了应急预案措施，调整了铁路专网通信服务布局，实施了铁路专网体制改革；从提高员工业务技术素质的需求出发，开展了首席技工机制试点工作，激发了员工工作的积极性和主动性，确保了运营组织体系的顺畅有效。

网络运行维护的支撑作用不断提高

河南铁通为扭转公司成立初期形成的工程建设无计划和超计划投资的混乱局面，从 2005 年开始，河南铁通取消了地市分公司的项目立项权，深入扎实地开展了投资计划专项整治活动。在网络建设上大力支持投资效益好的地区开展工作，保证了重点业务的快速发展。通过对投资方向、投资重点、投资比例、投资结构、投资效益的把控，河南铁通在投资方面逐步走向了规范和理性。

河南铁通对运维基础工作建立了以承包修、定期修、故障修为主要内容的设备维修管理体系，细化完善了各种规章制度，规范了作业流程，大力开展网络优化，促进了网络运行维护向更深层次的发展，建立和完善了网络安全支撑市场发展的长效机制。臧学运说，通过利用各种网管系统、宽带综合分析系统、号线系统等网络维护支撑平台，对网络质量进行精细化管理，加强对网络质量统计数据的分析，及时发现潜在的网络质量问题和安全隐患，有针对性地开展网络整治活动，认真做好了地区电缆整治和业务网络优化，不断提高了网络质量，降低了故障率。

一体化响应协同发展的进程不断加快

随着全业务经营帷幕正式拉开，3G 发展稳步启动，我国电信业结构调整的步伐正逐步加快。由于铁通还是独立经营的公司，融入中国移动集团就需要突破体制局限。臧学运说，当前，无论是经济形势、行业走势，还是市场竞争态势都在发生着广泛而深刻的变化，河南铁通面临的发展环境日趋复杂。总体而言，融合是行业发展的大趋势，独立运营是铁通公司面临的长期背景。所以，我们既要高度关注行业的融合发展方向，也要立足于现阶段的发展定位谋划好工作思路。

电信重组后，河南铁通将在“一个中国移动”的原则下，立足现阶段的发展定位，以网络融合为基础，低成本发展有线宽带业务、大规模发展固话业务，明确重点，突出效益，深层次推进协同发展、全方位加强规范管理，实现一体化响应，抢占市场先机，倡导价值经营，推进科学发展。

履行监管职能　服务行业发展

——访河南省邮政管理局局长杨汉振

编　者: 依据国务院《邮政体制改革方案》精神，2006 年 9 月，河南省邮政管理局组建，承担着河南邮政业的政府管理职能。建局伊始，您是如何带领全局人员为开展邮政业管理工作奠定基础的？

杨汉振: 河南省邮政管理局组建以后，为尽快建立正常的工作秩序，确立了“边学习培训边开局起步，边沟通渠道边宣传外联，边建章立制边履行职责”的工作思路，组织了内容丰富、形式多样的学习培训，提高了管理人员的法律意识、服务意识和责任意识，实现了“从企业员工到公务员”、“从政企合一下的行业管理向政企分开后的政府监管”、“从实现微观操作到实现宏观调控”的三个转变。

本着“准确、系统、实用、简明”的原则，按照河南省邮政管理局职能、职责，建立了基础管理制度、工作岗位职责、工作流程等三大类规章制度共104项；建立了普遍服务、特殊服务以及市场监管台账和报表共18种；与省直相关部门建立了联合执法机制，为依法监管邮政市场、实现良好开局奠定了基础。

编　者：河南省邮政管理局在履行邮政业管理职能方面，主要做了哪些工作？

杨汉振：为履行政府管理职能，服务企业发展，我们致力于为邮政、快递企业搞好服务，创造良好的法制环境、政策环境、市场环境和社会环境，促进行业健康快速发展。在法制环境方面，我们配合国家邮政局开展了《中华人民共和国邮政法》、《邮政普遍服务标准》、《快递服务》标准、《快递市场管理办法》、《快递业务经营许可办法》等法规的修订、完善工作，并结合河南实际，制订了各项法规的具体落实细则；在政策环境方面，我们为农村村邮站、邮政物流网点、城市信报箱、邮政局（所）等基础设施建设和邮政服务发展争取了扶持政策，为快递企业解决了各类制约发展的政策性瓶颈问题；加强行业管理、组织教育培训、完善行业自律等，努力构建公平有序竞争的市场发展环境；通过新闻发布会、媒体公开报道、召开座谈会、普法宣传等多种形式，让政府相关部门和社会各界充分认识到邮政业在服务民生需求、促进经济发展中的重要意义，为邮政业发展营造良好的社会氛围。

编　者：河南省邮政管理局是如何履行邮政普遍服务监督职责的？

杨汉振：河南省邮政管理局成立后，按照国家邮政局建立“政府监管、企业内控、社会监督”三位一体监督体系的要求，结合实际，建立了省邮政管理局监督、省邮政企业内控、社会监督员监督的普遍服务监督体系，在促进邮政普遍服务均等化方面做了有益的尝试。在政府监督方面，省邮政管理局组织人员深入市、县、乡，开展以邮政服务设施、邮政营业服务、邮政投递服务、邮件传递时限、邮件安全及查询补偿、邮政服务质量和机要通信安全为重点的监督检查活动，有效地促进了全省邮政服务质量和水平的提高；在企业内控方面，在河南省邮政管理局的指导下，河南省邮政公司适应改革需要，通过设立服务质量监督检查部，加强服务监督，对外公布服务承诺，聘请社会监督员，在全省开展营投服务窗口规范化服务达标活动，履行邮政普遍服务义务，确保了通信质量和服务水平的提高。省邮政企业在历次全省行风评议活动中名列前茅；在社会监督方面，加强对国家邮政局聘请特邀监督员的管理，探索建立了“划区组织、分层管理”的社会监督员管理模式，通过开展“争先创优”竞赛活动，调动了特邀监督员履职的积极性，促进了监督员所在地区邮政服务质量和服务水平的提高。

编　者： 河南省邮政管理局如何加强快递市场监管，规范快递市场秩序的？

杨汉振： 建局之初，面对快递市场存在的违法经营、无序竞争、服务质量差、用户投诉多等问题，我们把规范快递市场秩序、促进行业健康发展作为重点工作。一是多次组织快递企业管理人员参加行业法律法规、经营服务管理等内容的培训，以提高依法经营意识和服务能力；二是成立了河南省快递行业协会，制定了《河南省快递行业自律公约》和《河南省快递企业自律公约监督维护办法》，引导快递企业规范经营行为，增强社会责任感，推进行业诚信建设；三是采取将行政许可权、行政处罚权向上集中，实行处、局两级审查的“两集中”，采用“政府监管、行业自律、社会监督”监管模式，实现有效市场监管；四是制定了《快递企业统计制度》、《突发事件报告制度》、《经营秩序定期通报制度》等6项制度，使监管工作有章可循，切实保障了依法行政的实施；五是多措并举加强行业管理，与相关省直部门开展联合执法活动，健全协作机制保障邮路寄递安全，组织服务质量测评并督促企业采取整改措施，启动经营快递业务备案登记工作，规范企业资质，强化快递企业统计工作，为快递企业提供经营分析数据，编印《河南快递信息》，为企业提供政策法规、行业动态、服务热点、经营信息、行业说法等资讯服务。

编　者： 未来几年中，河南省邮政管理局将如何进一步推进邮政业管理与发展工作？

杨汉振： 目前，河南邮政市场服务区域广、经营主体多、发展速度快，邮政业的管理工作任重而道远。我们将深入贯彻落实科学发展观，积极推进实施《邮政法》，按照国家邮政局和省委、省政府的安排部署，全面履行职能、职责。一是保障和监督并举，持续提升邮政普遍服务水平。积极支持邮政企业推进空白乡镇局所补建，完成村邮站建设目标，加快邮政信报箱建设进度；积极争取各级政府对邮政基础设施建设和邮政普遍服务工作的优惠政策；提高邮政服务均等化程度和邮政普遍服务终端能力；加强邮政普遍服务、特殊服务监督管理，促进服务质量和服务水平提高。二是制定好行业发展规划，推动企业快速发展。要支持邮务类和物流等新兴业务的发展；推动邮政快递物流改制转型，推动邮政业各经营主体的业务结构调整和服务质量升级，推动快递物流园区、大型分拣枢纽、航空快递中心等基础设施建设；创造条件加速快递资源整合，扶持重点企业做大做强。三是坚持公平、公正、公开的原则，加强市场监管，规范经营秩序。认真落实《邮政法》及相关规章制度，全面开展快递市场执法检查；做好快递业务经营许可工作，实行快递企业分级分类管理；加强联合执法部门协作，强化行业安全监管和应急管理，确保邮政通信信息安全和生产安全。

履行监管职能、服务行业发展是我们的职责所在。我们将进一步认清形势、明确目标、努力工作，促进河南邮政业又好又快发展，为满足人民群众用邮需求、服务经济社会发展作出贡献。

（徐成文整理）

移动通信伴我成长

——河南省劳动模范、省五一奖章获得者　李玉山

1976 年复员后，我被安排到原郑州市电信局无线科工作。

无线科是当时郑州电信局无线通信网运营的生产部门，负责几十部短波电台的操作、维护以及对外无线电联络的任务。新中国成立后，邮电部提出国内通信以“有线为主，无线为辅”的方针，所以单位的无线科自然就成了“战备台”，任务就是每天打开电台与其他城市的“战备台”试机两次，在 7、8、9 三个月把电台租给水利部门用于防汛。

我从小就喜欢无线电技术，加上在部队所接受的培训，使我在无线电短波电台工作岗位上发挥了更大的潜能。工作中，我喜欢琢磨，遇到问题一定问个究竟，因此解决了短波电台控制系统中经常断点、断划以及电源系统绝缘差等许多棘手问题，还因此获得过技术革新成果奖。

改革开放以后，无线通信如遇春风。最早引进的无线寻呼和移动通信项目自然就由无线科来承担，因此，我有幸参与了河南移动通信各个时期的发展和建设工作，亲身经历了移动通信业务从无到有、从小到大的发展历程。

移动电话在 20 世纪 80 年代末引进我国后，技术资料十分匮乏，设备的安装调试基本上是由国外工程技术人员完成的，他们实行技术垄断，我们想学习却没有技术资料。当时，在搞移动通信工程的人中间，特别流行一本由欧美同学会编写的 900 MHz 蜂窝移动电话一书，大家爱不释手，互相传阅。由于有无线电技术的功底，被单位领导推荐到移动电话的维修和售后部门工作，还破例送到香港地区的摩托罗拉公司去学习。

移动电话开通初期，外国公司对技术保密甚严，既不给图纸，又不给资料和配件，在香港地区学习，所有资料也都是英文的。在维修方面，也只让我们处理一些简单的表面东西，稍有大一些的故障，就只能通过海关送出国外由他们处理，需要很长时间，这样既影响了用户的使用，也给售后服务工作造成了一定困难。在领导的鼓励下，没有图纸，我就从电路板上描出线路图来分析故障，没有元件，我就从家电零件中找替代品，加上自己多年维修所积累的经验和方法，边学习，边琢磨，很快掌握了一定的维修技巧，总结摸索出一定的维修经验，使得当时的移动电话维修业务得以顺利发展，自己成为河南最早被国外移动电话生产厂商认定的维修人员，当时的郑州电信局移动电话维修中心也被各大移动电话生产厂商（如摩托罗拉、诺基亚、西门子、爱立信公司）认定为河南最早、维修级别最高的移动电话特约维修中心。

为了尽快掌握新技术，搞好售后服务，普及移动通信业务，我除了努力学习移动电话技术理论外，还通过各种渠道搜寻不同品牌的手机使用资料，并在同事的配合下编写各种品牌手机简易使用方法、菜单说明和使用手机注意事项，为手机用户提供技术咨询和使用指导，赢得了用户的好评。

1991 年 8 月 25 日，郑州移动电话正式开通，首次引进使用的是美国摩托罗拉公司 EMX250 交换机。当年工程建有 7 个基站 200 多个信道，系统容量 7 500 户。该系统从制式上采用英国的 TACS 模拟系统，就是人们常说的第一代（1G）移动通信系统。当时，一部移动电话入网费加手机费需要 2 万多元，而当时普通人的月工资也就几百元，使用“大哥大”成了人们身份和地位的象征。

在开通移动电话的当年，根据系统容量和用户的消费能力，初步计划发展200户，但出乎人们预料的是当年就突破了500户。移动电话成了人们炙手可热的“紧俏品”，货源紧缺，购买还要预先登记、排队。移动网络在两年内多次扩容，用户量连年翻番，到1995年仅郑州市区（不含郊县）已近4万户。

我主要负责的是售后服务。由于出色的表现、创新的工作方式和娴熟的技能，得到了用户的好评，曾荣获河南省邮电管理局“全省优质服务先进个人”，并多次获得技术标兵和全省技术能手称号。

我是伴随着移动通信的发展而成长起来的工人技师，移动通信事业给我提供了大显身手的舞台。在工作中，我曾在移动机房、手机维修、市场营销和业务宣传及中层管理等多个岗位上工作过。无论在什么岗位上，我都能积极适应角色，努力学习业务技能，兢兢业业工作，多次在技能比赛中获得第一名，并两次获得“全省技术能手”称号，1998年获得省“十大能工巧匠”称号，1999年还被聘任为“河南省邮电通信职业技能鉴定考评员”。获得过河南省“五一劳动奖章”、河南省“劳动模范”、“河南移动百名先进生产者”等荣誉称号。

随着移动通信技术的发展，手机功能已从原来以通话业务为主向数据业务转变，新的移动业务产品不断产生。为了推广新业务，单位成立了新业务推广室，我也从公司移动电话维修中心副经理岗位竞聘到新业务推广室主任岗位。如果说移动公司的分营是二次创业的话，那么我竞聘到新业务推广室主任岗位也是我职业生涯的又一挑战。

为尽快适应新角色，我和同事们一起，拍摄新业务演示片，编写印刷宣传材料，深入到社区、庙会、企事业单位，为用户宣传移动电话新业务。为了充实员工的业务知识，从2001年开始，我连续主笔编写了《我是移动人》一、二、三集员工学习材料和《客户服务手册》等宣传册，成为多年来移动公司员工入门的必读教材。同时，我编写过上千道几万字的各种业务题库，撰写的《移动电话新业务推广技巧》一文还获得省公司“服务与业务领先战略”优秀论文二等奖。

我从一个参与者的角度体会到，移动公司的发展历程体现了创业、创新、再创新的过程。由于不断创新，移动通信从曾经完全靠进口的1G网络发展到拥有自主知识产权的TD-SCDMA网络，从最初的移动单一通话业务发展到现在能满足人们不同需求的几百种新业务，进而推进了整个社会的信息化建设。我个人的成长也是这样，如果不能创新地工作，就会被淘汰。“不断学习，与时俱进，努力工作，不被形势所淘汰，不被环境所淘汰”是我的座右铭。

大事记

1978 年，河南省固定电话用户数达到 12.06 万户，电话普及率为 0.06 部 / 百人。

1979 年，国家对邮电管理体制进行调整，河南省革命委员会邮电管理局实行邮电部和地方双重领导、以邮电部为主的体制。

1980 年，河南省革命委员会邮电管理局改称为河南省邮电管理局，直接管理各地、市、县邮电局。

1981 年，郑州市电信局编码纵横制长途交换机投入运行。

1982 年，郑州市通信枢纽大楼建成，国家京汉—广、郑—西等一级微波干线在河南经过和交汇，河南形成贯穿东西、南北“双十字”通信大网络，成为全国的重要通信枢纽之一。

1983 年初，受河南省政府派遣，河南省邮电管理局派出电信工程专家小组负责完成中国援建的塞内加尔友谊体育场通信系统的施工任务。

1984 年 12 月 21 日，河南省第一台程控 64 路自动转报系统在郑州市电信局开通。

1985 年，河南邮电业务总量和业务收入双双突破亿元大关，河南省邮电部门的市话交换机总容量为 11.9 万门，农村电话交换机总容量为 14.99 万门。

1985 年，河南邮电行业推行经济核算制。

1986 年 10 月，郑州市开通市话无线寻呼业务，填补了河南无线通信的空白。

1986 年，河南邮电行业全面推行局长负责制。

1987 年 7 月，郑州市在河南省首先引进比利时贝尔公司 1240 型程控交换机，开通了万门程控电话，同时开通并使用国内当时技术最先进、容量最大的公众电报通信设备——256 路程控转报系统，结束了 100 年来电报通信逐级接转的历史。

1987 年，河南省邮电管理局对各通信企业实行承包经营责任制。

1988 年 4 月，郑州市在河南省首先实现了程控电话长途自动交换，可与全国各大城市直拨电话，并实现了与世界 185 个国家和地区直拨电话。

1988 年 6 月 8 日，邮电部原部长文敏生视察安阳市邮电局。

1989 年 10 月 1 日，郑州市电话号码由 5 位升至 6 位。

1990 年 1 月 27 日，河南省委书记杨析综视察郑州市电信局。

1990 年 12 月 5 日，河南省政府召开常务会议，专题研究河南邮电发展。

1990 年 12 月 8 日，邮电部原部长王子刚视察安阳市邮电局长途机房。

1990 年 12 月 12 日，河南省政府召开河南省邮电工作会议，确定了“统筹规划、超前发展、分工负责、各方支持”的方针。

1990 年 12 月，邮电部部长杨泰芳视察省邮电印刷厂、省长线局、省邮电工程公司、郑州市电信局、郑州市邮政局、开封市邮电局及邮电部四公司、设计院等。

1990 年，河南省微波线路 1 282 千米，开通使用微波电路 509 路，长途自动交换机容量为 3 619 路，河南省 17 个地市全部开通自动、半自动长途电话。

1990 年，国产 HJD04 程控交换机在河南武陟县首开实验局。

1991 年 2 月 15 日，河南省委书记侯宗宾视察郑州市电信局，慰问节日坚守工作岗位的职工。

1991 年 2 月 12 日，郑州市开通使用 900 MHz 模拟移动电话通信系统。

1991 年 12 月 20 日，郑州—徐州 1800 路中同轴电缆载波工程竣工。至此，京—汉—广、京—沪—杭、郑—西、郑—徐各大通信干线相互沟通。

1992 年 9 月 9 日，郑州市电信局在全国首家引进的加拿大贝尔公司 5 万门全自动无线寻呼系统开通，这是全国第二个全自动寻呼台。同时实现了 126、127 人工和自动寻呼系统兼容，为全国首创。

1992 年底，河南省地市县全部开通了自动电话，电话用户发展到 37 万户，电话普及率达到 0.4 部 / 百人，河南省 17 个地市全部开通了 900 MHz 模拟移动电话。同年建成郑州卫星地面站。

1993 年 6 月，河南省第一条架空光缆（商丘—永城）建成开通。

1993 年 10 月，河南省最后一个使用“摇把子”电话的台前县开通程控电话，彻底结束了河南省人工磁石电话的历史。

1994 年 8 月，邮电部提出“联合投资、有偿使用、按资分利、照章纳税”的原则，初步形成了政策筹资与市场融资并存、以自筹资金为主的电信投资新格局。同年，河南省政府安排以工代赈资金 1 820 万元。

1994 年 10 月，河南省移动通信局成立。

1995 年 4 月 17 日，《河南省通信管理条例》颁布实施。

1995 年，无线寻呼延伸发展到河南省内全部县（市），实现了省内自动漫游，用户发展到 54 万多户。

1996 年 4 月 1 日，郑州市 GSM 数字移动电话业务放号，河南省移动电话从模拟进入数字化时代。

1996 年 8 月 28 日，CHINANET 中国计算机互联网郑州节点平台开通。

1996 年 9 月 28 日，沁阳市西向镇开通万门程控电话交换机，成为我省第一个乡镇级万门程控电话局。

1997 年 4 月 9 日，IC 卡公用电话在郑州开通。

1997 年 5 月，中国联合通信有限公司河南分公司成立。

1997 年 8 月 4 日，郑州卫星通信地球站入网成功，填补了河南卫星通信的空白。

1997 年 10 月 25 日，开通国际计算机互联网郑州信息平台——商都信息港。

1997 年 10 月 28 日，中国公用计算机网河南省网开通。

1998 年 6 月 4 日，河南省委书记马忠臣视察河南信息港。

1998 年 9 月，河南省邮电管理局开始实施邮电分营。

1998 年 11 月 18 日，河南国信寻呼有限公司成立。

1998 年 12 月 30 日，河南省邮政局成立。

1998 年底，河南率先在全国基本实现行政村村村通电话。

1999 年 8 月 16 日，河南移动通信公司成立。

1999 年 9 月，河南率先在全国实现省、市、县、乡四级政府上网。

1999 年 10 月 28 日，河南移动通信有限责任公司成功在纽约和中国香港上市，成为中国移动（香港）的全资子公司。

1999 年，河南省邮政局在全省邮政企业进行投递体制改革，实行“收投（报刊收订、信报投递）合一”。

2000 年 5 月，河南省电话用户总数突破 1 000 万户。

2000 年 7 月 20 日，河南省邮电管理局实行政企分开，中国电信集团河南省电信公司成立。

2000 年 12 月 19 日，郑州市邮政局 185 客户服务中心投入使用。

2001 年 2 月 21 日，经河南省人民政府批准，河南部分电信业务资费标准和资费政策进行调整和改革。

2001 年 2 月 28 日，铁道通信信息有限责任公司河南分公司成立。

2001 年 3 月 6 日，河南省通信管理局成立。

2001 年 5 月，河南省宽带 IP 网开通。

2001 年 8 月 15 日省长李克强同志视察河南省通信业。

2002 年 3 月 21 日，河南省互联网协会成立大会暨第一次会员代表大会召开。

2002 年 5 月 16 日，中国电信集团河南省电信公司更名为“中国网通集团河南省通信公司”。

2002 年 6 月，中国联合通信有限公司河南分公司的 CDMA 数字移动网开通。

2002 年 7 月 1 日，河南省邮政储蓄对外发行“绿卡”银联卡。

2002 年 10 月 17 日，中国网通集团河南省通信公司成立。

2003 年 2 月 13 日，信息产业部部长吴基传视察河南省通信行业。

2003 年 5 月 2 日，中国网通集团河南省通信公司捐赠 1 600 万元，用于“非典”疫情防治工作。

2003 年 5 月 16 日，中国电信集团公司河南省电信分公司成立。

2003 年 5 月 17 日，中国网通集团河南省通信公司开通了大型宽带门户应用服务平台——“宽带中国•河南”。

2003 年 8 月 29 日，信息产业部授予巩义市为“国家城市信息化试点”城市，成为全国第二个国家城市信息化试点城市。

2004 年 1 月 20 日，铁道通信信息有限责任公司河南分公司更名为中国铁通集团有限公司河南分公司。

2004 年 8 月 12 日，河南省委组织部与河南网通签署河南省农村党员干部现代远程教育项目建设协议。

2004 年 11 月 10 日，河南省专用通信局成立。

2004 年 11 月 23 日，国家计算机网络应急技术处理协调中心河南分中心成立。

2004 年 12 月，河南省电话用户总数突破 3 000 万，达到 3 015 万。

2004 年 12 月，中国网通（集团）有限公司分别在纽约、香港挂牌上市，中国网通集团河南省通信公司作为中国网通上市公司的一个组成部分，中国网通集团河南省通信公司更名为中国网通（集团）有限公司河南省分公司。

2005 年 2 月 28 日，国家邮政局印发《关于推广河南省夏邑县局和商丘市局代收农电费做法的通知》，对商丘局代收农电费的做法给予充分肯定，并在全国邮政系统推广。

2005 年 3 月 21 日，郑州、洛阳、南阳三市固定电话（含小灵通）号码由 7 位升至 8 位。

2005 年 3 月 25 日，河南省电子政务工程通过验收，标志着全省政务信息化建设工作进入业务应用及推广的实质性阶段。

2005 年 5 月 26 日，《河南省邮政条例》经河南省十届人大常委会第十六次会议审议通过。

2005 年 6 月，河南邮政大厦工程竣工，总建筑面积 86 473.26 平方米。

2005 年 7 月 7 日，河南省省长李成玉视察河南移动公司。

2005 年 10 月 10 日 , 河南联通关闭寻呼网。

2005 年 11 月 20 日，潢川本地网并入信阳本地网。

2006 年 1 月 22 日，河南网通宽带用户突破百万。

2006 年 4 月 3 日，河南省委书记徐光春出席全省电信行业工作座谈会。

2006 年 5 月，河南省电话用户突破 4 000 万，达到 4 058 万户，电话普及率达到 41.6 部 / 百人。固定电话、移动电话用户双双突破 2 000 万户，分别达到 2 001.14 万户和 2 057.44 万户。

2006 年 5 月 11 日，河南省通信管理局被授予省级文明单位称号。

2006 年 9 月 12 日，河南省邮政管理局成立。

2006 年 9 月 19 日，河南邮政储蓄开办小额质押贷款。

2006 年 10 月，河南实现行政村 100% 通电话。

2006 年 10 月 14 日，信息产业部部长王旭东出席河南省行政村“村村通电话”工程竣工典礼。

2007 年 1 月 30 日，河南省邮政公司成立。

2007 年 3 月，河南省通信管理局在全行业开展“诚信服务、放心消费”活动。

2007 年 7 月 4 日，国家邮政局复函省政府，经国际集邮联批准，同意于 2009 年 4 月在河南洛阳市举办中国 2009 世界集邮展览，由洛阳市政府承办。

2007 年 10 月 11 日，河南省快递协会成立。

2007 年 12 月 1 日，河南省通信管理局完成河南省 SP 代码的统一调整。

2007 年 12 月 4 日，河南省政府办公厅印发《关于加强城镇居民楼房住宅区邮政信报箱群（间）建设意见的通知》。

2008 年 3 月，河南省电话用户突破 5 000 万，达到 5 015 万户，电话普及率达到 50.8 部 / 百人。

2008 年 3 月 27 日，河南省国防动员委员会信息动员办公室成立。

2008 年 4 月 28 日，河南省邮政公司被中华全国总工会授予“全国五一劳动奖状”。

2008 年 4 月，原信息产业部副部长、中国通信学会理事长周德强视察河南电信公司。

2008 年 5 月 24 日，工业和信息化部、国家发展和改革委员会、财政

部发布关于深化电信体制改革的通告，河南电信业开始新一轮重组。

2008 年 8 月 15 日，中国电信集团公司河南省电信分公司与中国联合通信有限公司河南分公司签署 CDMA 网络交易执行协议，原由中国联合通信有限公司河南分公司经营的 CDMA 网络交由中国电信集团公司河南省电信分公司经营。

2008 年 10 月 9 日，国内面积最大的邮政旗舰店——郑州邮政大厦店开业。

2008 年 10 月 29 日，中国联合网络通信有限公司河南省筹备组成立。

2008 年 12 月 19 日，河南省邮政公司被评为“河南省改革开放 30 年卓越贡献国有企业”。

2008 年 12 月 30 日，中国电信集团公司河南省电信分公司 3G“天翼”品牌在河南省推出。

附表一：河南省电信业 30 年主要发展情况

1. 电信业务总量变化情况

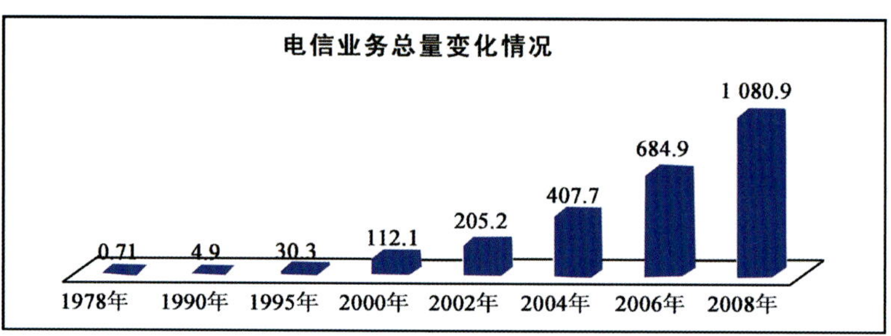

2. 电话用户数、普及率变化情况

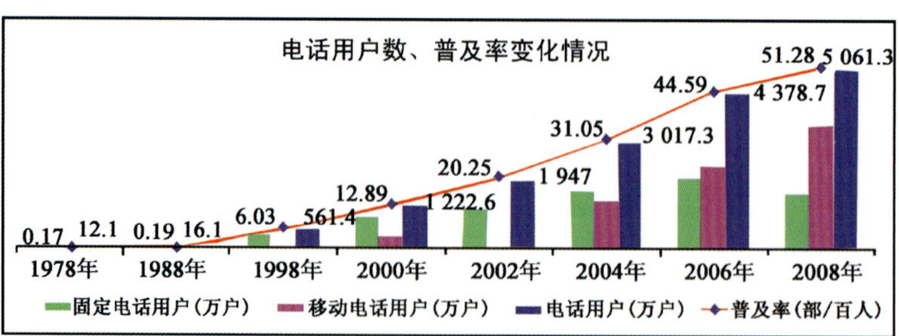

3. 电话交换机容量变化情况

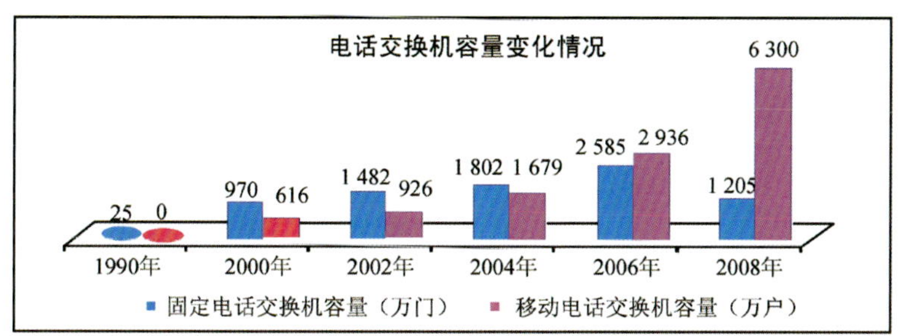

4. 电信业务总量、业务收入增长率与全省 GDP 增长率比较

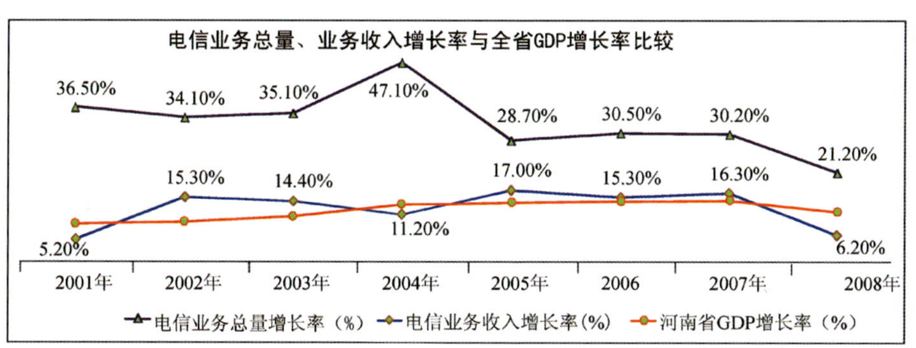

5. 电信综合价格水平增长情况

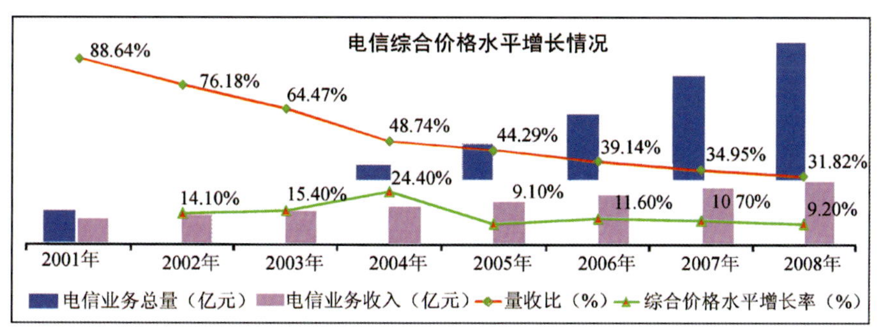

河南通信业重要统计资料

6. 农村通信发展情况

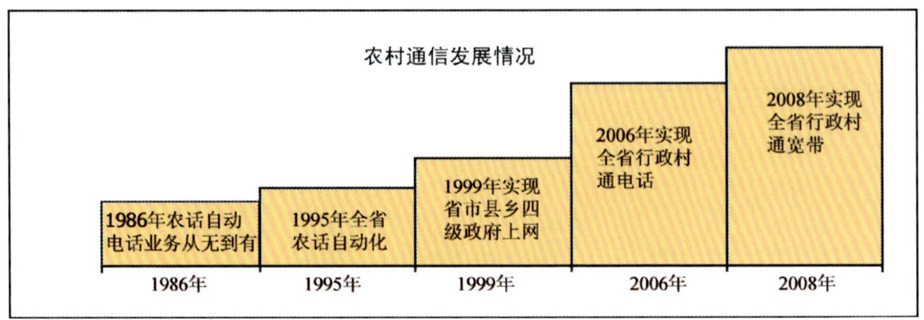

7. 投资额发展情况

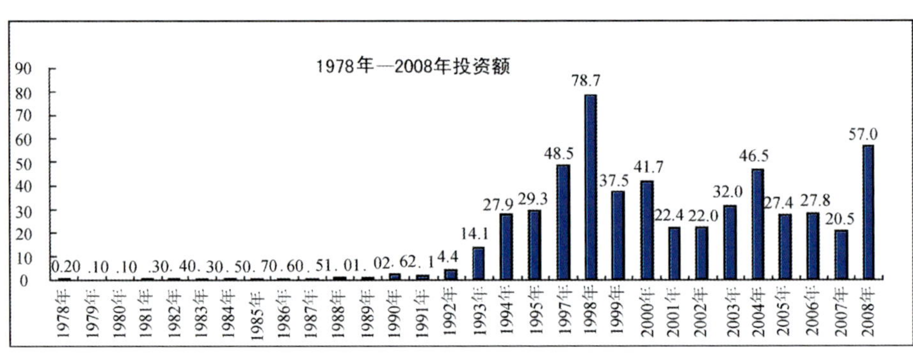

附表二：1978年—2000年河南省电信业主要指标情况

年份	电信业务总量（万元）	年末固定电话用户（万元）	年末移动电话用户（万元）	电话普及率（部/百人）	互联网用户（万户）	局用交换机容量（万门）
1978	—	12.05	—	0.06	—	21.2
1979	—	12.40	—	0.06	—	22.0
1980	—	12.96	—	0.07	—	22.6
1981	—	13.12	—	0.07	—	22.9
1982	—	13.37	—	0.07	—	23.8
1983	—	13.25	—	0.08	—	24.5
1984	—	14.32	—	0.09	—	25.2
1985	5 239.1	15.67	—	0.10	—	26.9
1986	5 732.0	16.75	—	0.10	—	27.4
1987	6 986.9	14.46	—	0.12	—	29.5
1988	10 790.5	16.10	—	0.14	—	32.5
1989	10 095.3	18.92	—	0.17	—	35.3
1990	25 774.2	22.76	—	0.20	—	40.8
1991	24 808.8	27.31	0.07	0.25	—	54.5
1992	52 514.0	36.65	0.58	0.34	—	66.0
1993	88 519.8	55.70	2.24	0.54	—	103.3
1994	149 484.6	89.31	5.15	0.87	—	171.8
1995	257 178.2	135.74	12.17	1.29	—	238.4
1996	406 621.7	203.90	23.87	2.11	0.04	349.3
1997	584 541.0	292.55	48.02	3.02	0.32	479.2
1998	968 795.9	442.76	118.64	4.68	4.32	723.2
1999	614 752.3	638.48	173.04	8.68	13.74	837.2
2000	775 114.3	912.08	310.30	12.95	66.19	969.9

附表三：河南省电信业主要指标统计（2001 年—2008 年）

河南省电信业主要指标统计（2001 年）

指标名称	计量单位	本年累计达到（完成）	比上年增长
电信业务总量	万元	1 529 736	97.4%
电信业务收入	万元	—	—
固定资产投资完成额	万元	851 295	—
光缆线路长度	千米	107 386	—
长途电话交换机容量	路端	277 317	—
长途电话业务电路	路	100 027	—
局用交换机容量	门	10 508 249	8.3%
用户交换机容量	门	637 399	—
移动电话交换机容量	户	7 780 000	—
无线寻呼系统容量	户	7 900 000	—
电话用户	户	16 007 134	31.0%
固定电话用户	户	10 960 943	20.2%
城市电话用户	户	5 992 420	—
农村电话用户	户	4 968 523	—
移动电话用户	户	5 046 191	62.6%
无线寻呼用户	户	1 750 767	—
互联网用户	户	1 859 081	180.9%
电话普及率	部 / 百人	16.8	30.0%
固定电话普及率	部 / 百人	11.5	19.3%
移动电话普及率	部 / 百人	5.3	61.5%

注：普及率计算中人口数取 2001 年底达到数 9 555 万户。

河南省电信业主要指标统计（2002年）

指标名称	计量单位	本年累计达到（完成）	比上年增长
电信业务总量	万元	2 051 572	34.1%
电信业务收入	万元	1 562 919	—
固定资产投资完成额	万元	546 101	-35.9%
光缆线路长度	千米	146 416	36.3%
长途电话交换机容量	路端	286 677	3.4%
长途电话业务电路	路	171 543	71.5%
局用交换机容量	门	10 991 835	4.6%
接入网设备容量	门	3 824 405	—
用户交换机容量	门	615 928	-3.4%
移动电话交换机容量	户	9 260 000	19.0%
无线寻呼系统容量	户	8 700 000	10.1%
电话用户	户	19 473 008	21.7%
固定电话用户	户	11 813 409	7.8%
城市电话用户	户	6 412 486	7.0%
农村电话用户	户	5 400 923	8.7%
移动电话用户	户	7 659 599	51.8%
无线寻呼用户	户	741 880	-57.6%
互联网用户	户	2 084 231	12.1%
电话普及率	部/百人	20.3	20.9%
固定电话普及率	部/百人	12.3	7.1%
移动电话普及率	部/百人	8.0	50.9%

注：普及率计算中人口数取2002年底达到数9 613万户。

河南省电信业主要指标统计（2003 年）

指标名称	计量单位	本年累计达到（完成）	比上年增长
电信业务总量	万元	2 903 404	41.5%
电信业务收入	万元	1 787 274	14.4%
固定资产投资完成额	万元	735 692	34.7%
光缆线路长度	千米	161 296	10.2%
长途电话交换机容量	路端	340 830	18.9%
长途电话业务电路	2 Mbit/s	14 279	—
局用交换机容量	门	11 597 019	5.5%
接入网设备容量	门	4 440 649	16.1%
用户交换机容量	门	631 300	2.5%
移动电话交换机容量	户	11 845 000	27.9%
无线寻呼系统容量	户	7 500 000	-13.8%
电话用户	户	24 434 236	25.5%
固定电话用户	户	13 708 560	16.0%
城市电话用户	户	1 085 601	—
农村电话用户	户	7 607 888	18.6%
无线市话用户	户	6 100 672	13.0%
移动电话用户	户	10 725 676	40.0%
无线寻呼用户	户	1 312 513	76.9%
互联网用户	户	2 458 135	17.9%
其中：宽带用户	户	383 976	—
电话普及率	部 / 百人	25.3	24.8%
固定电话普及率	部 / 百人	14.2	15.4%
移动电话普及率	部 / 百人	11.1	39.2%

注：普及率计算中人口数取 2003 年底达到数 9 667 万户。

河南省电信业主要指标统计（2004 年）

指标名称	计量单位	本年累计达到（完成）	比上年增长
电信业务总量	万元	4 077 359	40.4%
电信业务收入	万元	1 986 886	11.2%
固定资产投资完成额	万元	972 025	32.1%
光缆线路长度	千米	1 94 135	20.4%
固定长途电话交换机容量	路端	668 856	96.2%
长途电话业务电路	2Mbit/s	26 642	86.6%
局用交换机容量	门	12 966 151	11.8%
接入网设备容量	门	5 054 915	13.8%
用户交换机容量	门	729 190	15.5%
移动电话交换机容量	户	16 790 000	41.7%
无线寻呼系统容量	户	7 300 000	-2.7%
电话用户	户	30 173 477	23.5%
固定电话用户	户	16 250 340	18.5%
城市电话用户	户	966 056	27.0%
农村电话用户	户	6 589 784	8.0%
无线市话用户	户	2 476 852	128.2%
移动电话用户	户	13 923 137	29.8%
无线寻呼用户	户	714 886	-45.5%
互联网用户	户	2 733 571	11.2%
宽带用户	户	1 236 446	222.0%
电话普及率	部 / 百人	31.1	22.9%
固定电话普及率	部 / 百人	16.7	17.9%
移动电话普及率	部 / 百人	14.3	29.1%

注：普及率计算中人口数取 2004 年底达到数 9 717 万户。

河南省电信业主要指标统计（2005 年）

指标名称	计量单位	本年累计达到（完成）	比上年增长
电信业务总量	万元	5 246 944	28.7%
电信业务收入	万元	2 324 410	17.0%
固定资产投资完成额	万元	800 459	−17.7%
光缆线路长度	千米	211 680	9.0%
固定长途电话交换机容量	路端	729 010	9.0%
长途电话业务电路	2 Mbit/s	28 740	7.9%
局用交换机容量	门	13 495 659	4.1%
接入网设备容量	门	9 990 071	97.6%
用户交换机容量	门	642 777	−11.9%
移动电话交换机容量	户	20 892 200	24.4%
电话用户	户	36 784 481	21.9%
固定电话用户	户	18 634 764	14.7%
城市电话用户	户	11 292 941	16.9%
农村电话用户	户	7 341 823	11.4%
无线市话用户	户	359 2210	45.0%
移动电话用户	户	18 149 717	30.4%
互联网用户	户	2 750 005	0.6%
宽带用户	户	1 391 781	12.6%
电话普及率	部 / 百人	37.7	21.3%
固定电话普及率	部 / 百人	19.1	14.1%
移动电话普及率	部 / 百人	18.6	29.7%
电信业务总量	万元	5 246 944	28.7%
电信业务收入	万元	2 324 410	17.0%

注：普及率计算中人口数取 2005 年底达到数 9 768 万户。

河南省电信业主要指标统计（2006 年）

指标名称	计量单位	本年累计达到（完成）	比上年增长
电信业务总量	万元	6 849 455	30.5%
电信业务收入	万元	2 680 939	15.3%
固定资产投资完成额	万元	848 347	6.0%
光缆线路长度	千米	240 787	13.8%
固定长途电话交换机容量	路端	747 502	2.5%
长途电话业务电路	2 Mbit/s	70 677	145.9%
局用交换机容量	门	13 763 133	2.0%
接入网设备容量	门	12 084 172	21.0%
用户交换机容量	门	605 932	−5.7%
移动电话交换机容量	户	29 362 600	40.5%
电话用户	户	43 787 142	19.0%
固定电话用户	户	20 275 179	8.8%
城市电话用户	户	12 669 413	12.2%
农村电话用户	户	7 605 766	3.6%
无线市话用户	户	4 463 600	24.3%
移动电话用户	户	23 511 963	29.5%
互联网用户	户	3 274 294	19.1%
宽带用户	户	20 324 24	46.0%
电话普及率	部 / 百人	44.6	18.4%
固定电话普及率	部 / 百人	20.6	8.2%
移动电话普及率	部 / 百人	23.9	28.9%
电信业务总量	万元	6 849 455	30.5%
电信业务收入	万元	2 680 939	15.3%

注：普及率计算中人口数取 2006 年底达到数 9 820 万户。

河南省电信业主要指标统计（2007 年）

指标名称	计量单位	本年累计达到（完成）	比上年增长
电信业务总量	万元	8 918 246	30.2%
电信业务收入	万元	3 117 370	16.3%
固定资产投资完成额	万元	882 895	4.1%
光缆线路长度	千米	288 583	19.9%
固定长途电话交换机容量	路端	822 924	10.1%
长途电话业务电路	2 Mbit/s	128 059	81.2%
局用交换机容量	门	13 502 034	−1.9%
接入网设备容量	门	11 982 899	−0.8%
用户交换机容量	门	647 226	6.8%
移动电话交换机容量	户	40 928 700	39.4%
电话用户	户	48549919	10.9%
固定电话用户	户	19 404 653	−4.3%
城市电话用户	户	12 240 197	−3.4%
农村电话用户	户	7 164 456	−5.8%
无线市话用户	户	3 995 305	−10.5%
移动电话用户	户	29 145 266	24.0%
互联网用户	户	4 032 947	23.2%
宽带用户	户	2 889 303	42.2%
电话普及率	部 / 百人	49.2	10.3%
固定电话普及率	部 / 百人	19.7	−4.8%
移动电话普及率	部 / 百人	29.5	23.3%
电信业务总量	万元	8 918 246	30.2%
电信业务收入	万元	3 117 370	16.3%

注：普及率计算中人口数取 2007 年底达到数 9 869 万户。

河南省电信业主要指标统计（2008 年）

指标名称	计量单位	本年累计达到（完成）	比上年增长
电信业务总量	万元	10 770 888	20.8%
电信业务收入	万元	3 376 983	8.3%
固定资产投资完成额	万元	1 433 850	62.4%
光缆线路长度	千米	325 108	12.7%
固定长途电话交换机容量	路端	1 048 510	27.4%
长途电话业务电路	2 Mbit/s	160 105	25.0%
局用交换机容量	门	12 047 055	-10.8%
接入网设备容量	门	11 592 649	-3.3%
用户交换机容量	门	647 636	0.1%
移动电话交换机容量	户	63 002 600	53.9%
电话用户	户	50 634 701	4.3%
固定电话用户	户	1 5624 431	-19.5%
城市电话用户	户	10 513 621	-14.1%
农村电话用户	户	5 110 810	-28.7%
无线市话用户	户	3 076 752	-23.0%
移动电话用户	户	35 010 270	20.1%
互联网用户	户	4 943 864	22.6%
宽带用户	户	3 841 718	33.0%
电话普及率	部 / 百人	51.1	3.8%
固定电话普及率	部 / 百人	15.8	-19.9%
移动电话普及率	部 / 百人	35.3	19.5%
电信业务总量	万元	10 770 888	20.8%
电信业务收入	万元	3 376 983	8.3%

注：普及率计算中人口数取 2008 年底达到数 9 918 万户。

后记

本书是由河南省通信管理局组织省内通信企业共同策划编辑而成的。为了加强对编纂工作的领导，河南省通信管理局专门成立了编纂委员会和编辑办公室。

在编委会确定编写大纲后，按照大纲条目要求，各通信企业组织相关人员，积极提供基础材料，做了大量卓有成效的工作。编辑办公室成员就撰著方式、章节构架、素材整理、文稿体例等方面的问题进行了多次研究，形成以时间为经、以事件为纬的基本编纂指导思想，在现有素材条件下，尽量客观地反映河南通信业改革开放30年来的历史进程和巨大成就。编纂工作得到了省内各基础通信企业的领导以及原河南邮电系统离退休老同志的鼎力支持，河南省通信学会在专业名词称谓界定方面给予了大力支持，为挖掘和抢救河南通信业史料、再现河南通信的历史风貌、服务当代提供了可贵的文献，在此一并向他们表示衷心感谢。

鉴于本书涵盖历史跨度长，涉及内容广，当事人变化很大，很多宝贵历史资料难以收集完整，因此书中难免有遗漏。由于编纂力量和编纂水平局限，本书在信息收集、资料整理、排版设计、校对等方面难免有不足之处，敬请读者批评指正。

《跨越与辉煌——河南省通信业改革发展三十年》编纂委员会

二〇一〇年十月

参与本书编写人员名单

河南省通信管理局

方　强　徐志明　王　鹏　刘文莱　郑海清　侯剑涛　曹正刚
常　江　张海峰　范　毅　王　磊　张　良　徐继承　张红伟
李白玉

河南联通公司

布鸣伟　刘　凯　曾庆斌　张金成　贺建华　韩小龙　刘援朝
杨继锋　张文彪　张大涛　胡　靓　刘匡虎　方　东　霍天军
邵正杰　常兴杰　闫林萍　张　灿　马　灵　井禄扬　姜广华
朱　琳　王　玮　郭西涛　马小红　马卓坚　李　罂　常政刚
王庆玮　傅国强　宋　威　李喜平　纪　纲　荆旭庆　雷　宇
刘惠生　李亚君　毛明凯　王　健　王志敏　张国通　张　浩
张　杰　丁纪敏　曹兴斌　王　蕙　杨　珏　郭　阔　王　楠
刘春海　秦　虹　李元昭　孔汝霞　任进军　苏克娣　张广慧
崔维丽　李月英　于立群　沈亚平　逯迎进　吴建峰　吕志英
祝宏英　田慧霞　刘郑春　陆金丽

河南移动公司

李士太　闫　永　白　钰　边　芳　孔宝萍　张保华　刘春旺
赵宵康　吉喜胜　刘瑞娟　王　耀　孙晓玲　贺延敏　田涵朴
李玉霞　曹　丽　魏　铭　吴　逸　栾　超　乔伟强　张丽君
王宇燕　何诗幻　王　海　张　杰　汪　波　徐　兵　葛洁华
杨俊伟　张　乐　张立新　孙晓燕　李瑞娟　聂彦召　石　维
洁　华　罗瑞娟　王　璐　弓　弦

河南电信公司

谷松涛　杨林英　韩数鹏　袁　洋　魏营芳　徐金霞　肖旭伟
高劲草　丁　永　叶毅军　马德冉　李　栋　李　萍　薛　霞
任冬青

河南铁通公司

梁宗朝　田小涛　王艳君　辜　炜　殷晓峰　朱　勤　曹丽多
陈　朝　王守信　左利民　张彦昭　张　勇　关丽娟　张晓华
王　华　郑　博　罗怀勇　徐绍岽　陈广霖　孙　惠　喻志贞
吴　倩　李明真　任志刚　杨　珂　王旭峰　王国超　卢国川
黄　红　张彦武　曹晓静　欧阳江宁

河南省邮政管理局

贾琳娜　徐成文

河南省邮政公司

王超仲　廖意虹　孙晨耕　付志海　徐来燕